Für Nina

Gregor von Kursell

Ein Fest mit vielen Gesichtern

Inhaltsverzeichnis

Weihnachten?
Bah, Humbug!

Kennen Sie Ebenezer Scrooge? Sicher sind Sie diesem unangenehmen Herrn schon einmal begegnet – wahrscheinlich in der Weihnachtszeit. Vielleicht in Begleitung der Muppets oder von Donald Duck, vielleicht aber auch in der Originalverpackung, überreicht von Charles Dickens höchstpersönlich. Der englische Schriftsteller schuf mit seiner Erzählung *A Christmas Carol,* zu Deutsch meist *Ein Weihnachtsmärchen,* einen Bestseller. Seine Geschichte hat die moderne Vorstellung von Weihnachten geprägt wie kaum ein anderes literarisches Werk – ausgenommen die Geburtserzählungen der Evangelisten Lukas und Matthäus. Ebenezer Scrooge, ein hartherziger Geldverleiher im viktorianischen London, ist laut seinem Schöpfer „ein Blutsauger, ein gieriger, zusammenkratzender, festhaltender, geiziger alter Sünder: hart und scharf wie ein Kiesel, aus dem noch kein Stahl einen warmen Funken geschlagen hat, verschlossen und selbstgenügsam und ganz für sich, wie eine Auster". Und natürlich hasst er Weihnachten. Weihnachten? „Bah, Humbug", grollt Scrooge. „Der Henker hole die fröhlichen Weihnachten! Was ist Weihnachten für dich anderes, als eine Zeit, in der du Rechnungen bezahlen sollst, ohne Geld zu haben, eine Zeit, in der du dich um ein Jahr älter und nicht um eine Stunde reicher findest." Seinen Neffen, der ihn zum Fest einladen will, blafft er an: „Wenn es nach meinem Willen ginge, müsste jeder Dummkopf, der mit ‚Fröhliche Weihnacht' auf den Lippen herumläuft, im eigenen Saft geschmort und mit einem Stechpalmenzweig durchs Herz begraben werden." Es überrascht nicht, dass

Scrooge zwei Gentlemen, die Geld für die Armen sammeln, zum Teufel schickt und sich bitter darüber beklagt, dass er seinem Angestellten Bob Cratchit einen Tag freigeben muss. Dickens' Geschichte wurde unzählige Male nacherzählt und verfilmt, sein Held wurde zum Prototyp aller Weihnachtshasser. Allerdings bleibt Scrooge nicht bei seiner anfänglichen Meinung. Beinahe wäre er in der Hölle gelandet, doch am Weihnachtsabend besuchen ihn Geister und führen ihn auf den rechten Weg zurück. Die Geister der vergangenen, der gegenwärtigen und der zukünftigen Weihnacht zeigen ihm Bilder aus seinem Leben – wie es war, wie es ist und wie es enden wird. Eine Art Schocktherapie, die Scrooge am Ende verzweifelt auf einem verschneiten Friedhof vor seinem eigenen Grab knien lässt. Wer geizig ist, die Menschen hasst und die Liebe verrät, so lehrt uns Dickens, der hasst auch Weihnachten. Wer aber Weihnachten liebt, der ist großzügig und gut.

Ist das wirklich so einfach? Menschen, die mit Weihnachten nichts anfangen können, sind deswegen nicht unbedingt hartherzig und böse. Und nicht jeder, der Weihnachten lobt, ist schon allein darum ein guter Mensch. Wer hat nicht schon einmal „bah, Humbug“ ausgerufen, wenn von Weihnachten die Rede war? Oder etwas Ähnliches in diesem Sinne? Gibt es nicht genug an Weihnachten auszusetzen, auch wenn man kein geiziger Geldhai ist?

Ja, is' denn heut' schon Weihnachten?

Franz Beckenbauers berühmtes Zitat aus einem Werbespot von 1998 ist in Deutschland vermutlich bekannter als der verächtliche Ausruf des Dickens'schen Weihnachtshassers. Vielleicht ist der Slogan gerade deshalb in Erinnerung geblieben, weil im Unklaren bleibt, ob diese Frage Freude oder eher Schrecken ausdrückt.

Wie ist das mit Ihnen? Gehören Sie zu den Menschen, die bei dieser Frage in frohe Erwartung geraten? Denken Sie an den Duft von Tannengrün, Plätzchen und Räucherkerzen? Freuen Sie sich auf das festlich dekorierte Heim, die vertrauten Lieder, Glühwein, Bachs Weihnachtsoratorium und die Christmette? Oder rufen diese Signale eher Angst hervor – was, schon wieder? War doch gerade erst ... Wird Ihnen flau im Magen bei dem Gedanken, dass jetzt wieder die Massen durch die Kaufhäuser drängeln und sich gegenseitig die Schnäppchen aus den Händen reißen? Müssen Sie die Kinder vom Weihnachtskonzert der Schule zum Krippenspiel der Pfarrgemeinde kutschieren, Geschenke kaufen, verpacken, verstecken, den Baum schmücken, putzen, kochen, backen, abwaschen? Gehören Sie zu den Nostalgikern, die sich das gute alte Weihnachtsfest zurückwünschen, so wie es früher einmal war? Mit mehr Lametta, mit weniger Hektik und bescheideneren Gaben? Oder wollen Sie ein ganz anderes Weihnachtsfest, eines, das nicht Geschenke und Lichterketten in den Mittelpunkt stellt, sondern die Geburt Christi?

Sind Sie einer von den Weihnachtsverrückten, die schon im August den Supermarkt nach Spekulatius absuchen, den Baum Ende November aufstellen und den Garten mit bunt blinkenden Rentierschlitten und Schneemännern dekorieren? Oder möchten Sie am liebsten nach Nordkorea oder Tadschikistan fliehen, um dem Trubel zu entgehen? Vielleicht setzen Sie sich dafür ein, dass Weihnachten aus dem öffentlichen Raum verbannt wird, weil es Menschen aus anderen Kulturkreisen ein fremdes Wertesystem aufnötigt? Anstatt eines christlich geprägten Gottesgeburtstags würden Sie lieber ein inklusives Winterfestival feiern – oder gar eine Sonnenwendfeier, so wie die alten Germanen?

Zicke Zacke Hühnerkacke!

Mit diesem Vers stieß Dicki Hoppenstedt in Loriots unvergesslicher Weihnachtsgeschichte die Familie vor den Kopf. Statt wie andere Kinder ein schönes Weihnachtsgedicht aufzusagen, rotzte Dicki etwas Vulgäres heraus. Auch der Rest der Familie Hoppenstedt – der ewig meckernde Opa, der autoritäre Vater und die gestresste Mutter – tragen nicht zum Gelingen des Abends bei.

Sind solche Geschichten für Sie ein erfrischendes Gegengift gegen die allgegenwärtige Gefühlsduselei und die aufgesetzte Besinnlichkeit? Endlich sagt einer was gegen diesen Zwang zur Harmonie und die gekünstelte Geselligkeit mit Menschen, die man nicht leiden kann. Gehen Ihnen die immer gleichen, inhaltsleer gewordenen Lieder, Geschichten und Symbole auf die Nerven? Oder ist Loriots Weihnachtssatire für Sie ein trauriges Beispiel für die Tendenz, alles Schöne in den Dreck zu ziehen?

Wenn Sie eine oder mehrere der in diesem Kapitel aufgeworfenen Fragen mit „Ja" beantworten können, dann ist dieses Buch für Sie. Weihnachten lässt Ihnen keine Ruhe, auf die eine oder andere Weise. Sie lieben oder hassen das Fest. Sie wünschen sich, dass es wieder so wunderbar ist, wie es früher einmal war. Oder dass es sich endlich ändert, zum Besten aller. Oder dass es ein für alle Mal verschwindet.

In jedem dieser Fälle sollten Sie das Buch lesen. Sie werden sehen, Weihnachten ist nicht so eindeutig, wie Sie glauben. Weihnachten war und ist: spirituell und weltlich, besinnlich und sinnlich, hell und dunkel, privat und öffentlich, derb und zart, anstrengend und erholsam. Weihnachten inspiriert die Menschen zu Akten der Nächstenliebe und wird genutzt, um Menschen zu manipulieren.

Weihnachten – ein Kaleidoskop

Der evangelische Theologe Friedrich Schleiermacher schrieb bereits 1806, das Weihnachtsfest habe „doch so viele Seiten, daß Jeder es verherrlichen kann, wie er am liebsten will". Doch diese Erkenntnis hat sich bis heute nicht durchgesetzt. Die Vielfalt und die Widersprüchlichkeit des Weihnachtsfestes irritierten von Anfang an und sie tun es immer noch. Weihnachten soll gefälligst so sein, wie wir uns das vorstellen. Wenn es nicht so ist, dann ist das ein Zeichen von Verfall. Weihnachten geht vor die Hunde. Doch dieser Eindruck ist falsch. Weihnachten hat sich stetig verändert, seitdem das Fest, vermutlich im 4. Jahrhundert, erstmals gefeiert wurde. Zwischen dem kirchlichen Feiertag, den seit Jahrhunderten überlieferten winterlichen Vergnügungen der Menschen, und unserem heutigen Familienfest, dem Höhepunkt des Jahres, liegen Welten. Doch diese Geschichte ist keine des Niedergangs. Die Entwicklung verläuft nicht von „rein" und „erhaben" in Richtung „kommerziell" und „verdorben". Der Kirchenlehrer Gregor von Nazianz warnte bereits im 4. Jahrhundert vor dem Schwelgen in Luxus beim gerade erst erfundenen Weihnachtsfest. In seiner *Anweisung zur Feier der Geburt des Herrn* fordert er:

> Lasst uns nicht die Türen bekränzen und nicht Reigentänze aufführen, nicht die Straßen schmücken, nicht das Auge ergötzen, nicht das Ohr mit der Flöte vergnügen, nicht den Geruch verweichlichen, nicht dem Genuss frönen, nicht das Gefühl erfreuen. Lasst uns nicht üppig sein in weichlicher, ringsum herabwallender Kleidung, wovon das Schönste ohne Nutzen ist, nicht in glänzenden Steinen, nicht in strahlendem Gold, nicht in trügerischem Schminken mit Farben (…) Lasst uns nicht mit Schmausereien und Trinkgelagen feiern, mit denen meines Wissens Unzucht und schändliche Werke verbunden sind. Lasst uns nicht hohe Lager machen und dem Bauche weichliche Dinge bereiten. Lasst uns nicht wohlduftende Weine hochschätzen, Gaukeleien der Köche und kostbare Salben. Nicht sollen Land und Meer ihren kostbaren Schmutz uns zum Geschenke bringen; denn nur diesen Ehrennamen weiß ich für den Luxus.

> Geben wir uns nicht Mühe, es einander in Unmäßigkeit zuvorzutun. Unmäßigkeit ist in meinen Augen, was zu viel ist und über das Bedürfnis, und das, während andere hungern und darben, die aus demselben Lehm und denselben Elementen gebildet sind.

Der Appell könnte von heute sein, würden nicht einige nebensächliche Details auf eine antike Quelle hinweisen. Ähnliche Kritik an der Festpraxis war durch die Jahrhunderte immer wieder zu hören. Da war die Feier der Geburt Christi mit ihrer schwer begreiflichen theologischen Botschaft. Gott ist einer von uns geworden, um die Menschheit von Sünde und Tod zu erlösen. So lehrte die Kirche. Und da waren alte winterliche Festtraditionen der mehr oder weniger freiwillig christlich gewordenen Völker. Diese Traditionen waren eher handfester Natur: üppige Festmähler mit viel Alkohol und einem ausgelassenen Rahmenprogramm. Beides sollte sich nicht mischen, aber es mischte sich doch, es mischte sich immer wieder, über viele Jahrhunderte hinweg, und tut es auch heute. Die Geschichte von Weihnachten ist eine Reihe von mehr oder weniger erfolgreichen Versuchen, die wilde Seite des Festes zu zähmen und durch gesellschaftlich akzeptable Traditionen zu ersetzen.

Weihnachten war von Anbeginn ein Fest mit vielen Gesichtern. Das wird meist übersehen. Wenn überhaupt, dann werden diese Gesichter auf zwei reduziert: das Antlitz eines Engels und die Fratze eines Teufels. Der Niedergang von Weihnachten wäre gegeben, wenn das böse Gesicht das gute verdrängt hätte. Dieses Buch lädt Sie dazu ein, genauer hinzusehen und ganz neue Gesichter zu entdecken. Wie in Charles Dickens' Weihnachtsgeschichte sollen uns dabei drei Geister führen. Sie werden uns die vergangene, die gegenwärtige und die zukünftige Weihnacht zeigen. Vielleicht werden Sie am Ende in den viel zitierten Ausspruch des Ebenezer Scrooge einstimmen – nein, nicht „bah, Humbug“, sondern am Ende seiner Geschichte: „Ich will Weihnachten in meinem Herzen ehren und versuchen, es das ganze Jahr hindurch zu bewahren.“

I.

Der Geist der vergangenen Weihnacht

Wie Weihnachten früher war, und warum es so geworden ist, wie wir es heute kennen

Bevor wir darüber nachdenken, ob, warum und seit wann Weihnachten verkümmert oder in eine unerwünschte Richtung ausartet, sollten wir erst einmal darüber sprechen, wie und warum das Fest überhaupt entstanden ist. Sehen wir uns an, wie es sich über die Jahrhunderte entwickelt hat. Das ist in diesem Zusammenhang nützlich. Erstens, weil es darüber höchst unterschiedliche Ansichten gibt. Zweitens, weil sich diese Sichtweisen auch auf das Verständnis davon auswirken, was Weihnachten sein sollte und wie es auf keinen Fall sein darf. Wenn wir nachverfolgen, wie Weihnachten sich entwickelt und immer wieder verändert hat, dann sind wir weniger geneigt, jede Modeerscheinung, jede Veränderung, die nicht in unser Bild passt, als den endgültigen Niedergang zu beklagen.

Über die Entstehung des Weihnachtsfestes sind viele kluge Bücher geschrieben worden. Konzentrieren wir uns auf die wichtigsten Punkte, immer unter dem Gesichtspunkt, dass Weihnachten vielschichtig und wandelbar ist. Wer tiefer einsteigen will, dem sei das Buch *Weihnachten. Biographie eines Festes* von Karl-Heinz Göttert empfohlen. Lassen wir uns also vom Geist der vergangenen Weihnacht an die Hand nehmen und durch die Jahrhunderte führen.

Der Krampus, ein dunkler Weihnachtsdämon aus dem alpenländischen Raum. Attribute: Hörner, lange Zunge, Kette und Kiepen voller verängstigter Kinder.

– 1 –

Ich lag in tiefster Todesnacht

Weihnachten als Wendepunkt im Kampf zwischen Gut und Böse

Warum ist das Böse in der Welt? Woher kommt all das Leid? Warum lässt die höhere Macht, wenn es diese gibt, es zu? Ist es vielleicht eine Strafe? Falls ja, was müssen wir tun, um davon erlöst zu werden? Diese Grundfragen des menschlichen Daseins werden von Religionen und Weisheitslehren auf verschiedene Art beantwortet. Die biblische Heilsgeschichte ist der Versuch einer Antwort und die Geburt Christi ist in dieser Geschichte ein wichtiger Meilenstein. Heute wird Weihnachten meist als ein konfliktfreies, ja sentimentales Fest wahrgenommen. Wenn es an Weihnachten in der Familie kracht, dann ist das ein Betriebsunfall. Doch ohne das Böse wäre Weihnachten undenkbar. Das Fest des Lichtes braucht die Dunkelheit. Darum findet es ja auch in der Jahreszeit statt, in der die Tage kurz und die Nächte lang sind.

Beiß nicht gleich in jeden Apfel

„Apfel, Nuss und Mandelkern / haben fromme Kinder gern", reimte Theodor Storm in seinem berühmten Gedicht über Knecht Ruprecht. Der Apfel gehört zu Weihnachten wie das Tannengrün, als Dekoelement, als Bratapfel oder als lästige Vitaminbeigabe zu den Süßigkeiten auf dem Nikolausteller. Auch in Märchen und Sagen spielt er eine Rolle, und meistens keine positive. Die böse Königin vergiftete Schneewittchen mit einem Apfel. Der Trojanische Krieg wurde durch einen Apfel ausgelöst. Nämlich durch jenen, den der trojanische Prinz Paris der Aphrodite reichte, als er sie zur Schönsten der Göttinnen erkor. Der Begriff „Zankapfel" bezieht sich auf diese Geschichte. Und denken wir an das Paradies, wo Eva, von der Schlange angestiftet, in den Apfel biss und auch Adam dazu verführte. Es ist etwas faul mit dieser Frucht. Wenn man dann noch bedenkt, dass die Römer den Apfel *malum* nannten, was genauso klingt wie das lateinische Wort für das Übel, dann fragt man sich, warum dieses zwielichtige Früchtchen in der Weihnachtszeit so eine bedeutende Rolle spielt.

Die Antwort ist einfach – genau deshalb. Er ist das Symbol für den Sündenfall. Vor dem Weihnachtstag, dem 25. Dezember, gedachte man am 24. im Mittelalter der Vertreibung aus dem Paradies. Die zeitliche Nähe war wohl bedacht, denn die beiden Ereignisse stehen in engster Verbindung. Wer die Geschichte von Weihnachten erzählt, muss bei Adam und Eva anfangen. Mit dem Verzehr der verbotenen Frucht hatten die beiden ersten Menschen Gottes Gebot übertreten, so erzählt es die Bibel. Seither waren sie und ihre Kinder und Kindeskinder der Sünde verfallen. Nach dem Tod warteten die Qualen der Hölle auf sie, egal wie gottesfürchtig sie sich selbst verhielten. Erst Jesus machte die Verdammnis wieder rückgängig. Im Buch Genesis ist allerdings nicht von einem Apfel die Rede, sondern einfach von einer Frucht. Der in Europa weitverbreitete und bildlich gut darstellbare Apfel, der auf Lateinisch auch noch einen bösen Namen hat, setzte sich dennoch durch.

Keine Schlangen am Weihnachtsbaum

Schuld am Sündenfall war bekanntlich die Schlange, die Eva überredet hatte, vom Baum der Erkenntnis zu kosten. Gott wird zornig und macht dem sorglosen Leben im Paradies ein Ende. In der Bibel klingt das so:

> Zur Frau sprach er: Viel Mühsal bereite ich dir, sooft du schwanger wirst. Unter Schmerzen gebierst du Kinder. Du hast Verlangen nach deinem Mann; er aber wird über dich herrschen.
>
> Zu Adam sprach er: Weil du auf deine Frau gehört und von dem Baum gegessen hast, von dem zu essen ich dir verboten hatte: So ist verflucht der Ackerboden deinetwegen. Unter Mühsal wirst du von ihm essen alle Tage deines Lebens. Dornen und Disteln lässt er dir wachsen und die Pflanzen des Feldes musst du essen.
>
> Im Schweiße deines Angesichts sollst du dein Brot essen, bis du zurückkehrst zum Ackerboden; von ihm bist du ja genommen. Denn Staub bist du, zum Staub musst du zurück.

Zwar ist die Schlange mit ihrer Intrige durchaus erfolgreich, denn sie bringt Leid nicht nur über Adam und Eva, sondern auch über deren Nachfahren. Doch auch die Anstifterin kommt nicht ohne Blessuren davon. Zu ihr spricht Gott:

> Weil du das getan hast, bist du verflucht unter allem Vieh und allen Tieren des Feldes. Auf dem Bauch wirst du kriechen und Staub fressen alle Tage deines Lebens. Und Feindschaft setze ich zwischen dir und der Frau, zwischen deinem Nachkommen und ihrem Nachkommen. Er trifft dich am Kopf und du triffst ihn an der Ferse.

Das Schlängeln und Kriechen, das plötzliche Zustoßen, ihr Gift oder das langsame Erdrücken der Opfer, das macht die Schlange den Menschen seit jeher verdächtig. Nicht nur in der Bibel, in vielen Märchen und Legenden aus allen Erdteilen und Zeitaltern ist die Schlange das Symbol des Bösen. In die weihnachtliche Bildsprache, als Gegenbild zum Christuskind in der Krippe, hat sie es jedoch nicht geschafft. Den Platz hat der weniger furchteinflößende, aber dafür schwerer zu deutende Apfel eingenommen.

Die alte und die neue Eva

Nach christlichem Verständnis musste Gott Mensch werden und am Kreuz sterben, um die damals begangene Ursünde wieder aus der Welt zu nehmen. Einfach verzeihen kann der Gott der Christen nicht. Jesus und Maria wurden schon in den ältesten Schriften als der neue Adam und die neue Eva interpretiert. Bereits Paulus stellte Adam in seinen Briefen Christus gegenüber, der den folgenschweren Fehltritt der Stammeltern wieder ausbügelt. Augustinus entwickelte daraus später eine Theologie vom „neuen Adam“, die das Alte mit dem Neuen Testament als Geschichte von Unheil und Heil verbindet. In der sakralen Kunst wurde Maria oft mit einer Schlange zu ihren Füßen dargestellt, die sie zertritt, oder mit dem Jesusknaben, der ihr einen Apfel reicht. Die Freude der Hirten über die Geburt Jesu, der sie in mittelalterlichen Krippenspielen wortreich Ausdruck geben, bezieht sich ebenfalls auf die Verbindung von Sündenfall und Menschwerdung. Nicht einfach die Geburt eines „schönen Kindes“, wie es in manchen Weihnachtsliedern etwas naiv heißt, lässt sie jubeln, nicht der Umstand, dass Gott beschlossen hat, zur Abwechslung mal unter den Menschen zu wandeln. Sie sind theologisch versiert und daher erleichtert, dass die Menschheit nun eine Chance bekommen hat, nicht auf ewig in der Hölle braten zu müssen. Die Schlange kann nicht triumphieren.

Ein solch drastischer Heilsplan ist modernen Menschen nur schwer zu vermitteln. Auch die großen Kirchen legen den Begriff der Erbsünde heute nicht mehr wörtlich aus, sondern sprechen von „Gottesferne“ oder einer menschlichen „Anfälligkeit“ für die Sünde. An Weihnachten wird dieser Zusammenhang zwischen Sünde und Tod, Geburt und Kreuzigung heute nur noch selten direkt angesprochen. In alten Weihnachtsliedern ist er zwar präsent, doch die betreffenden Strophen werden entweder nicht mehr gesungen oder ihre Worte sind für uns nur noch unverständliche, altertümliche Formeln. Hier ein paar Beispiele:

Es ist der Herr Christ, unser Gott
Der will euch führ'n aus aller Not
Er will euer Heiland selber sein
Von allen Sünden machen rein

So klingt es bei Martin Luther in seinem bekanntesten Weihnachtslied *Vom Himmel hoch, da komm ich her*. In *Lobt Gott, Ihr Christen alle gleich*, ebenfalls aus dem 16. Jahrhundert heißt es:

Heut schließt er wieder auf die Tür
zum schönen Paradeis,
der Cherub steht nicht mehr dafür.
Gott sei Lob, Ehr und Preis!

Adam lay ybounden ist ein englisches Weihnachtslied aus dem 15. Jahrhundert. Es ist eines der wenigen Werke, in denen Adam explizit erwähnt wird – Eva kommt nicht vor, dafür aber Maria sehr prominent:

Adam lag gebunden
In Bänder gebunden.

Viertausend Winter
Hielt er für nicht zu lang.
Und alles war wegen eines Apfels,
Eines Apfels, den er genommen hatte,
Wie es Kirchenmänner geschrieben finden
In ihrem Buch,
Wäre der Apfel nicht genommen worden,
Der Apfel nicht genommen worden,
Wäre Unsere Liebe Frau
Niemals Himmelskönigin geworden.
Gesegnet sei der Moment,
In dem der Apfel genommen wurde.
Darum dürfen wir singen:
Deo gratias!

Glück im Unglück also. In *Puer natus in Bethlehem* aus dem Mittelalter schließlich heißt es in der deutschen Variante:

Die schlang ihn nit vergifften kond
Vergifften kond
Ist worden vnser blut on sünd
Halle halle halleluia.

Zur Illustration dieser komplizierten Geschichte und der Idee dahinter griff die Kirche zum bewährten Mittel des Mysterienspiels. So ließ sich der Sündenfall und die Vertreibung aus dem Paradies den Gläubigen deutlich vor Augen führen. Dazu wurden vielleicht am 24. Dezember mit Äpfeln geschmückte Paradiesbäume in den Kirchen aufgestellt. Aus diesem längst vergessenen Brauch könnte sich der Christbaum entwickelt haben, meinen christliche Brauchtumsforscher wie der katholische Theologe Manfred Becker-Huberti. Die roten Glaskugeln symbolisieren demnach die Äpfel. Diese Herleitung steht in Konkurrenz zur beliebten Heidenthese, nach dem schon antike Völker die Wintersonnenwende mit immergrünen Pflanzen feierten. Handfeste Beweise gibt es weder für die eine noch die andere Variante. Bei der Paradiesbaumversion klafft zumindest keine so lange Lücke zwischen der vermuteten Urform und den ersten nachgewiesenen Weihnachtsbäumen. Außerdem verweist diese Theorie auf ein anspruchsvolles spirituell-philosophisches Konzept, das die ewige Frage nach Gut und Böse zu erklären versucht, während die Heidenthese nur mit simpler Naturmystik aufwarten kann.

Puer natus in Bethlehem

Die Geschichte der Geburt Christi ist eine fröhliche. Ein Kind kommt auf die Welt, das ist stets ein beglückendes Ereignis. Nach christlichem Glauben ist dieses Kind auch noch der Erlöser, der die Menschen von Sünde und Tod errettet, also erst recht ein Grund zur Freude. Bei Lukas heißt es:

> Und Hirten waren in jener Gegend auf dem Felde bei den Hürden und hielten Nachtwachen bei ihrer Herde. Und der Engel des Herrn trat zu ihnen, und die Herrlichkeit des Herrn umstrahlte sie, und sie fürchteten sich sehr. Und es sagte ihnen der Engel: „Fürchtet euch nicht! Siehe, ich verkündige euch eine große Freude, die dem ganzen Volk bereitet ist; denn heute ist euch der Retter geboren, der ist Christus, der Herr, in der Stadt Davids. Und das habt zum Zeichen: Ihr werdet finden ein Kind, in Windeln gewickelt, in einer Krippe liegen." Und plötzlich war mit dem Engel die Fülle der himmlischen Heerscharen, die lobten Gott und sprachen: „Ehre sei Gott in der Höhe und Friede auf Erden den Menschen seines Wohlgefallens.

Allerdings muss der Erlöser selbst Marter und Tod erleiden, um die Menschen zu befreien. Das Leid und das Böse, die Sünde sind also von Anfang an mit dabei. Das Dunkle ist jedoch nicht nur fester Bestandteil der christlichen Weihnachtsgeschichte. Es zeigt sich auch in den volkstümlichen Sagen über Geister, die in der Weihnachtszeit ihr Unwesen treiben. Es erscheint in Form der dämonischen Helfer, die Nikolaus, Weihnachtsmann und Christkind begleiten. Dies alles mag heidnische Ursprünge haben oder der christlichen Volksfrömmigkeit wurzeln. Das ist letztlich egal. Denn wann, wenn nicht in der Zeit der kurzen Tage und der langen Nächte, wenn die Natur schläft und der Frost den Tod bringen kann, sollten das Jenseits und seine Abgesandten Macht haben über das Leben der Menschen?

Jahrhundertelang haben Künstler in ihren Werken die Geburt und die Passion Christi miteinander in Verbindung gesetzt. Schließlich sind es für Gläubige zwei Kapitel derselben Geschichte. Der flämische Maler Rogier van der Weyden integrierte ein Kruzifix in die Darstellung der Geburt Christi, was heute im Internet immer wieder für Spott sorgt: Da kann doch kein Kreuz an der Wand hängen, das gab es doch noch gar nicht, hihi, ein Spoiler. Es verwundert nicht, dass Menschen heute das einfache Symbol nicht mehr deuten können. Der, der da in der Krippe liegt, wird so enden, will van der Weyden damit sagen. Johann Sebastian Bach setzte dieselbe Idee musikalisch um, als er im Weihnachtsoratorium die Melodie von *O Haupt voll Blut und Wunden* erklingen ließ, ein Passionslied des Dichters Paul Gerhardt aus dem 17. Jahrhundert. Sogar in dem oft als süßlich empfundenen Weihnachtslied *Ihr Kinderlein, kommet*, das Anfang des 19. Jahrhunderts entstand, spricht der Dichter Christoph von Schmid den Kreuztod offen an:

O betet: Du liebes, Du göttliches Kind
was leidest Du alles für unsere Sünd'!

Ach hier in der Krippe schon Armut und Not,
am Kreuze dort gar noch den bitteren Tod.

Fraglos ist die biblische Weihnachtsgeschichte schwere Kost, und keine Wohlfühlgeschichte mit pausbäckigen Engelchen samt Streichelzoo. Nicht umsonst sagt der Engel zu den Hirten „fürchtet euch nicht". Die Himmelsboten der Bibel sind respekteinflößende Gestalten, deren Anblick die Menschen kaum ertragen können. Selbst das Lamm, das die Hirten auf Bildern mit zur Krippe bringen, ist kein Kuscheltier. Es ist ein Symbol für das blutige Opfer, das Christus, das Lamm Gottes, am Kreuz erbringen wird.

Eine der grausamsten Momente der an Brutalität nicht gerade armen Bibel ist mit Weihnachten verbunden: der bethlehemitische Kindermord. Aus Angst vor einem möglichen Konkurrenten lässt König Herodes in der Stadt Betlehem alle Knaben bis zum Alter von zwei Jahren töten. Heute mag man sich fragen, ob das auch zu Gottes Plan gehört, oder ob die Welt nicht auf weniger grausame Weise vor der Sünde gerettet werden konnte. Frühe christliche Traktate berichteten, erstaunlich präzise, von 14.000 ermordeten Buben, mittelalterliche Theologen steigerten die Anzahl gar auf 144.000 Opfer. Schon im 19. Jahrhundert gingen Altertumskundler davon aus, dass in einem kleinen Ort wie Betlehem um Christi Geburt höchstens zwanzig Jungen infrage gekommen sein dürften. Für die betroffenen Mütter immer noch zwanzig zu viel. Im englischen *Coventry Carol* singen sie:

Luli, lulai, Du kleines, winziges Kind,
Bai, bai, luli, lulai.
Lulai, du kleines, winziges Kind,
Bai, bai, luli, lulai.

Oh Schwestern, was können wir tun
Um heute zu schützen
Diesen armen Jüngling, für den wir singen
Bai, bai, luli, lulai.

Herodes, der König, in seinem Wüten
Beauftragt hat er heute
Seine Soldaten in seinen Diensten,
Alle jungen Kinder abzuschlachten.

Von mir dieser Weheruf, armes Kind, für Dich!
Und immerdar Trauer und Seufzen,
Für dein Scheiden weder Sprache noch Gesang,
Bai, bai, lulai, lulai.

Diese Klage stammt aus einem alten englischen Mysterienspiel aus dem 16. Jahrhundert. Künstler wie Giotto, Cranach der Ältere oder Rubens haben das schaurige Geschehen bildlich dargestellt. Es ist ein schwacher Trost, dass sich moderne Theologen und Historiker einig sind: Das Gemetzel hat in Wirklichkeit nicht stattgefunden. Herodes ist eine historisch bestens belegte Persönlichkeit, er war grausam und unbeliebt. Seine zahlreichen Untaten sind in außerbiblischen Quellen nachzulesen, aber diese ist nicht dabei. Sein größtes Problem war, dass er keinen Anspruch auf die Krone hatte. In den Augen der Juden war er ein Emporkömmling aus dem barbarischen Volk der Idumäer. Sein Vater Antipater war allmächtiger Berater eines schwachen Herrschers aus der legitimen Dynastie der Hasmonäer gewesen. Herodes ging weiter, er setzte sich mithilfe der Römer selbst auf den Thron. Sein Leben lang musste er sich gegen die Intrigen konkurrierender Anwärter behaupten, was er mit immer brutaleren Mitteln auch schaffte. Herodes ließ Ehefrauen ermorden, er ließ seine eigenen Söhne töten. Da war ein Gemetzel in Bethlehem durchaus nicht außerhalb des Vorstellbaren. Hätte er es tatsächlich begangen, dann hätten seine Gegner das sicher nicht verschwiegen.

Wie so oft in der Bibel verweist der Kindermord aus dem Neuen auf ein Ereignis im Alten Testament: den Mord an den Söhnen der Hebräer in Ägypten, den Moses überlebt. Der Evangelist wollte Jesus auf diese Weise als den neuen Moses präsentieren. Daher flieht die Heilige Familie nach Ägypten, von wo der Heiland dann zurückkehrt, wie einst die Israeliten ins gelobte Land. Der hoffärtige Herodes ist das Gegenbild zum demütigen Christus, dem König der Könige. Dieser hatte sich erniedrigt zum Wohle der Menschen, wurde in einem Stall geboren, wo ihm Hirten huldigten, so die Bibel. Herodes hingegen erhob sich über die Menschen und brachte ihnen Leid und Tod. Eine Spiegelung von Gut und Böse, wie sie für die Heilige Schrift typisch ist.

Leiden für das Heil

Der 26. Dezember, heute belanglos als Zweiter Weihnachtsfeiertag etikettiert, war früher als Stephanstag bekannt. Stephanus, Diakon der Jerusalemer Urgemeinde, gilt als der erste christliche Märtyrer. In Jerusalem wurde er vom Hohen Rat wegen seiner Nähe zu Jesus als potenzieller Tempelschänder verurteilt und zu Tode gesteinigt. Es ist kein Zufall, sondern wieder eine beabsichtigte, für den Heiligenkalender typische Anordnung, dass gleich nach der Geburt Jesu des ersten Blutzeugen gedacht wird. Stephans Gerichtsverfahren und die Hinrichtung werden in der Apostelgeschichte ganz ähnlich wie die Passion Christi geschildert.

Märtyrer galten bei den frühen Christen als Vorbilder, als die Elite der Gläubigen. Viele konnten es gar nicht erwarten, es ihnen gleichzutun. Märtyrer wurden verehrt und aus dem Kult entwickelte sich mit der Zeit die Institution der Heiligen. Erst später wurden zu dieser Schar auch Menschen gezählt, die ein vorbildliches Leben geführt hatten, ohne für ihren Glauben gestorben zu sein. Viele der spätantiken Märtyrergestalten haben vermutlich nie existiert. Ihre Legenden sind einander erstaunlich ähnlich. Sie könnten von Marquis de Sade erdacht worden sein, wenn sie nicht einem erbaulichen Zweck dienten. Die frommen Männer und Frauen wurden von abgrundtief bösen und grausamen Römern wegen ihres Glaubens bedrängt, wichen aber keinen Zentimeter zurück. Sie mussten schreckliche Qualen erleiden, die ihnen aber scheinbar keine Schmerzen verursachten. Vom Drachentöter Georg, auch heute noch einer der populärsten Heiligen überhaupt, wurde erzählt, dass ihm seine Peiniger das Fleisch mit Haken und Zangen vom Leibe rissen; sie geißelten ihn, streuten Salz in seine Wunden, schlugen Nägel in seine Schädeldecke und zertrümmerten diese, zerhackten ihn in zehn Teile, flößten ihm geschmolzenes Metall ein, kochten ihn in Pech und Blei – alle Grausamkeiten mag man gar nicht aufzählen. Mehrmals starb Georg dabei, wurde aber von Gott wieder zum Leben erweckt, um neue Proben seiner Glaubensstärke geben zu können. Die Steinigung des Stephanus wirkt geradezu human neben dieser Schauergeschichte.

Unter den Heiligen, derer in der Advents- und Weihnachtszeit gedacht wird, sind noch viele weitere Märtyrer und Märtyrerinnen. Die meisten Namen sagen uns nichts mehr, aber zwei weibliche Heilige, Barbara und Lucia, spielen immer noch eine wichtige Rolle im vorweihnachtlichen Brauchtum. Ihre Gedenktage sind mit volkstümlichen Riten verbunden: Barbarazweige werden im deutschsprachigen Raum und einigen slawischen Ländern am 4. Dezember ins Haus geholt, damit sie an Weihnachten blühen. Lucia-Umzüge am 13. Dezember gehören in Skandinavien zum Advent. In Deutschland werden mancherorts Lucia-Schiffchen mit Lichtern darauf ins Wasser gesetzt.

Wer waren die beiden heiligen Frauen? Sie sind Märtyrerinnen des 3. Jahrhunderts, einer Zeit, in der die Christen im römischen Reich besonders intensiv verfolgt wurden. Barbaras Vater Dioscuros, ein überzeugter Heide und treuer Untertan des Kaisers, sperrte seine ebenso schöne wie kluge Tochter in einen Turm ein. Vielleicht, um ungebetene Verehrer von ihr fernzuhalten, oder weil sie trotz väterlicher Ermahnung nicht heiraten wollte. Barbara hatte nämlich kein Interesse an irdischer Liebe, sie machte sich in ihrer Gefangenschaft mit dem Christentum vertraut. Als er das erfuhr, wollte Dioscuros seine Tochter umbringen. Barbara konnte zunächst fliehen, da sich eine Felsspalte öffnete, durch die sie entkam. Ein Hirte verriet jedoch den Römern ihr Versteck. Nachdem die üblichen Foltern (Geißeln, Abschneiden der Brüste, Schlagen mit Keulen) keine Wirkung zeigten, schlug ihr der rasende Vater schließlich den Kopf ab, worauf er selbst auf der Stelle vom Blitz getroffen wurde. Die dramatischen Begebenheiten ihres Lebens machten Barbara unter anderem zur Schutzpatronin der Bergleute und der Artilleristen.

Die heilige Lucia von Syrakus soll ebenfalls im 3. Jahrhundert gelebt haben. Ihr Name leitet sich von *lux*, dem lateinischen Wort für Licht, ab. Unter anderem heißt es in ihrer Legende, sie habe sich selbst ihre Augen herausgerissen und diese ihrem Verlobten geschickt. Sie wollte nicht heiraten, sondern lieber ohne Augenlicht Jungfrau bleiben, zur höheren Ehre Gottes. Deshalb wurde sie bisweilen mit leeren Augenhöhlen dargestellt und ist unter anderem die Schutzpatronin der Blinden. Als ein römischer Präfekt die keusche Lucia in ein Bordell einweisen wollte, schafften es nicht einmal 1000 Männer und ein Ochsengespann, sie an diesen sündigen Ort zu bringen. Diese Form der Strafe für Christinnen scheint tatsächlich mitunter angewendet worden zu sein, traf aber wahrscheinlich nicht immer auf so vehemente Gegenwehr. Lucia wurde daraufhin auf die übliche Art und Weise gemartert und starb durch ein Schwert, das in ihren Hals gerammt wurde.

Die Römer mit ihrem pathologischen Hass auf das Christentum und ihren fantasievollen Foltermethoden stehen in den frühen christlichen Heiligenlegenden für die heidnische Welt, für das Böse schlechthin, dem die Märtyrer den wahren Glauben entgegenstellen. Tatsächlich verfolgten die Römer die Christen weniger aus theologischen Gründen, oder weil ihnen deren höhere Moral nicht gefiel, sondern weil sie sie für politisch unzuverlässig hielten. Den Römern war religiöser Fanatismus fremd, und wer sich dem überlieferten Staatskult verweigerte und dem Kaiser nicht die nötige Verehrung zukommen ließ, der gefährdete den Bestand des Reiches. Nur bei treuer Erfüllung der religiösen Pflichten durch die Untertanen gewährten die Götter dem Imperium ihre Gunst. Die Anbetung eines nach römischem Recht von einem römischen Beamten verurteilten Aufrührers, der noch dazu die schändliche Todesart der Kreuzigung erlitten hatte, kam den Römern genauso verwerflich vor wie den Christen die Anbetung des Kaisers. Als das Christentum schließlich zur offiziellen Religion wurde, verhielten sich ihre Vertreter ebenfalls wenig tolerant gegenüber anderen Bekenntnissen und Abweichlern aus den eigenen Reihen.

Bei so viel frommer Hingabe entbehrt es nicht einer gewissen Ironie, dass Barbara und Lucia von Brauchtumsforschern selbst mit paganen Göttinnen in Verbindung gebracht werden. Vorchristliche Kulte könnten demnach auf die beiden Märtyrerinnen übertragen worden sein. Der Brauch, am 4. Dezember Barbarazweige ins Wasser zu stellen, wird zwar aus der Legende erklärt. Die Heilige habe während ihrer Gefangenschaft einen Zweig, der sich in ihren Kleidern verfangen hatte, in eine Schale mit Wasser gestellt und sich an den Blüten erfreut. Das klingt aber stark nach einer nachträglichen Legitimierung eines älteren Brauchs, für den eine christliche Begründung gesucht wurde. Auch im Brauchtum der Lichtbringerin Lucia mischt sich Christliches womöglich mit heidnischen Bräuchen, denn der 13. Dezember war der Tag der Wintersonnenwende nach dem Julianischen Kalender, der bis ins 16. Jahrhundert gültig war. „Sankt Lucia kürzt den Tag, soviel sie ihn nur kürzen mag", hieß es vor der gregorianischen Kalenderreform.

Finstere Gestalten

Obwohl das Lucia-Brauchtum meistens mit Licht und Freude verbunden ist, hat die Heilige auch eine dunkle Seite. In manchen Teilen Bayerns ist sie im Advent als „schiache", also hässliche „Luz", als furchterregende Hexengestalt unterwegs. Ähnlich wie ihre dämonische Schwester Frau Perchta straft sie die Menschen. Besonders junge Frauen und Kinder, die sich nicht an die jahreszeitlichen Regeln halten, sind ihre Opfer. Wer zur falschen Zeit arbeitet oder nicht arbeitet, das Falsche isst oder sonstige Gebote übertritt, dem werden im schlimmsten Fall der Bauch aufgeschlitzt und die Därme herausgerissen. Ob dahinter Erinnerungen an heidnische Dämonen stehen oder eher schwarze Pädagogik vergangener Jahrhunderte, ist schwer zu beurteilen. Auffällig ist, dass dieser morbide Mythos in Deutschland zwar nicht sehr bekannt ist, in der englischsprachigen Welt aber als typisch deutscher Weihnachtsbrauch gilt. Die Deutschen eben …

Im alpenländischen Raum treiben Klausen und Perchten im Advent ihr Unwesen, in Österreich ist der Krampuslauf eine saisonale Spezialität. Man kann sie sogar sehen, diese Schreckgestalten, wenn man sich herantraut. Die rabiaten Dämonen haben Ruten oder Peitschen dabei, mit denen sie auch mal zuschlagen. Junge Burschen verkleiden sich in der Weihnachtszeit mit Masken aus Holz oder Fellen und ziehen über das Land. Ihre Umzüge sind heute eine Attraktion für Touristen. Krampusläufe gibt es inzwischen sogar in England und Amerika. Wie bei vielen anderen Ritualen ist auch in diesem Fall umstritten, ob es sich bei den bedrohlichen Besuchern um Geister aus keltischer Vorzeit handelt oder um Abgesandte der christlichen Hölle. Wahrscheinlich vermischen und überlagern sich hier Vorstellungen vom Bösen aus verschiedenen Epochen.

Etwa seit dem 17. Jahrhundert treten die angsteinflößenden Kreaturen auch als gezähmte Handlanger der guten Gabenbringer, wie dem Heiligen Nikolaus oder dem Christkind in Erscheinung. Sie sind für die Bestrafung der Kinder zuständig, die sich nicht an die jeweils gültigen Normen gehalten haben. In Theodor Storms Gedicht *Knecht Ruprecht* fragt das Christkind seinen Helfer:

„Hast denn die Rute auch bei dir?"
Ich sprach: „Die Rute, die ist hier;
doch für die Kinder nur, die schlechten,
die trifft sie auf den Teil den rechten!"

Christkindlein sprach: „So ist es recht;
so geh mit Gott, mein treuer Knecht!"
Von draußen, vom Walde komm ich her;
ich muss euch sagen, es weihnachtet sehr!
Nun sprecht, wie ich's hier innen find!
sind's gute Kind, sind's böse Kind?

Auf älteren Abbildungen trägt Knecht Ruprecht bisweilen Hörner, was auf seine dämonische Herkunft verweist.

Krampus goes to Hollywood

Wann ist die Welt heiler und zugleich brüchiger als an Weihnachten? Draußen ist es dunkel und finstere Gestalten treiben in der wie abgestorben ruhenden Welt ihr Unwesen. Drinnen schwelen unter Flittergold und Tannengrün verborgene Konflikte. Weihnachten, das Fest der Erlösung, des Friedens und der Liebe, kommt ohne das Böse nicht aus. Die Plattform aber, auf der moderne Weihnachtsmythen über den Kampf des Guten gegen das Böse erzählt werden, ist der Film. Ohne das Böse kann das Gute nicht erkannt werden, ohne gefährliche Schurken in Weihnachtsfilmen gibt es keine spannenden Geschichten.

Der Begriff „modern" bezieht sich eher auf die äußere Form als auf die Inhalte. Der Kampf des Guten gegen das Böse ist immer noch der Gleiche wie in alten Heiligenlegenden, nur die Optik hat sich geändert. Sogar die Brutalität der spätantiken Martyrien kehrt im Genre des Horrorfilms wieder. Einen neuen Typus des Bösewichts hat der Film allerdings hervorgebracht: den Weihnachtshasser. Er will das Fest mit allen Mitteln sabotieren. Oft zielen seine Anschläge auf den Weihnachtsmann ab, damit dieser die Geschenke nicht ausliefern kann. Damit ist auch klar, an welche Zielgruppe sich diese Art von Weihnachtsfilmen in erster Linie richtet. Vor allem für Kinder ist die Vorstellung eines Festes ohne Geschenke so schrecklich, dass sie ein solches Szenario als besonders aufregend empfinden. Auch Computerspiele greifen das Motiv auf, nach dem Motto „Hilf Santa, alle Geschenke rechtzeitig zu verteilen". Manche Games beruhen sogar auf Filmvorlagen. So können Fans der Filme mit Kevin die Einbrecher Marv und Harry jagen oder mit Jack Skellington den Bösewicht Oogie Boogie in die Schranken weisen.

Ebenezer Scrooge, der Prototyp aller fiktionalen Weihnachtshasser, hatte weder die Möglichkeiten noch die Absicht, das Fest zu verhindern. Er wollte nur nicht damit belästigt werden. Seine Geschichte dreht sich daher ausschließlich um die eigene Erlösung. Der Grinch, eine Schöpfung des amerikanischen Kinderbuchautors Theodor Geisel alias Dr. Seuss, fühlt sich durch das Fest ebenfalls gestört. Gemein wie er ist, versucht er, seinen weihnachtsverrückten Nachbarn die Freude zu verderben. Dafür mopst er den Whos alle Geschenke und die gesamte Dekoration. Das macht den Frohnaturen aber nichts aus. Gut gelaunt feiern sie trotzdem, indem sie alle zusammen ihr liebstes Weihnachtslied singen. Dem Grinch gibt das zu denken und er bringt reumütig seine Beute zurück. Eine sehr moralische Geschichte hat der deutschstämmige Schriftsteller Geisel da erfunden. Sie hat die internationale Weihnachtsfolklore bereichert und lehrt die Kinder auf amüsante Weise, dass die Geschenke nicht das Wichtigste sind. Diese Lektion geht in den neueren Filmen über Weihnachtssaboteure meist verloren. Die Leinwandhelden, die in der Nachfolge des Grinch Weihnachten zerstören wollen, verabscheuen das Fest deshalb, weil sie als Kind keine oder nicht die gewünschten Gaben erhalten haben. Manche neiden dem Weihnachtsmann auch seine Popularität und wollen seine Stelle einnehmen. Am Ende wird ihnen das Handwerk gelegt, ohne dass die Bedeutung der Geschenke grundsätzlich hinterfragt wird.

In Filmen für Erwachsene hat das Böse oft eine andere Dimension. Es bricht in die scheinbar heile Welt der Weihnachtszeit ein und bringt Zerstörung und Tod. Das Böse erscheint in der Gestalt von Menschen wie dem Gangster Hans „Jack" Gruber aus *Stirb Langsam*, in Form von weihnachtlichen Dämonen wie dem Krampus. Ja, der Weihnachtsmann selbst oder gar der Christbaum entpuppen sich als gefährliche Serienkiller. Sogar Kannibalenfilme mit weihnachtlicher Kulisse wurden gedreht. Attraktive Frauen laden darin unbeholfene Männer zum Weihnachtsessen mit der Familie ein. Die Ärmsten ahnen nicht, dass sie selbst der Festtagsbraten sein sollen. Hinter solchen Einfällen steht natürlich der Wunsch, dem vermeintlich süßlichen, kindgerechten Weihnachtsfest etwas Drastisches und Brutales entgegenzusetzen. So weit entfernt vom Kern des Festes, wie Macher und Zuschauer hoffen, sind diese Fantasien aber gar nicht. Denken wir an die Schlange, denken wir an Herodes und freuen uns, dass das Böse in den meisten Fällen nur in Form eines Apfels an unserem Weihnachtsfest teilnimmt.

Ikonen der Ostkirche stellen die Geburt Christi anders dar, als wir es gewohnt sind. Die beiden Hebammen stammen aus den Apokryphen.

– 2 –

Es kommt ein Schiff, geladen

Die Entstehung des Festes in der Spätantike

Bei allen Meinungsverschiedenheiten über den Ursprung von Weihnachten besteht Einigkeit darüber, dass der 25. Dezember nicht als der tatsächliche Termin der Geburt Christi gelten kann. Die Bibel schweigt über Tag, Monat und Jahreszeit. Auch dass die frühen Christen kein Weihnachtsfest kannten, weil sie die Geburt für nicht bedeutend hielten, ist unbestritten. Lange Zeit begingen sie nur den Sabbat, das Osterfest und Gedenktage wichtiger Märtyrer. Geburtstage zu feiern, das war etwas für Heiden, fanden sie. Die wahre Geburt, das sei der Moment, wenn der Gläubige sein Leben für Christus hingibt.

Zwar widmet sich das Neue Testament der Geburt Christi, aber brauchbare Hinweise für die kalendarische Einordnung finden wir dort nicht. Nur zwei der vier Evangelien berichten von dem Ereignis, und auf unterschiedliche Weise. Der Autor des Evangeliums, dem später der Name Lukas zugeteilt wurde, gibt an, Jesus nicht selbst kennengelernt zu haben. Er beruft sich jedoch auf glaubwürdige Augenzeugen. Wer mögen diese bei der Geburt gewesen sein? War es Maria? Ochs und Esel jedenfalls waren es nicht, doch dazu später mehr. Unter anderem erzählt Lukas von der Verkündigung durch den Erzengel Gabriel, von der Volkszählung, der Reise nach

Bethlehem, der Krippe und der Anbetung durch die Hirten. Matthäus, der andere Evangelist, der mit einer Weihnachtsgeschichte aufwartet, kennt diese Ereignisse nicht. Er bringt die Anbetung der Sterndeuter aus dem Orient und den machtgierigen König Herodes mit in die Geschichte ein. Entstanden sind die beiden Texte vermutlich um 70 nach Christus. Wahrscheinlich stützten sich beide Autoren auf ältere Zeugnisse, die in christlichen Gemeinden überliefert wurden.

Fakten und Wunder

Erst in der Epoche der Aufklärung begannen Gelehrte, die Aussagen der biblischen Weihnachtserzählungen quellenkritisch auf den historischen Gehalt zu untersuchen. Heute sind sich die meisten Theologen einig darüber, dass die beiden Geburtsgeschichten nicht als Tatsachenberichte gelten können. Das betrifft gar nicht mal die wundersamen Elemente wie Engelserscheinungen und Jungfrauengeburt. Auch die historisch überprüfbaren Fakten passen nicht zueinander. Zwischen dem Tod des Königs Herodes und der Statthalterschaft des bei Lukas erwähnten Römers Quirinius (auf Griechisch Cyrenus) liegen gut zehn Jahre. Beide waren nicht gleichzeitig in Amt und Würden, Jesus muss entweder zu Lebzeiten des einen oder zur Amtszeit des anderen auf die Welt gekommen sein. Einen Reichszensus, eine Volkszählung im gesamten Römischen Reich, gab es zum fraglichen Zeitpunkt nicht und hätte Judäa als verbündetes Klientelkönigreich auch nicht betroffen. Ein Provinzialzensus speziell für dieses Land fand zu einem späteren Zeitpunkt statt.

Die Absicht der Evangelisten war zu beweisen, dass Jesus der im Alten Testament angekündigte Messias und Sohn Gottes ist. Das untermauerten sie mit Verweisen auf Prophezeiungen, die angeblich eingetroffen waren. So heißt es im Alten Testament, der Messias würde aus Bethlehem, der Stadt Davids kommen. Nun kam Jesus bekanntlich aus Nazareth. Wie aber brachte man Bethlehem ins Spiel? Durch eine Volkszählung, für die jeder in seine Geburtsstadt ziehen musste. Also bauten die Autoren historische Fakten in ihre Texte ein. Die Namen und Daten sollten die Darstellung glaubhaft machen. Augustus, Herodes und Quirinius hatten tatsächlich gelebt, die Leser kannten die Namen. Es wäre unhistorisch, diese Vorgehensweise als bewusste Manipulation zu bezeichnen. Die Autoren der Evangelien waren überzeugt davon, dass Jesus der Messias sei, also mussten sich auch die Umstände der Geburt entsprechend abgespielt haben. Nichts zeigt besser, wie sich das damalige Verständnis von Faktizität von dem heutigen unterscheidet, als die von Matthäus zitierte Prophezeiung des Jesaja: Eine Jungfrau werde ein Kind gebären und sein Name werde Emmanuel sein (Jes 7,14). Wenige Verse später vermerkt Matthäus dann, dass das Kind Jesus genannt wurde und sieht darin keinen Widerspruch. Theologen haben später erklärt, da Emmanuel „Gott ist mit uns“ heiße, sei doch Jesus gemeint. Durch ihn sei Gott ja „mit uns“. Jesus sei „der“ Emmanuel. Jahrhundertelang haben sich die klügsten Köpfe der Christenheit bemüht, passend zu machen, was eigentlich nicht so recht passt. Sogar heute versuchen Wissenschaftler hin und wieder, die Widersprüche der biblischen Weihnachtserzählung aufzulösen. Bislang ohne nennenswerten Erfolg.

Weihnachtliche Fan-Fiction

Zusätzliche, nicht biblische, aber überaus wirkmächtige Informationen über die Geburt Christi lieferten die Apokryphen. Das sind Erzählungen über das Leben Jesu, die nicht in den Kanon der anerkannten Schriften aufgenommen wurden. Sozusagen frühe christliche Fan-Fiction. Die meisten dieser Geschichten entstanden mehrere hundert Jahre nach den Evangelien. Anders als oft dargestellt waren diese Texte nicht durchweg verboten oder verfemt. Viele von ihnen fanden große Verbreitung, vor allem durch die *Legenda aurea,* einer Sammlung von Heiligen-, Marien- und Christuslegenden aus dem 13. Jahrhundert. Dieses Buch war zeitweilig weiter verbreitet als die Bibel und geriet erst zur Zeit der Aufklärung allmählich in Vergessenheit. Zur Geburt Christi liefern die Apokryphen eine Reihe von Details, die heute fest zur weihnachtlichen Ikonografie gehören.

Ochs und Esel dürfen in keiner Krippe fehlen, viele Geschichten ranken sich um die beiden tierischen Sympathieträger. In der Bibel werden sie jedoch nicht erwähnt. Die erste erhaltene schriftliche Quelle ist das apokryphe Kindheitsevangelium des Pseudo-Matthäus, das nach dem Jahr 600 entstanden ist. Dort heißt es:

> Am dritten Tag nach der Geburt des Herrn verließ Maria die Höhle und ging in einen Stall. Sie legte den Knaben in eine Krippe; Ochs und Esel huldigten ihm. Da ging in Erfüllung, was der Prophet Jesaja gesagt hatte: „Es kennt der Ochse seinen Besitzer und der Esel die Krippe seines Herrn."

Der letzte Satz verweist auf eine Klage des Propheten Jesaja über die Undankbarkeit des Volkes Israel: „Der Ochse kennt seinen Besitzer und der Esel die Krippe seines Herrn; Israel aber hat keine Erkenntnis, mein Volk hat keine Einsicht" *(Jes 1,2–3).* Theologen deuteten später den Ochsen als Symbol für die Juden, der unreine Esel repräsentiere die heidnischen Völker.

Pseudo-Matthäus hatte sich das Motiv nicht ausgedacht, auf Reliefs war das Christuskind mit seinen tierischen Begleitern schon viel früher zu sehen. Erste Darstellungen stammen aus dem 4. Jahrhundert.

In demselben Text des Pseudo-Matthäus treten auch die Hebammen Zelomi und Salome auf. Letztere wollte ihrer Kollegin nicht glauben, dass Maria, die soeben das Kind geboren hatte, immer noch Jungfrau war. Prompt überzeugte sie sich im wahrsten Sinne des Wortes eigenhändig von der Sache:

> „Was ich höre, glaube ich nicht, ehe ich es selber nachgeprüft habe". Und Salome ging zu Maria und sprach: „Erlaube, dass ich dich berühre und nachprüfe, ob Zelomi die Wahrheit sagte!" Da Maria die Berührung erlaubte, führte Salome mit ihrer Hand die Prüfung durch. Und wie sie Maria prüfend berührte, verdorrte sogleich ihre Hand.

Salome bereute ihren Frevel sogleich. Da erschien ein Engel und wies sie an, das Kind anzubeten, sodass sie geheilt werde. Die beiden Hebammen sind im westlichen Christentum der Neuzeit in Vergessenheit geraten. In den Kirchen des Ostens gehören sie zur Weihnachtsgeschichte wie Ochs und Esel und sind auf Ikonen verewigt – vermutlich als Warnung an die Zweifler. Das tierische wie das menschliche Paar sind also kein bloßer Schmuck, der hinzuerfunden wurde, um die Geschichte lebendiger zu machen. Sie versinnbildlichen theologische Aussagen. Sie stehen am Anfang einer langen Reihe von Erweiterungen des weihnachtlichen Kosmos: immer neue Figuren, die der Weihnachtsgeschichte zusätzlichen Sinn gaben, zunächst religiösen, später pädagogisch-moralischen und schließlich dienten sie der Unterhaltung.

Germanische Sonnenwendfeiern als Vorläufer des christlichen Weihnachtsfestes – eine nationalromantische Fantasie des 19. Jahrhunderts.

– 3 –

Hodie Christus natus est

Wie kam die Kirche auf den 25. Dezember?

Trotz einiger Widersprüchlichkeiten hat die Weihnachtsgeschichte die Menschen über fast zweitausend Jahre fasziniert und inspiriert. Fast zweitausend Jahre, denn wie schon gesagt, die ersten hundert, zweihundert Jahre sahen die Christen keinen Grund, sich damit genauer zu beschäftigen. Dann aber begann man, sich näher für das Leben Jesu zu interessieren. Seine baldige Wiederkehr stand nicht mehr auf der Tagesordnung, also versuchte man, mehr über sein Leben und Wirken zu erfahren. Der Theologe Guido Fuchs hat zu Recht angemerkt, Weihnachten sei von Anfang an ein rückwärtsgewandtes Fest gewesen. Schon zu Beginn stand eine in die Vergangenheit gerichtete Frage im Mittelpunkt, nämlich wann und wie die Heilsgeschichte ihren Anfang genommen hat. Die Methoden, die die Gelehrten anwendeten, um den Zeitpunkt zu bestimmen, muten uns heute abenteuerlich an. Das einzig Wissenschaftliche nach heutigem Verständnis war, dass sich die Forscher über den neunmonatigen Zeitraum zwischen Empfängnis und Geburt im Klaren waren. Alles andere beruhte auf Annahmen, die modernen Menschen seltsam vorkommen. Bei großen Männern fallen die Termine von Geburt beziehungsweise Empfängnis mit dem Todestag auf das gleiche Datum, so meinte man, oder alles Große nehme im März seinen Anfang, weil Gott die Welt in diesem Monat geschaffen habe. Mit solchen Berechnungen kamen die Theologen auf verschiedene Termine, von denen sich der 25. Dezember schließlich gegen seinen schärfsten Konkurrenten, den 6. Januar, durchsetzte. Johannes Chrysostomos, ein Kirchenvater der Ostkirche, hielt um das Jahr 386 in Antiochien eine Weihnachtspredigt. Er hatte die Aufgabe, seine Gemeinde davon zu überzeugen, dass Jesus nur am 25. Dezember auf die Welt gekommen sein könne. Unter anderem verwies er auf die römischen Steuerakten, die schließlich jeder einsehen könne. Aus ihnen ginge hervor, dass Josef sich an eben diesem Tag in die Liste eintragen ließ. Außerdem bot er eine Berechnung aufgrund biblischer Ereignisse an, die aber durch die biblische Erzählung nicht abgedeckt ist. Zum Zeitpunkt, als Maria vom Heiligen Geist empfängt, war ihre Cousine Elisabeth schon im sechsten Monat schwanger, so steht es bei Lukas geschrieben. Elisabeth ist die Mutter von Johannes dem Täufer. Sie und ihr Mann Zacharias waren schon sehr alt und kinderlos geblieben, als ein Engel dem Zacharias im Tempel verkündete, seine Frau werde einen Sohn gebären. Diesen Tag aber, so behauptete Johannes Chrysostomos, könne man genau bestimmen. Zacharias sei Hohepriester gewesen und diese hätten nur an einem bestimmten Tag im Jahr das Allerheiligste betreten, wo dann der Engel auf ihn wartete. Zählt man sechs Monate hinzu, hat man das Datum. Der Haken ist nur: Aus dem Evangelium geht nicht hervor, dass Zacharias Hohepriester war. Johannes Chrysostomos muss klar gewesen sein, dass er Tatsachen verdrehte, aber im Interesse der Einheit der Kirche hielt er dies für gerechtfertigt.

Die Sache mit der Sonnenwende

Mit der Festlegung auf den 25. Dezember beginnt eine Kontroverse, die das Verständnis von Weihnachten bis heute belastet. Die populärste These dazu, warum gerade dieser Termin ausgewählt wurde, begründet dies mit der Wintersonnenwende. Diese fiel in der Spätantike auf eben jenen Tag. Römische Kaiser riefen Sol, die Sonne, als eine übergeordnete Gottheit aus. Mit dem licht- und lebensspendenden Himmelskörper konnten sie sich selbst gleichsetzen und der Vielfalt der Kulte, die im Römischen Reich nebeneinander existierten, einen obersten Gott überstülpen. Kaiser Aurelian erhob im 3. Jahrhundert *Sol invictus*, die unbesiegbare Sonne, zum Staatsgott. Dessen Geburtstag wurde am 25. Dezember gefeiert.

Die Christen hätten, so die in der populärwissenschaftlichen Literatur vorherrschende Meinung, den beliebten Feiertag frech gekapert, um der Geburt ihres Erlösers einen passenden Rahmen zu geben. Deutsche Brauchtumsforscher spannen die Geschichte noch weiter aus und brachten die alten Germanen ins Spiel. Diese hätten zur Wintersonnenwende ihr Julfest gefeiert, weshalb auch Weihnachten das deutscheste aller Feste sei – bereits tief verankert, bevor Kaiser Augustus auch nur auf die Idee kam, seine Untertanen zu zählen. Ähnliche Mythen entstanden in England mit Bezug auf Kelten und Druiden.

Solche Theorien klingen auf Anhieb plausibel, sie haben nur einen Haken. Es sind Spekulationen. Moderne Wissenschaftler bezweifeln die Behauptung, der von den Kaisern oktroyierte Sonnenkult sei tatsächlich so populär gewesen, dass die Christen ihn als Vehikel zur Verbreitung ihres Glaubens nutzen konnten und wollten. Normalerweise mieden sie jeden Bezug zu heidnischen Festen. Genauso könnte es sein, dass sie die Sonnenwende als einen passenden Termin gesehen hätten, weil an diesem Tag nur ein zwar staatlich verordneter, aber nicht tief verwurzelter und allzu anstößiger Kult gefeiert wurde. Es dürfte ohnehin schwierig gewesen sein, ein Datum zu finden, das nicht schon von irgendeiner Gottheit besetzt war. Mit der Sonne konnte man sich zur Not noch arrangieren. Venus, Amor oder gar Priapus wären viel unpassender gewesen. Zudem passte die Sonnenwende zu dem Erscheinen eines Erlösers, den die Schrift als „Sonne der Gerechtigkeit" und „Licht der Welt" bezeichnete. Der evangelische Theologe Martin Wallraff weist darauf hin, dass die Sonne im Glauben von Juden, Griechen und Römern jahrhundertelang keine zentrale Rolle gespielt habe. Er spricht von einer „Solarisierung" zur Zeit der Spätantike, die Heiden und Christen gleichermaßen inspiriert habe.

Natürlich ist es sehr wahrscheinlich, dass Elemente aus vorchristlichen Ritualen in unsere Weihnachtsbräuche eingeflossen sind. Schon die Römer feierten zum Ende des Jahres ein Fest, bei dem sie einander Geschenke machten. Allerdings klafft eine erhebliche Lücke zwischen der Welt der Römer, Kelten und Germanen und den ersten Belegen für angeblich „heidnische" Weihnachtsbräuche.

Der Kreislauf der Landwirtschaft

Der amerikanische Historiker Stephen Nissenbaum vertritt eine viel überzeugendere These. Diese erklärt, warum die Menschen seit alters her und bis in die Neuzeit hinein im Winter Feste feierten, bei denen es üppige Festmähler, ausgelassene Spiele und Geschenke gab. Mit dem Beginn des Winters endete seit jeher das landwirtschaftliche Jahr. Für einen Großteil der Menschen bedeutete das weniger Arbeit und mehr Freizeit. Die Nächte wurden länger, die Tage kürzer. Die Felder waren abgeerntet, der Wein gekeltert, das Bier gebraut. Tiere mussten geschlachtet werden, denn die Bauern waren nicht in der Lage, alle über den Winter zu bringen. Die Vorratskammern waren voll, aber es gab keine Kühlschränke. Das Fleisch musste verzehrt, das Bier getrunken werden. Was liegt da näher, als eine Reihe von Festen zu feiern? Die Menschen erholten sich von den Strapazen der Arbeit, brauchten ihre Vorräte auf und amüsierten sich.

Dabei ging es hoch her und die betriebliche Weihnachtsfeier unserer Tage mag ein fernes Echo dieser Lustbarkeiten sein. Auch Geschenke passen in dieses Szenario. Wenn man einen Lebensabschnitt, ein Jahr abschließt, dann macht man sich gegenseitig eine Freude unter Gleichen, versichert sich einer Beziehung zu einer höhergestellten Person und stimuliert die Loyalität der Untergebenen mit Gaben.

Nissenbaums Theorie über die Festzyklen der Agrargesellschaft ist ebenfalls nur eine Hypothese, klingt aber glaubhafter als die Vorstellung von einem kollektiven Volksgedächtnis, welches die Erinnerung an uralte heidnische Rituale bis heute bewahrt. Beide Thesen stimmen allerdings in einer Hinsicht überein: Weihnachten hat wahrscheinlich auch Wurzeln, die tiefer reichen als bis in frühchristlichen Schichten. Das bedeutet keineswegs, wie oft behauptet, dass der christliche Inhalt nur aufgepfropft ist und die anderen Quellen die eigentliche Weihnacht repräsentieren. Die Menschen füllten die winterlichen Feiern jeweils mit der Bedeutung an, die für sie Sinn machte. Nichts davon kann den Anspruch erheben, die einzig echte Weihnacht darzustellen.

Die Agrarthese stützt sich unaufgeregt auf wirtschaftliche Gegebenheiten und leitet daraus keine Forderungen über den „wahren" Charakter von Weihnachten ab. Die Heidenthese hingegen polarisiert. Weihnachten ist entweder „eigentlich" ein heidnisches Fest, das die Christen gestohlen hätten und das wieder in seinen originalen Zustand zurückversetzt werden müsse. Oder aber, die heidnische Herkunft ist ein Ballast, der das Fest für Christen inakzeptabel macht. Neben diesen extremen Positionen gehört die Heidenthese heute als eine Art Geheimwissen zum Arsenal der Weihnachtsnörgler. Warum sie bis heute so populär ist, werden wir im 9. Kapitel des zweiten Teils genauer untersuchen.

Weihnachten ist von Anfang an ein hybrides Fest, eines, dass sich aus verschiedenen Traditionen speist. Keine dieser Stränge kann beanspruchen, den Sinn des Festes allein zu repräsentieren. Zwar ist die Festlegung des Datums auf den 25. Dezember nicht biblisch zu belegen, aber sie ist keinesfalls willkürlich. Die Symbolik der Rückkehr des Lichts in die dunkle Welt lässt sich sehr gut christlich deuten. Wenn auch Menschen in vorchristlicher Zeit diese Erscheinung beobachtet und mit Ritualen gefeiert haben, heißt das nicht, dass die Christen bloße Nachahmer wären. Jede Zeit hat ihre Erzählungen. Die Weihnachtsgeschichten der Evangelien versuchen, die Bedeutung des Ereignisses mit Methoden zu untermauern, die aus heutiger Sicht eher geeignet sind, Zweifel zu säen. Sie beziehen sich auf vage Prophezeiungen des Alten Testaments und berufen sich auf reale historische Ereignisse, die aber zeitlich nicht zusammenpassen. Was das für den persönlichen Glauben bedeutet, kann hier nicht diskutiert werden. Wir sollten uns aber bewusst sein, dass von Anfang an – freundlich formuliert – erzählerische Kreativität eingesetzt wurde, um die Weihnachtsbotschaft möglichst überzeugend zu gestalten.

Nikolaus von Myra wurde im Mittelalter zum ersten weihnachtlichen Gabenbringer. Die russische Ikone zeigt ihn als Asketen mit hoher Denkerstirn.

– 4 –

Nun komm, der Heiden Heiland

Warum Weihnachten erfunden wurde und wie man es anfangs feierte

Weihnachten war Teil des Kirchenjahres geworden. Zusammen mit Karfreitag (Tod), Ostern (Auferstehung), Himmelfahrt (Aufnahme Christi in den Himmel) und Pfingsten (Aussendung des Heiligen Geistes an die Jünger) als Eckpfeiler hatten die Christen einen über das Jahr verteilten Festkreis, in dem die Gemeinden das Leben und Wirken Jesu nachvollziehen konnten. Diese Höhepunkte teilten das Jahr ein und gaben dem Lauf der Zeit einen Sinn. Die Feiern fanden in der Kirche statt. Das gilt auch für Weihnachten. Daneben hielten die bekehrten Völker Europas aber auch, sehr zum Ärger des Klerus, an ihren altgewohnten Winterbräuchen fest, die vor allem in gemeinschaftlichen Aktivitäten bestanden. Privat-familiäres Brauchtum, wie wir es heute kennen, ist ein modernes Phänomen.

Theologische Spitzfindigkeiten

Die Entstehung des Weihnachtsfestes fiel in eine Zeit intensiver theologischer Debatten. Kein Wunder, die Menschwerdung eines

Gottes ist in der Welt der Religionen ein ungewöhnliches Ereignis. Zwar kannten die Völker der Antike Halbgötter und Kinder der Götter mit sterblichen Menschen, in einem polytheistischen Pantheon ist vieles möglich. Dass aber eine monotheistische Religion einen Gottessohn ins Rennen schickt, ist erklärungsbedürftig. Die Moslems zum Beispiel sehen diese Idee als Irrweg an. Die Christen haben es sich in dieser Hinsicht schwer gemacht. Sie brachten den Begriff des freien Willens ins Spiel. Im Paradies hatten sich die ersten Menschen gegen Gottes Gebot aufgelehnt und vom Baum der Erkenntnis gegessen. Seitdem waren sie der Sünde und dem Tod unentrinnbar verfallen und selbst Gott konnte das nicht einfach rückgängig machen. Schließlich hat der Mensch einen freien Willen, er ist frei zu sündigen oder nicht, sonst wäre ja auch die Strafe sinnlos. Um den Menschen aber doch aus ihrer Not zu helfen, schickte Gott seinen Sohn zur Erde, damit er die Sünden der Menschen durch seinen Tod auf sich nehme. Eine sehr komplizierte Heilsgeschichte, die eine Menge Fragen nach sich zieht. War Jesus nur scheinbar ein Mensch – dann hätte er am Kreuz nur geschauspielert. Oder war er einfach nur ein ganz normaler Sterblicher, ein Weisheitslehrer, und die Gottessohnschaft eine spätere Erfindung? Darüber stritten die Theologen in der Spätantike erbittert. Angeblich ging es bis hin zu Handgreiflichkeiten. So soll Bischof Nikolaus von Myra seinem Widersacher Arius, der Jesus als Gott nachgeordnet beschrieb, auf dem Konzil von Nicäa eine Ohrfeige verpasst haben. Ja, das ist eben jener Nikolaus, der heute den Kindern im Advent Geschenke bringt. Dass er wirklich in Nicäa dabei war (und dass er überhaupt existiert hat) ist allerdings unbewiesen.

Diese Konflikte kommen modernen Menschen wie Haarspalterei vor. Damals führten sie zu Kirchenspaltungen. Sie hier nachzuzeichnen ist so unmöglich wie überflüssig. Wesentlich ist, dass man sich schließlich auf die Formel einigte, Jesus sei wahrer Mensch und wahrer Gott in einer Person. Der Kampf um theologische Spitzfindigkeiten wirkte sich auch auf die Gestaltung der Weihnachtsliturgie aus. Es ging damals nicht darum, in den Gottesdiensten die Weihnachtsstimmung der Kirchenbesucher mit einer besonders glanzvollen und zugleich anheimelnden Feier zu befördern. So etwas wie Weihnachtsstimmung, wie wir sie heute verstehen, kannte man damals noch gar nicht. Der Zweck des Gottesdienstes lag vielmehr darin, die neu definierten Dogmen durch die Liturgie zu bekräftigen. Die wundersame Jungfrauengeburt als Beleg der Göttlichkeit und die armselige Krippe als Zeichen für das Menschliche standen im Mittelpunkt. Dies geschah (im Westen) durch lateinische Gesänge, die die Gemeinde in späteren Jahrhunderten nicht mehr verstand.

Schabernack für Kleriker und Laien

Weihnachten war also ein Fest, das der Klerus in der Kirche zelebrierte, während die Laien sich nach alter Art die kalte Jahreszeit mit Schlemmen und ausgelassenen Feiern versüßten. Auch die Geistlichen wollten jedoch ihren Spaß haben. Seit dem 10. Jahrhundert finden sich in ganz Europa Belege für Feste, bei denen die Kleriker Dampf abließen. Die Rede ist von Schabernack im Gottesdienst: von Priestern in Frauenkleidern, von Eseln in der Kirche und immer wieder von Anweisungen, den gotteslästerlichen Unfug einzustellen. Besonders beliebt war das Fest des Knabenbischofs, das sich mancherorts bis in die Neuzeit hielt. Die Schüler der Klosterschulen – also künftige Geistliche – wählten aus ihren Reihen einen Bischof und Prälaten. Diese waren für einen bestimmten Zeitraum den erwachsenen Amtsträgern vorgesetzt und durften mit Ausnahme einiger sakraler Handlungen alles tun, was ihre großen Vorbilder taten. Bei ihren Umzügen spendeten sie Almosen, sammelten Gaben ein und es scheint hier und dort zu Randale gekommen zu sein. Biblische Anknüpfungspunkte sind die zahlreichen Mahnungen Jesu, sich die Kinder zum Vorbild zu nehmen: „Wer nun sich selbst niedriget wie dies Kind, der ist der Größte im Himmelreich" (Mt 18,4) oder „Wahrlich, ich sage euch, wer nicht das Reich Gottes nimmt als ein Kind, der wird nicht hineinkommen." (Lk 18,17). Auch der Narr, der Einfältige, der das Reich Gottes erlangt, passt in diese Tradition. Der kanadische Historiker Gerry Bowler sieht in den Bräuchen, in denen die gesellschaftliche Ordnung auf den Kopf gestellt wird, einen wesentlichen Bestandteil des frühen Winterbrauchtums. Schon im alten Rom tauschten zu den Saturnalien Herren und Sklaven die Rollen. Solche Bräuche trugen dazu bei, die streng hierarchische Gesellschaftsordnung erträglicher zu machen. Heute hat sich dieser turbulente Traditionsstrang von Weihnachten abgekoppelt und mit Silvester, vor allem aber mit dem Karneval verbunden, insbesondere in Deutschland. Die Kinder aber stehen auch im modernen Weihnachtsfest nach wie vor oder besser gesagt wieder im Mittelpunkt.

Ihren Bischof wählten die Schüler ursprünglich am 28. Dezember. Das ist der Tag der unschuldigen Kinder, an dem die Kirche des Mordes an den Knaben in Bethlehem gedachte. Im spanischsprachigen Raum ist dieses Datum noch heute mit allerlei Narrenbrauchtum verbunden. Später verlegte man die Wahl auf den 6. Dezember, den Nikolaustag. Dieser Heilige trat schon im Mittelalter als Gabenbringer auf. Seine Rolle als Freund und Beschützer der Kinder wird mit Legenden in Verbindung gebracht, die sich um seine Person ranken. So soll Nikolaus als Bischof von Myra in Kleinasien den Töchtern eines armen Mannes heimlich die Aussteuer in Form von Goldkugeln in das Haus gelegt haben, um sie vor der Prostitution zu bewahren. Drei Schüler, die ein gieriger Wirt ermordet und zu Pökelfleisch verarbeitet hatte, soll er wieder zum Leben erweckt haben. Diese Legenden machten den Heiligen, so der katholische Theologe Manfred Becker-Huberti, zum Schutzpatron der Kinder und zum Spender von Geschenken. Dass St. Nikolaus nur die christianisierte Erscheinungsform eines älteren, heidnischen Wintergottes darstellt, wird immer wieder behauptet, ist jedoch nicht erwiesen. In jedem Fall ist er der Urahn von Santa Claus, dem bekanntesten Gabenbringer der Welt.

Die mittelalterliche Tradition des Krippenspiels hat sich – mit Unterbrechungen – bis heute erhalten.

– 5 –

Josef, lieber Josef mein

Mysterienspiele machen die Heilsgeschichte anschaulich

Auf Dauer mussten die Geistlichen im eigenen Interesse die Gemeinde stärker in das liturgische Geschehen einbeziehen. Die lateinische Bibel konnten die meisten Menschen nicht lesen, ihr Besitz war Laien zeitweise sogar verboten. Was die geistlichen Herren am Altar in einer fremden Sprache von sich gaben, verstand kaum jemand. Ein Mittel, das Volk zu unterrichten, waren Bilder, ein anderes waren Mysterienspiele. Diese kamen im Mittelalter auf, es gab passende Spiele für jedes wichtige Fest. Passionsspiele sind heute mancherorts noch beliebte Touristenattraktionen. Weihnachtliche Spiele behandelten ein breites Spektrum biblischer und apokrypher Geschichten rund um die Geburt Jesu. Während sich das eigentliche Krippenspiel bis heute erhalten hat, sind ursprünglich damit verbundene Storys inzwischen vom weihnachtlichen Spielplan verschwunden. Die Flucht nach Ägypten beispielsweise war ein beliebtes Sujet. Hier bedienten sich die Bühnenautoren bei dem bereits erwähnten Pseudo-Matthäus: Bei der Ankunft der Heiligen Familie stürzten die heidnischen Götterbilder um, was die ägyptischen Priester und sicher auch die Zuschauer sehr beindruckte. Bisweilen trat der erbauliche Charakter zugunsten der Unterhaltung in den Hintergrund. Das sogenannte *Zweite Hirtenspiel* aus der englischen Stadt Wakefield könnte mit seiner absurden und teilweise blasphemischen Handlung von Monty Python stammen, aber es wurde vermutlich im 15. Jahrhundert verfasst. Unter anderem suchen die Hirten ein gestohlenes Schaf, das von einem diebischen Ehepaar in einer Krippe versteckt und als neugeborenes Kind ausgegeben wird. Erst als sie den Irrtum aufgeklärt haben, ziehen die Hirten nach Bethlehem, um das echte Jesuskind anzubeten.

Die Krippenspiele haben ihren Ursprung in der Liturgie. Anfangs deuteten Priester die Handlung an, indem sie im Altarraum hin und her schritten und dazu sangen. Mit der Zeit wurden die Stücke immer mehr zu eigenständigen theatralischen Darbietungen und Laien übernahmen die Rollen. Mit der zunehmenden Verweltlichung wanderten die Spiele aus dem Altarraum vor die Kirche und schließlich auf den Marktplatz oder gar in das Wirtshaus. Zur Zeit der Aufklärung wurden sie sogar verboten, weil sie aus der Sicht der Obrigkeit zu Spektakeln geworden waren, die nur als Vorwand für Ausschweifungen dienten. In der zweiten Hälfte des 19. Jahrhunderts wurden sie dann als Manifestation deutschen Volksgeistes überhöht.

Martin Luthers Weihnachtsabend, wie man ihn sich im 19. Jahrhundert vorstellte – den Christbaum kannte er wohl noch nicht.

– 6 –

Vom Himmel hoch da komm ich her

Wie die Reformation Weihnachten veränderte

Die Reformation erschütterte als kirchliche Erneuerungsbewegung ganz Europa. Dass sie auch das Weihnachtsfest entscheidend prägte, gehört zu den seltener thematisierten Auswirkungen. Martin Luther selbst legte wichtige Fundamente für das familiäre Weihnachtsfest, das sich im 19. Jahrhundert voll entfalten sollte. Aufgrund seiner gut dokumentierten Vorliebe für das Fest wurden ihm sogar Verdienste angedichtet, die gar nicht auf sein Konto gehen. Weder hat Luther den Christbaum erfunden, noch das gegen Ende des 19. Jahrhunderts entstandene englische Weihnachtslied *Away in a Manger* geschrieben, wie bisweilen behauptet wurde. Die Weihnachtsfeier in der heimischen Stube jedoch, der Heilige Abend mit Bescherung für die Kinder, deutschsprachige Weihnachtslieder – all das geht auf ihn zurück.

Eine der wichtigsten Errungenschaften der Reformation war, die Bibel in die Volkssprachen zu übersetzen und die Vorherrschaft der lateinischen Sprache zu beenden. Der Gottesdienst sollte in der jeweiligen Landessprache gefeiert werden. Damit konnten Menschen, die nicht studiert hatten, an dem Geschehen teilhaben. Die

Geistlichen hatten kein Monopol mehr auf die Vermittlung und Deutung des Glaubens. Die protestantische Idee vom allgemeinen Priestertum der Gläubigen machte es möglich, dass Christen auch zuhause in der Bibel lesen und Andachten halten konnten – zum Beispiel an Weihnachten. Luthers berühmtes Lied, *Vom Himmel hoch, da komm ich her*, schrieb er ausdrücklich für den Hausgebrauch.

Die Idee, am Heiligen Abend, dem Vorabend des Weihnachtstages, den Kindern Geschenke zu machen, stammt ebenfalls von Martin Luther. Mit der Institution der Heiligen hatte er bekanntlich ein Problem. Luther lehrte, dass Christen keine Vermittler bräuchten, um sich an Gott zu wenden. Einer der populärsten Heiligen aber war St. Nikolaus, nicht zuletzt wegen seiner Rolle als Gabenbringer. Diesen Bonus wollte Luther Nikolaus nehmen und verlegte die Bescherung vom 6. auf den 24. Dezember. An dem Tag, an dem Gott den Menschen seinen Sohn geschenkt hatte, sollten sich die Kinder über Geschenke freuen. Als neuen Spender führte er den „Heiligen Christ" ein. Dieser legte jedoch mit der Zeit eine fluide Identität an den Tag. Er verwandelte sich in das eher mädchenhafte Christkind, wechselte auch die Konfession und bringt seitdem in katholischen Regionen Deutschlands und Europas die Geschenke am Weihnachtsabend. Die Protestanten wiederum kreierten Ende des 18. Jahrhunderts den Weihnachtsmann. Aus dem evangelischen Bürgertum Deutschlands kamen noch weitere Bräuche, die heute fester Bestandteil weihnachtlicher Traditionen sind. Adventskranz und Adventskalender gehören dazu, und ebenso der Christbaum, auch wenn Luther ihn nicht erfunden hat. Der protestantische Theologe Friedrich Schleiermacher pries 1806 in seiner Schrift *Die Weihnachtsfeier* die bürgerlich-familiären Traditionen, die sich gerade erst entwickelten.

Zur Hölle mit Weihnachten

Luthers radikalere Kollegen, die Reformer Jean Calvin, Huldrych Zwingli und deren Schüler, waren alles andere als Weihnachtsfreunde. Als liberaler Protestant lehrte Luther, was die Bibel nicht ausdrücklich verbiete, sei erlaubt. Die sogenannten Reformierten, also Calvinisten, Puritaner, Presbyterianer und andere Denominationen, verkündeten das Gegenteil: Was die Bibel nicht ausdrücklich gestatte, sei strengstens verboten. Feiertage hätten nur dann eine Berechtigung, wenn Jesus nachweislich dazu aufgefordert hatte, diese zu begehen. Das ist aber nur in einem Fall gegeben: Den Sabbat sollten die Gläubigen heiligen, aus dem später der Sonntag wurde. Von einem Auftrag, Weihnachten, Ostern oder Pfingsten zu feiern, steht nichts in der Bibel.

Weihnachten war den Reformierten besonders suspekt. Als gebildete Menschen kannten sie die Theorien über die heidnischen Wurzeln des Festes, *Sol invictus* und Sonnenwende waren für sie gute Gründe, Weihnachten als Teufelszeug zu verdammen. Die volkstümlichen Weihnachtsbräuche außerhalb der Kirche ließen ebenfalls den Gestank der Hölle in ihre empfindlichen Nasen steigen. Vor allem in England, aber nicht nur dort, war die Weihnachtszeit eine Zeit ausgelassenen Feierns. Bei den weihnachtlichen Heischebräuchen zogen arme und junge Leute von Haus zu Haus und „erheischten", also erbaten Gaben. Dabei ging es oft sehr munter zu – insbesondere, wenn die Gaben in flüssiger Form ausgegeben wurden. An den zwölf Tagen zwischen Weihnachten und dem 6. Januar wurde viel gegessen und gezecht, es wurde getanzt, die Menschen verkleideten sich, spielten um Geld und natürlich kamen auch die Freuden der Liebe nicht zu kurz.

Nissenbaums Hypothese über den Kreislauf der Landwirtschaft erklärt, warum gerade die Weihnachtszeit prädestiniert für solche Vergnügungen war. Für die reformierten Theologen war das keine Entschuldigung. Der englische Publizist Philip Stubbs wetterte 1583 in seinem Pamphlet *Die Anatomie des Missbrauchs*: „Wer wüsste nicht, dass in dieser Zeit mehr Schandtaten geschehen, als im übrigen Jahr? Mummenschanz und Maskerade, Raub, Hurerei und manchmal sogar Mord, Würfeln und Karten, Essen & Trinken, Bankette und Feste …“ Folgerichtig verboten die Puritaner unter Oliver Cromwell das Weihnachtsfest, als sie Mitte des 17. Jahrhunderts ihre Diktatur in England errichteten. Das Verbot bestand bis 1660, dem Ende der puritanischen Herrschaft. Der sinnesfrohe und feierlustige König Charles II., der die Monarchie wieder aufleben ließ, gönnte auch seinen Untertanen ihre traditionellen Freuden – doch Weihnachten kam in England allmählich aus der Mode.

Genauso intolerant waren die puritanischen Pilgerväter, die im 17. Jahrhundert nach Amerika auswanderten. In ihren Siedlungen an der Ostküste war Weihnachten tabu, am 25. Dezember herrschte Arbeitspflicht. Parallel dazu entstanden in Amerika weltliche Weihnachtsrituale. Die Armen erinnerten sich an die Heischebräuche, die man in Europa praktiziert hatte. Sie zogen lärmend in die Viertel der Reichen, drangen in die Häuser ein und verlangten Almosen und Alkohol. Was in der alten Welt ein mehr oder weniger freiwilliges Spiel war, wurde in Amerika zur Bedrohung. Als Reaktion schickten protestantische Bürger einen neuen Gabenbringer ins Rennen, um Weihnachten in zivilisiertere Bahnen zu lenken. Dazu bedienten sie sich eines katholischen Heiligen, den Luther erfolglos loszuwerden versucht hatte: St. Nikolaus. Dieser war und ist bis heute in den Niederlanden besonders populär. Die wohlhabenden Bürger New Yorks kultivierten ihre holländischen Wurzeln, auch wenn sie persönlich gar keine hatten. Die Stadt, eine Gründung der Niederländischen Westindien-Kompanie, hatte ursprünglich Nieuw Amsterdam geheißen. Aus dem niederländischen Sinterklaas wurde bald Santa Claus, der heute weltweit bekannte schmerbäuchige Herr in der roten Kluft. Die reformierten Christen in den Vereinigten Staaten versöhnten sich allmählich mit Weihnachten und setzten Santa Claus sogar für ihre Jugendarbeit ein. Nur ein paar radikale Sekten in den USA verdammen heute noch Weihnachten als Teufelskult. Das amerikanische Weihnachtsbrauchtum aber ist erstaunlich weltlich für ein Land, in dem der Glaube eine so wichtige Rolle spielt. Das ist auch ein Verdienst der Puritaner.

Neapolitanische Krippen aus dem 18. Jahrhundert zeigen neben der Geburt Christi auch üppige Straßenszenen, alle Details sind hochrealistisch.

– 7 –

Lasset uns sehen in Bethlehems Stall

Auch die Gegenreformation prägte Weihnachten

So wie protestantisches Brauchtum von katholischen Traditionen zehrte und sich zugleich von diesen abgrenzte, beförderte die Reformation die Erneuerung des Katholizismus. Die Gegenreformation versuchte nicht, die neu entstandene Konkurrenz nachzuahmen, sondern sich von ihr zu unterscheiden. Neu gegründete Orden wie die Jesuiten setzten auf Bildung, pädagogisches Talent und strenge Disziplin. Um die einfachen Leute von der Überlegenheit der katholischen Religion zu überzeugen, inszenierte man biblische Geschichten mit Figuren in kunstvoll arrangierten Landschaften. Heute kennen wir vor allem eine Form: die Weihnachtskrippe. Aber auch andere wichtige Stationen aus dem Leben Jesu konnten Kirchenbesucher über das ganze Kirchenjahr hinweg bewundern.

Der Begriff (Weihnachts-)krippe leitet sich von dem Futtertrog ab, in den Maria laut dem Evangelisten Lukas ihr Kind legte. Die ersten Krippen entstanden in Italien. Im Zuge der Gegenreformation verbreiteten vor allem Jesuiten und Franziskaner die Krippen in ganz Mitteleuropa. Allerdings standen diese christlichen Dioramen nicht zu Hause unter dem Weihnachtsbaum (der sich gerade erst ausbreitete), sondern in Kirchen, in Klöstern und in Adelssitzen. Dort konnten Besucher sie bestaunen. Die Ensembles bestanden nicht nur aus der Stammbesetzung, sondern aus Hunderten von Figuren, Tieren und Zubehör. Insbesondere das Gefolge der Könige bot die Gelegenheit für fantasievolle Prachtentfaltung. Neapolitanische Krippen aus dem 18. Jahrhundert verbinden die Geburt Christi mit zeitgenössischen Straßenszenen, in denen aufmerksame Betrachter neben Marktständen und Schenken bisweilen auch Freudenhäuser entdecken konnten.

Vernünftig statt volkstümlich

Dieser Überschwang wurde mit der Zeit auch führenden katholischen Würdenträgern zu viel. Die Reformation und ihre legitime Tochter, die Aufklärung, blieben nicht ohne Wirkung. Weltliche und geistliche Fürsten katholischer Länder wünschten einen Glauben, der nicht im Widerspruch zur Vernunft stand. Aberglauben, heidnische Relikte, alles Ungeordnete, Unsittliche, Unproduktive, dafür gab es keinen Platz mehr. Damit standen die Landesherren häufig im Widerspruch zu den Glaubensvorstellungen des Kirchenvolkes, das an seinen geliebten Überlieferungen festhalten wollte. Wallfahrten, geistliche Spiele, Prozessionen, Maskenumzüge – solche Traditionen suchten aufgeklärte Bürokraten zu regulieren oder zu verbieten. Zu den Weihnachtsbräuchen, die sie im Visier hatten, gehörte die mitternächtliche Christmette. Gegen diese selbst war nichts einzuwenden, aber die Leute hatten sich angewöhnt, im Wirtshaus bei Bier, Wein, Tabak, Kartenspiel und Tanz auf den Gottesdienst zu warten – das häusliche Weihnachtsfest gab es noch nicht. Die Folge war, dass die Gläubigen oft volltrunken in der Kirche auftauchten. Aufgeklärte Monarchen ordneten daher an, die Christmette abzuschaffen oder zu verschieben. Die in den nächtlichen Gottesdienst aufgeführten Krippenspiele arteten regelmäßig zu *„Comedien und Possenspielen" aus*, wie es in einem preußischen Edikt hieß. *Die Berlinische Monatsschrift* berichtete 1784 über „Bacchanalien in der Christnacht zu Zellerfeld": Stockbesoffene Kirchgänger hatten sich während eines Krippenspiels „übergeben und entleeret". In ihrer Enthemmtheit hätten sie „ein exaltiertes Spiel mit den Kerzen aus den Kronleuchtern" vollführt, und, Gipfel der Verworfenheit, mit den „mitgebrachten Weibspersonen" in der Kirche Unzucht getrieben. In den 1970er-Jahren überhöhten linke Historiker solche Ereignisse im Geiste der Zeit als Belege für den Widerstand der kleinen Leute gegen die Obrigkeit.

Auch die Krippen, die doch als Symbol für den katholischen Glauben verbreitet worden waren, galten plötzlich als überflüssiges Relikt aus dunkler Zeit. Im Zeitalter der Vernunft hatten sie keine Daseinsberechtigung mehr. Das Verbot, Krippen in den Kirchen auszustellen, ging jedoch nach hinten los. Aus der öffentlichen Schaukrippe wurde die private Hauskrippe. Diese blieb bis in das 20. Jahrhundert für die Katholiken das, was für die Protestanten der Weihnachtsbaum war – das zentrale Symbol der Weihnachtsfeier. Erst im 20. Jahrhundert verbreiteten sich Krippe und Baum konfessionsübergreifend. In Frankreich löste die Revolution von 1789 eine ähnliche Bewegung hin zur Hauskrippe aus.

Zu den aufgeklärten Kirchenfürsten, die Krippen aus der Kirche verbannten, gehörte der Salzburger Fürstbischof Hieronymus von Colloredo. In einem Hirtenbrief rief er die Gläubigen dazu auf, „zwischen Herzensreligion und gedankenlosem Mitmachen leerer Cermonien oder andächtelnder Mummereyen, zwischen wahrer Frömmigkeit und religiösem Grimassenspiel oder gaukelnder Heucheley" zu unterscheiden. Er betrieb noch ein weiteres aufgeklärtes Projekt, das zunächst auf Widerstand stieß. Colloredo setzte sich für deutschsprachiges Liedgut im Gottesdienst ein. Auch deshalb galt er beim Klerus und den katholischen Honoratioren als verkappter Protestant. Zu denen, die sich von seinen Reformideen inspiriert fühlten, gehörten zwei Priester, die als Lieddichter berühmt wurden. Der eine war Christoph von Schmid, aus dessen Feder *Ihr Kinderlein, kommet* stammt. Der andere, Joseph Mohr, schenkte der Welt das Lied *Stille Nacht, Heilige Nacht*.

Die bürgerliche Gesellschaft holte das Weihnachtsfest aus dem öffentlichen Raum in die Privatsphäre der Familie.

– 8 –

Am Weihnachtsbaum die Lichter brennen

Aus der Kirche in die gute Stube – das Fest wird bürgerlich

Heiligabend um das Jahr 1800: Im Hause des Theologieprofessors Eduard und seiner Frau Ernestine versammeln sich Freunde und Verwandte, um gemeinsam Weihnachten zu feiern. Das Weihnachtszimmer ist festlich mit Blumen und Kerzen geschmückt, zahlreiche Geschenke sind, liebevoll verpackt, im Raum verteilt. Vor dem Fenster rieselt leise der Schnee. Diesen stimmungsvollen Abend beschrieb der evangelische Theologe Friedrich Schleiermacher in seinem Traktat *Die Weihnachtsfeier* von 1806. Die Freunde verbringen den Abend mit Musik, Gesang und tiefgehenden Gesprächen über den Sinn des Weihnachtsfestes. Sie vertreten dabei unterschiedliche Ansichten, aber alle sind sich darin einig, dass Weihnachten als gefühlvolles Familienfest eine gute Sache ist. Das „Verjüngtsein, das Zurückgehen in das Gefühl der Kindheit, die heitere Freude an der neuen Welt, die wir dem gefeierten Kind verdanken", sei der tiefe Sinn des Festes, meint Gastgeber Eduard. Auch die Geschenke sieht Schleiermacher positiv, was der an Platon geschulte Gelehrte jedoch sehr umständlich ausdrückte: Das

„gemeinsame Bereden Vieler, das Arbeiten in die Wette auf die bestimmte festliche Stunde, und draußen der Allen offene und auf eine große Menge berechnete Christmarkt, der sich in jedem Geschenke abspiegelt mit seiner Erleuchtung, die wie schimmernde Sternchen umherglänzt in der Winternacht, daß der Himmel davon widerscheint, das giebt den Gaben ihren eigenthümlichen Werth."

Einfacher gesagt: Es ist schön, dass zu einem bestimmten Zeitpunkt alle einander beschenken. Die Mühe und die Liebe, die sie dafür aufwenden, macht die Geschenke bedeutsam.

Weihnachten in der Familie

Kinder, Musik, Geschenke, geselliges Beisammensein, und das alles unter der sorgsamen Regie der Frauen, das macht für Schleiermacher den Zauber des Festes aus. Was dabei nicht mehr benötigt wird, ist der Besuch des Gottesdienstes. Die Freunde bleiben zu Hause und ihre Bemerkungen über die Kirche sind nicht immer respektvoll. Dass so etwas aus der Feder eines der bedeutendsten evangelischen Theologen des frühen 19. Jahrhunderts floss, ist bemerkenswert.

Was Schleiermacher beschrieb, war gerade erst im Entstehen begriffen: das bürgerlich-familiäre Weihnachtsfest. Dieses ist sowohl eine Absage an die Vorherrschaft der Kirche über die Feier als auch an die rauen, gemeinschaftlich gepflegten Sitten des einfachen Volkes. Die neue Tradition, so der Theologe Guido Fuchs, habe sich aus der häuslichen Andacht entwickelt, die den Protestanten vertrauter war als den Katholiken. Sie bestand aus der Lesung des Evangeliums, gemeinsamen Gebeten und Gesang. Zu Weihnachten kamen ein festliches Mahl, die Bescherung und ursprünglich auch der gemeinsame Kirchenbesuch hinzu. Der Weihnachtsbaum, den Schleiermacher nicht erwähnte, verbreitete sich erst allmählich. Erste Erwähnungen sind zwar schon im späten Mittelalter verzeichnet, aber das waren Bäume, die vor den Häusern der Handwerkszünfte und Kaufmannsgilden standen. Dann scheint sich der Brauch zunächst vor allem im Hochadel verbreitet zu haben; das wohlhabende protestantische Bürgertum übernahm ihn im 18. und 19. Jahrhundert. Nicht nur Schleiermacher erwähnt ihn nicht, auch in einem der ersten modernen Weihnachtslieder kommt er nicht vor. *Morgen, Kinder, wird's was geben* entstand um die Wende vom 18. zum 19. Jahrhundert. Modern ist das Lied deshalb, weil es nicht mehr die Geburt Christi besingt, sondern die Vorfreude auf das Fest. Wie bei Schleiermacher ist von Geschenken und vom hell erleuchteten Weihnachtszimmer die Rede, aber weder von Bethlehem noch vom Christbaum. Auch ein mythischer Gabenbringer wird nicht erwähnt, vielmehr gebührt den Eltern Dankbarkeit für die „ganze Lust".

Die häusliche Feier an Heiligabend wurde zum zentralen Ereignis, neue Bräuche wie der Adventskranz und der Adventskalender halfen den Kindern, die Vorfreude zu steigern und die Tage bis zum Ereignis auszufüllen.

Mit der Übernahme durch das Bürgertum bekam Weihnachten auch eine pädagogische Komponente. Figuren wie der Weihnachtsmann und das Christkind, die sich im 19. Jahrhundert etablierten, belohnten brave Kinder, ihre handfesten Begleiter wie Knecht Ruprecht bestraften die bösen. Sie bildeten daher eine mit den Eltern verbündete, allwissende Instanz, die die bürgerlichen Erziehungsziele unterstützte. Noch vor wenigen Jahrzehnten gab es im Dezember überall mit Süßigkeiten behängte Nikolausruten zu kaufen – eine letzte Erinnerung an die Zeit, als solche tatsächlich noch eingesetzt wurden. Derartige Ruten sind heute kaum noch zu finden. Manche Brauchtumsforscher meinen allerdings, dass die Rute ursprünglich nicht zum Strafen gedacht war, sondern der Streich mit den Zweigen eine Art Fruchtbarkeitszauber darstellte.

In England und Amerika hauchten Autoren wie Washington Irving und Charles Dickens mit ihren Weihnachtserzählungen fast schon vergessenen, in die Unterschicht abgesunkenen Traditionen wieder neues Leben ein. Bei ihnen ist Weihnachten eine vergnügliche Feier in großer Runde, zu der neben einem guten Mahl weniger die Besinnlichkeit als vielmehr der Spaß gehört – Spiele, Tanz und Maskeraden, wie im alten England vor der puritanischen Diktatur. Der sozialkritische Dickens betonte zudem noch die Verpflichtung, Menschen in Not zu helfen.

Wilhelminischer Christbaumschmuck zum Fest des Friedens:
Porträt des Kaisers auf einer Granate mit dem Schriftzug
„Dampfende Grüße“.

– 9 –

Sie geben der Heimat einen hellichten Schein

Romantiker und Nationalisten entdecken Weihnachten

Das 19. Jahrhundert war das Zeitalter der Industrialisierung. Vertrautes verschwand, die politische, wirtschaftliche und soziale Ordnung veränderte sich. Das verunsicherte die Menschen. Als Gegenbewegung entstand die Romantik. Sie suchte die Rückwendung zu einer als unverdorben und wohlgeordnet wahrgenommenen Vergangenheit. Alles Altertümliche, das die Aufklärung verdammt hatte, erstrahlte jetzt in einem neuen Glanz. Die Romantiker begeisterten sich nicht nur für Ritterburgen und dunkle Wälder, sie versuchten auch, die Ursprünge populärer Bräuche aufzuspüren – je weiter zurück diese Ursprünge lagen, umso romantischer. Die Brüder Jacob und Wilhelm Grimm gehören zu den bekanntesten Vertretern dieser ersten Generation der Volkskundler. Die Idee, dass christliche Feste ihre Wurzeln in heidnischen Mythen hätten, faszinierte sie. In weihnachtlichen Gabenbringern wie Nikolaus, Knecht Ruprecht und Christkind sahen sie Abbilder uralter Geister und Gottheiten. Allerdings beruhten ihre Erkenntnisse nicht nur auf wissenschaftlicher Forschung, sondern auch auf dem Bestreben, eine deutsche Identität aus der Vergangenheit abzuleiten. So wie ihre Märchen keineswegs rein deutsche Wurzeln haben, entspringen auch die Theorien der Brüder über das deutsche Altertum oft nationalromantischem Wunschdenken.

Das deutscheste aller Feste

Mit der Gründung des Deutschen Reiches im Jahr 1871 nahm die Begeisterung für alles Nordische und Germanische so richtig Fahrt auf. Die Forschungen der Brüder Grimm wurden mit den Überlieferungen des Römers Tacitus und des Isländers Snorri Sturluson kombiniert, zwei wesentlichen Quellen, die uns vom Alltag und den Glaubensvorstellungen der Germanen berichten. Die ersten Weihnachtsbücher erschienen Ende des 19. Jahrhunderts, etwa Hugo Elms *Goldenes Weihnachtsbuch* von 1878. Wie in modernen Exemplaren dieser Gattung erzählt der Verfasser über die Geschichte des Festes und gibt Tipps für eine gelungene Feier. Ausführlich – und mit fragwürdigen Belegen – berichtet er von den Julbräuchen der alten Germanen, die schon einen „Tannenbaum mit seinen Aepfeln, Lichtern und Nüssen" gekannt hätten. Den Übergang vom heidnischen zum christlichen Weihnachten sieht Elm positiv, denn mit dem Christentum erhielten die alten Sitten einen neuen, tieferen Sinn. Der altgermanische Weihnachtsbaum sei ein christliches Symbol geworden, denn

> wie er der einzige Baum ist, der inmitten der kalten Jahreszeit an die kommende bessere Frühlingszeit erinnert, so erschien auch die Person des Welterlösers innerhalb der Menschheit, als diese durch ihre Selbstsucht und Selbstvergötterung den Schlaf der Sünde und des Todes schlief, und rüttelte diese auf, denn eine neue bessere Zeit war ja gekommen.

Das Beispiel zeigt sehr gut, dass die weihnachtlichen Symbole verschieden gedeutet werden können. Die Nazis sollten sich ein paar Jahrzehnte später eine ganz andere Erzählung ausdenken. Zunächst musste sich aber der angeblich schon den Germanen vertraute Christbaum über regionale und konfessionelle Grenzen hinweg verbreiten, und zwar durch Kriege. Im deutsch-französischen Krieg von 1870/71 und im Ersten Weltkrieg ließen Offiziere an Weihnachten Christbäume aufstellen. Soldaten aus dem katholischen Süden brachten den „preußischen" Brauch später zu ihren Familien. Zu Hause dekorierten die Deutschen im Ersten Weltkrieg den Baum mit patriotischem Schmuck: Bomben und Granaten aus Glas, Kugeln mit Porträts des Kaisers und der Generalität sowie schwarz-weiß-rote Bänder. Zeitungen priesen die „Kriegsweihnacht" als einigendes Ritual der Nation.

Die deutsche Propaganda zielte darauf ab, Kriegsbegeisterung mit der weihnachtlichen Friedensbotschaft in Einklang zu bringen und Weihnachten zum deutschen Kulturgut zu erklären, das es im Krieg zu verteidigen galt. Der nationalpatriotische Dichter Reinhold Braun reimte in seinem Gedicht *Kriegsweihnacht* von 1914, im ersten Jahr des Ersten Weltkriegs:

Kriegsweihnacht! O zwiespältig Wort:
Du bist wie Sturm und Friedensport
(…)
Das ist unserer Seele seligstes Wissen! –
Ob wir gleich kämpfen und bluten müssen
Und schreitet durch Deutschland das dunkle Weh,
Weihnacht, wir feiern dich tiefer, denn je!
Wir wurden ein Brüder- und Schwesternland,
Und Liebe steht da, wo Selbstsucht stand.
Unsere Seelen sind weihnachtlich offen;

Und alle lieben und glauben und hoffen!
Drum strahle mit deiner seligsten Macht,
Du deutsche, heilige Weihenacht!
Dem einsamsten, müdesten Herzen
Zünden wir an die goldenen Kerzen
(...)
Und die Lieben schmücken im Feindesland
Ihr Lichterbäumchen mit zärtlicher Hand;
(...)
Ist wo eines deutschen Helden Grab,
Die Sterne strahlen die Weihnacht herab;
Und liegt wo einer in Weh und Wunden,
Die Weihnacht schenkt ihm leuchtende Stunden.
So feiern wir dich, du strahlendes Fest,
Mit deutscher Seele, die vom Licht nicht lässt;
Der Völker Weihnachtsvolk sollen wir werden,
die starken Schirmer des: „Friede auf Erden!" –
O strahle mit deiner seligsten Macht!
Segne uns, heilige Weihenacht!

Natürlich ließ die wilhelminische Propaganda in ihrer Begeisterung über die „Deutsche Weihnacht" außer Acht, dass Festtagsbrauchtum nicht einer Nation gehört. Auch wenn viele weihnachtliche Traditionen – der Christbaum, Adventskranz und Kalender, die Weihnachtsmärkte – sich aus Deutschland heraus in der Welt verbreiteten, so gab es doch immer schon Importe und gemeineuropäische Bräuche. Das Weihnachtsfest selbst wurde wahrscheinlich in Rom erfunden, jedenfalls nicht in den Wäldern Germaniens. Die Krippe kam aus Italien über die Alpen, die Melodie von *O du fröhliche* ist sizilianischen Ursprungs, *Kommet, Ihr Hirten* stammt aus Böhmen. Ganz zu schweigen von der biblischen Geburtserzählung, die allen Christen gemeinsam gehört.

Im Dienst der Politik

Deutschland hatte den Ersten Weltkrieg verloren. Die junge Weimarer Republik war geprägt von Wirtschaftskrisen und den Gegensätzen zwischen Arm und Reich, zwischen konservativ und fortschrittlich Gesinnten. Linke Autoren machten sich daran, das bürgerliche Weihnachtsfest als Heuchelei zu entlarven. Nur wenige von ihnen forderten, Weihnachten ganz abzuschaffen oder durch neuartige, proletarische Feierformen zu ersetzen. Die meisten nutzten das Fest als Rahmen, um Ungerechtigkeit anzuprangern. In einer idealen Gesellschaft sollten alle Menschen die Mittel haben, friedlich zu feiern. Erich Kästner veröffentlichte sein kritisch-nachdenkliches Gedicht *Weihnachten, chemisch gereinigt* gegen Ende der 1920er-Jahre.

Morgen, Kinder, wird's nichts geben!
Nur wer hat, kriegt noch geschenkt.
Mutter schenkte euch das Leben.
Das genügt, wenn man's bedenkt.
Einmal kommt auch Eure Zeit.
Morgen ist's noch nicht so weit.

Doch ihr dürft nicht traurig werden,
Reiche haben Armut gern.
Gänsebraten macht Beschwerden,
Puppen sind nicht mehr modern.
Morgen kommt der Weihnachtsmann.
Allerdings nur nebenan.

Lauft ein bisschen durch die Straßen!
Dort gibt's Weihnachtsfest genug.
Christentum, vom Turm geblasen,

macht die kleinsten Kinder klug.
Kopf gut schütteln vor Gebrauch!
Ohne Christbaum geht es auch.

Tannengrün mit Osrambirnen –
lernt drauf pfeifen! Werdet stolz!
Reißt die Bretter von den Stirnen,
denn im Ofen fehlt's an Holz!
Stille Nacht und heilge Nacht –
Weint, wenn's geht, nicht! Sondern lacht!

Morgen, Kinder, wird's nichts geben!
Wer nichts kriegt, der kriegt Geduld!
Morgen, Kinder, lernt fürs Leben!
Gott ist nicht allein dran schuld.
Gottes Güte reicht so weit …
Ach, du liebe Weihnachtszeit!

Völkische Kreise beschäftigten sich währenddessen immer intensiver mit den angeblichen heidnisch-germanischen Wurzeln des Festes. Nach der Machtübernahme der Nationalsozialisten wurde diese Hypothese zur herrschenden Lehre. Den Nazis war klar, dass sie den Deutschen das Weihnachtsfest nicht austreiben konnten. Also versuchten sie, es seiner biblischen Bezüge zu entkleiden. Früher hatte man die Spekulationen über die Weihnachtsbräuche der Germanen nicht als Konkurrenz, sondern als Vorgeschichte zum eigentlichen, dem christlichen Weihnachtsfest verstanden. Die Nazis stellten diese angebliche Urform als den wahren Kern dar, den die Kirche verfälscht habe und der wieder hergestellt werden müsse. Dazu gab es öffentliche Feiern der Parteiorganisationen mit angeblich original germanischen Feuerritualen und es gab Handreichungen für das familiäre Fest. Die überlieferten Bräuche, der von den Eltern geerbte Christbaumschmuck, das war laut diesen Broschüren nicht mehr zeitgemäß. Die stilsicheren Trendexperten der NSDAP empfahlen als Zierde für die „Jultanne" Äpfel und Nüsse, selbstgemachtes „Sinngebäck" in Runenform oder mit Hakenkreuzen verzierte Christbaumkugeln. Gabenbringer wie Nikolaus und Weihnachtsmann wurden zu Abbildern des germanischen Gottes Wotan umgedeutet. Nazi-Poeten dichteten neue Weihnachtslieder und arisierten traditionelle, indem sie alle Bezüge zur Bibel und insbesondere zum Judentum entfernten.

Es ist ein Ros entsprungen

Traditionelle Version	Umdichtung 1942	Umdichtung 1943
s ist ein Ros entsprungen	Uns ist ein Licht erstanden	Nun leuchtet's in den Herzen
aus einer Wurzel zart,	in einer dunklen Winternacht.	Und aller Mütter Traum
ie uns die Alten sungen,	So ist in deutschen Landen,	Blüht leis in lichten Kerzen,
von Jesse kam die Art	der Glaube neu entfacht.	Jung grünt der Lebensbaum.
d hat ein Blümlein bracht	Es kommt der Sonne Schein!	Die liebe Weihnachtszeit
mitten im kalten Winter	Nach vielen harten Tagen,	Sagt vom stets neuen Werden
ohl zu der halben Nacht.	muß Sieg und Frieden sein.	Und Gottes Ewigkeit.
as Röslein, das ich meine,	Den Müttern an der Wiege,	Will auch ein Jahr sich legen,
davon Jesaja sagt,	den Kindlein sei beschert,	Dem nächsten reicht's die Hand,
ist Maria, die reine,	durch unsere Kraft im Kriege,	Viel hundert Keime regen
uns das Blümlein bracht.	Ein Leben glückbeschwert!	sich bald im weiten Land.
Aus Gottes ewgen Rat,	Gott mach das Herze weit,	Viel tausend Kinderlein
at sie ein Kind geboren,	daß es dies Licht bewahre,	Sind unsres Volkes Morgen,
d blieb eine reine Magd.	durch jede dunkle Zeit.	Des laßt uns fröhlich sein!

Leise rieselt der Schnee
(dritte Strophe)

Urfassung 1895	Umdichtung 1943
Bald ist heilige Nacht, Chor der Engel erwacht, hört nur, wie lieblich es schallt, freue Dich, Christkind kommt bald!	Sonne steiget empor Kraft und Einheit drängt vor, Glauben an Deutschland erwacht, bricht durch die dunkele Nacht.

Manche Weihnachtslieder wurden von Nazi-Poeten so subtil der christlichen Bezüge entkleidet, dass sie heute noch gesungen werden. Das Lied *Es ist für uns eine Zeit angekommen* ist Bestandteil des weihnachtlichen Repertoires renommierter Sänger unserer Zeit, und zwar in der NS-Version.

Schweizer Sternsingerlied aus dem 19. Jahrhundert (hochdeutsch)	Umdichtung von 1939 aus dem Liederbuch *Deutsche Kriegsweihnacht*
Es ist für uns eine Zeit angekommen, es ist für uns eine große Gnad', Denn es ist ein Kind geboren und das der höchste König war, Unser Heiland Jesus Christ, der für uns, der für uns, der für uns Mensch geworden ist.	Es ist für uns eine Zeit angekommen, die bringt uns eine große Freud. Es ist für uns eine Zeit angekommen, die bringt uns eine große Freud. Übers schneebedeckte Feld, wandern wir, wandern wir, durch die weite, weiße Welt.

Die NS-Variante mit ihrem Naturerlebnis ist heute die bekanntere Version. Sie hat überlebt, weil sie keine expliziten Hinweise auf die NS-Ideologie enthält und weil das Original nur regional verbreitet war. Ob die drastischeren Eingriffe in die Traditionen auch tatsächlich den Weg in die heimischen Stuben fanden, lässt sich schwer nachvollziehen. Vieles spricht dafür, dass die Menschen an den traditionellen Bräuchen und Texten festhielten – sei es aus Protest oder aus Gewohnheit. Folgenreicher als im privaten Bereich war der Einfluss des NS-Weihnachtskultes auf die wissenschaftliche Brauchtumsforschung. Linientreue Volkskundler besetzten die Lehrstühle. Auftragsgemäß suchten und fanden sie Belege für die germanischen Wurzeln des Festes. Nach dem Ende des Krieges konnten viele von ihnen ihre Arbeit fortsetzen. So verhalfen sie der Heidenthese zu einem langen Nachleben.

Im Krieg nutzte die Partei das Weihnachtsfest vor allem dazu, die Einheit der Volksgemeinschaft zu beschwören. Die innige Verbindung zwischen kämpfender Truppe und den Angehörigen zu Hause, das Andenken an die Gefallenen wurde zum wichtigsten Thema der weihnachtlichen NS-Propaganda. Davon zeugt dieses makabre Gedicht des NS-Poeten Thilo Scheller.

Einmal im Jahr
in der heiligen Nacht
verlassen die toten Soldaten die Wacht
die sie für Deutschlands Zukunft stehen
Sie kommen nach Haus, nach Art und Ordnung zu sehen,
schweigend treten sie ein in den festlichen Raum,
den Tritt der genagelten Stiefel, man hört ihn kaum
sie stellen sich still zu Vater und Mutter und Kind,
aber sie spüren, dass sie erwartete Gäste sind

Es brennt für sie eine rote Kerze am Tannenbaum,
es steht für sie ein Stuhl am gedeckten Tisch,
es glüht für sie im Glase dunkel der Wein.
Und in die Weihnachtslieder, gläubig und frisch,

stimmen sie fröhlichen Herzens mit ein.
Hinter dem Bild mit dem Stahlhelm dort an der Wand
steckt ein Tannenzweig mit silbernem Stern.
Es duftet nach Tannen und Äpfel und Mandelkern,
und es ist alles wie einst und der Tod ist so fern.

Wenn dann die Kerzen am Lichtbaum zu Ende gebrannt,
legt der tote Soldat die erdverkrustete Hand
jedem der Kinder leise aufs junge Haupt:
Wir starben für euch, weil wir an Deutschland geglaubt.
Einmal im Jahr, in der heiligen Nacht,
beziehen die toten Soldaten wieder die ewige Wacht

Nicht nur in Deutschland nutzten Diktatoren das Weihnachtsfest, um ihre Macht zu festigen. Die Faschisten in Italien organisierten Bescherfeste für Kinder unter dem Motto *Befana Fascista*. Die Weihnachtshexe Befana, deren Name auch für die Bescherung selbst steht, wurde dadurch zu einer gesamtitalienischen Tradition. Den Weihnachtsbaum bekämpften die Faschisten hingegen als unitalienisch.

Erzgebirgische Räuchermännchen waren Devisenbringer für die DDR und zugleich ein nicht religiös belegtes Symbol für das Fest.

– 10 –

Welt ging verloren – bescheidener Neuanfang

Weihnachten im geteilten Deutschland

Der Winter 1946/47 war einer der kältesten des 20. Jahrhunderts. In Deutschland setzte der Frost schon im November ein, erst im März wurde es wieder wärmer. Die Ernte im ersten Friedensjahr war mager ausgefallen. Es gab wenig zu essen, Millionen hatten kein Dach über dem Kopf, es mangelte an Kohle. Hunderttausende starben in diesem Winter an Hunger und Kälte. An Weihnachten mussten die Menschen, die dafür Zeit und Kraft fanden, improvisieren und auf vieles verzichten. Selbstgemachtes Spielzeug und Kleidung aus Resten lagen auf dem Gabentisch. Doch das änderte sich schnell. Schon in den 1950er-Jahren begann in Westdeutschland der wirtschaftliche Aufschwung. Er sorgte dafür, dass die Gaben unter dem Weihnachtsbaum und die Speisen auf der Festtafel allmählich wieder üppiger ausfielen. Das rief bald auch Mahner auf den Plan, die als unmäßig anprangerten, was uns heute bescheiden erscheint.

Restauration und Kritik im Westen

Zu den Appellen, vor lauter Konsum den Sinn des Festes nicht zu vergessen, kam bald auch politische Kritik. Der Regisseur Wolfgang Staudte und der Schriftsteller Heinrich Böll sahen Weihnachten als Symbol für die Flucht des deutschen Bürgertums in eine heile Welt. Staudte entwickelte den Gedanken in seinem Film *Die Mörder sind unter uns*, Böll in seiner Erzählung *Nicht nur zur Weihnachtszeit*. Anstatt sich selbstkritisch mit ihrer Schuld auseinanderzusetzen, so meinten sie, ergingen sich die Deutschen in sentimentaler Feierseligkeit. In den 1960er-Jahren kamen Studenten auf die Idee, die Verheißung von Frieden auf Erden für Protest gegen den Krieg zu nutzen. Am 24. Dezember 1967 stürmten linke Aktivisten den Weihnachtsgottesdienst in der Berliner Kaiser-Wilhelm-Gedächtniskirche, um mit Bibelzitaten gegen den Vietnamkrieg zu demonstrieren. Der Studentenführer Rudi Dutschke, Marxist und zugleich gläubiger Christ, erklomm die Kanzel, wurde jedoch verjagt. Ein Kriegsveteran schlug ihn mit seiner Krücke auf den Kopf.

Diente der weihnachtliche Protest anfangs einer politischen Botschaft, wurden Spott und Kritik immer mehr zu einer antibürgerlichen Pose. Eine ironische Haltung zu dem Fest entwickelte sich zum Erkennungszeichen: Wer sich über Weihnachten lustig machte, der war kein Spießer, sondern ein kritischer Geist. Antiautoritäre Pädagogen ermutigten Kinder, mit Abfall geschmückte Anti-Weihnachtsbäume zu verbrennen, um gegen die bourgeoisen Traditionen aufzubegehren. Sie warnten davor, den Kleinen Geschichten vom Weihnachtsmann oder Christkind zu erzählen. Mit solchen Ammenmärchen ziehe man autoritätsgläubige Untertanen heran. Schon im 18. Jahrhundert hatten aufgeklärte Pädagogen die Eltern vor solch vernunftwidrigen Unsitten gewarnt. Mit umgedichteten Weihnachtsliedern protestierten Achtundsechziger gegen den Kapitalismus. Auch bildungsbürgerliche Größen wie der Humorist Loriot bemühten sich im Geist der Zeit, Weihnachten als sinnentleerte Familienhölle zu schildern. Die populärste Weihnachtsforscherin der Nachkriegszeit, die Volkskundlerin Ingeborg

Weber-Kellermann, kritisierte die patriarchalischen Strukturen des bürgerlichen Weihnachtsfestes.

Propaganda und Mangel im Osten

In der DDR plante die herrschende Sozialistische Einheitspartei zunächst, Weihnachten nach sowjetischem Vorbild abzuschaffen und durch ein Neujahrsfest mit Baum, Geschenken und Großväterchen Frost zu ersetzen. Da die Deutschen sich Weihnachten nicht nehmen ließen, wandte die Partei dieselbe Strategie wie zuvor die Nazis an. Man versuchte, die christlichen Anteile des Weihnachtsbrauchtums zu verdrängen und gegen politisch genehme Inhalte auszutauschen. Weihnachten wurde zum Fest des Friedens deklariert. Der evangelische Theologe und Journalist Edgar S. Hasse hat in einer Analyse der Weihnachtsberichterstattung deutscher Printmedien festgestellt, dass dieses Narrativ bis heute nachwirkt. „Fest des Friedens" ist in Ostdeutschland nach wie vor eine besonders häufig verwendete Umschreibung für Weihnachten.

Wie die NSDAP propagierte auch die SED ideologisch konforme Weihnachtsfeiern. Sie ließ neue Weihnachtslieder dichten und versuchte, mit kollektiven Feiern das Bewusstsein der Arbeiterklasse zu schärfen. In der „kapitalistisch-revanchistischen BRD", so erklärte die SED-Propaganda den Menschen anfangs, könnten die Westdeutschen angesichts des dort herrschenden Mangels und der Unterdrückung das Fest nicht sorglos feiern. Nachdem diese Propaganda angesichts der Zustände in der DDR nicht mehr verfing, kritisierte man stattdessen den oberflächlichen Materialismus, der im Westen herrsche.

Die eigentliche Schlacht um Weihnachten wurde nicht an der ideologischen, sondern, gut marxistisch, an der Produktionsfront geschlagen. Zum Fest der Feste sollte sich laut offizieller Darstellung zeigen, „wieviel Liebe und Sorgfalt unsere Regierung, die Partei der Arbeiterklasse, die Gewerkschaften und das ganze werktätige Volk gerade den Kindern, der Zukunft unseres Volkes, entgegenbringen". Dafür mussten sich die SED-Funktionäre alljährlich mit der Frage auseinandersetzen, wie sie die Erwartungen der Arbeiterklasse nach ein bisschen weihnachtlichem Luxus erfüllen konnten. Weihnachtliche Spezialitäten wie Dresdner Stollen, Holzspielzeug aus dem Erzgebirge oder Glasschmuck aus Thüringen wurden zu wichtigen Devisenbringern für das Land.

Weihnachten in der DDR wurde zu einer Flucht ins Private. Die Menschen organisierten vor dem Hintergrund des Mangels ein Familienfest, in das die Partei nicht hineinreden konnte. Der Kirchgang gehörte dazu, wenn nicht aus religiösem Bedürfnis heraus, dann aus Protest oder Tradition.

Im Westen betonten Politiker und Kirchenführer nach dem Krieg den christlichen Sinn des Festes als Reaktion auf die Germanisierungsversuche der Nazis. Im Osten ertrotzten sich die Menschen gegen den Willen der Partei dem Kirchgang und traditionellen Liedern. In beiden Teilen Deutschlands vollzog sich jedoch eine Verweltlichung des Festes, die nicht ideologisch motiviert war, sondern mit der nachlassenden Bindung an christliche Religion und Kirche zu tun hatte. Weihnachten ist zu einem weltlichen Familienfest geworden, dessen Botschaft von Liebe, Frieden und Familie der christlichen von Erlösung nicht widerspricht, das aber auch ohne sie auskommt.

Damit sind wir in der Gegenwart angekommen. Ungeachtet seiner theologischen Bedeutung ist Weihnachten zum wichtigsten Festtag des Jahres geworden. Zu den aus der christlichen Tradition kommenden, aber nicht mehr gläubigen Bürgern kommen inzwischen immer mehr Menschen, die einem anderen Kulturkreis entstammen. Welche Auswirkungen haben sie auf das Weihnachtsfest? Wird der christliche Charakter weiter zurückgehen oder sich wieder verstärken? Können, dürfen, wollen auch Menschen mit anderen Glaubensvorstellungen mitfeiern? Die Debatte darüber beginnt gerade erst.

II.

Der Geist der gegenwärtigen Weihnacht

Weihnachten geht vor die Hunde – oder etwa nicht?

Christmas is going to the dogs – Weihnachten geht vor die Hunde. Diesen Song spielte die Band *Eels* im Jahr 2000 für den Film *Der Grinch* ein. Der giftgrüne Pelzkobold ist einer der prominentesten Weihnachtshasser der Popkultur – und wie die meisten aus dieser Riege wird auch er am Ende eines Besseren belehrt. Auch kündigt der Song keineswegs den Untergang des Festes an, sondern beschreibt es aus der Perspektive eines Hundes. Ein Anti-Weihnachtssong, der keiner ist, für einen Anti-Weihnachtsfilm, der keiner ist. Also ein passendes Motto für unsern Hauptteil, der einen Überblick über die – angeblichen und echten – Bedrohungen des Weihnachtsfestes bietet.

Wir haben bereits gesehen, dass sich Weihnachten über die Jahrhunderte immer wieder verändert hat. Dieser Prozess ist nicht abgeschlossen. Weihnachten wird sich auch weiterhin wandeln.

> Eine der am wenigsten erfreulichen Auswirkungen moderner Vornehmheit ist der Schaden, den sie unter den herzlichen alten Feiertagsbräuchen angerichtet hat. Sie hat diesen angenehmen Seiten des Lebens die Schärfe und Lebhaftigkeit vollständig genommen und die Gesellschaft eine glattere und polierte, aber sicherlich weniger lebendige Oberfläche verpasst. Viele der Weihnachtsspiele und Zeremonien sind völlig verschwunden …

Diese Klage über die kalte, moderne Welt, in der die guten alten Weihnachtsbräuche weichen müssen, ist über 200 Jahre alt. Sie stammt aus der Feder des amerikanischen Schriftstellers Washington Irving. Er fügte sie in seine 1822 erschienenen Skizzen über das Weihnachtsfest auf einem englischen Landsitz ein. Der Gutsherr, Squire Bracebridge, ist einer der letzten im Land, die die alten Bräuche noch pflegen. Die meisten Adligen verbringen inzwischen den Winter in London und haben kein Interesse mehr an den rustikalen Vergnügungen ihrer Vorfahren. Washington Irving meinte zwar, das Verschwinden von Weihnachten zu beschreiben, aber er leitete in Wahrheit dessen Wiederentdeckung und Erneuerung im englischsprachigen Raum ein. Zu seinen treuen Lesern gehörte Charles Dickens, der mit seinem *Christmas Carol* noch stärker in diese Richtung wirkte. Dickens wird als „der Mann der Weihnachten erfand" bezeichnet. Das ist stark übertrieben. Völlig vergessen war Weihnachten in der ersten Hälfte des 19. Jahrhunderts in England nicht, wie früher oft dargestellt. Es war jedoch aus der Mode gekommen, zu einem Bauernfest geworden, um das kultivierte Zeitgenossen einen Bogen machten.

Rund 200 Jahre nach Washington Irving widmete eine deutsche Autorin dem Thema „Weihnachten, wie es früher war" ein Gedicht. Die holperigen Verse kursieren alljährlich zur Adventszeit im Internet und erfahren viel Zustimmung.

Ich wünsche mir in diesem Jahr
mal Weihnacht, wie sie früher war.
Kein Rennen zur Bescherung hin.
Kein Schenken ohne Sinn.

Ich wünsch' mir keine teure Sache,
aus der ich mir doch gar nichts mache.
Ich möchte nur ein winzigkleines Stück
vom verlor'nen Weihnachtszauber zurück.

Dazu frostklirrend eine Heil'ge Nacht,
die frischer Schnee winterlich gemacht.

Und leuchtender als sonst die Sterne:
So hätt' ich's zur Bescherung gerne.

Wohl auch das Läuten ungezählter Glocken,
die Mitternachts zur Mette locken.
Voll Freude angefüllt die Herzen,
Kinderglück im Schein der Kerzen.

Könnt' diese Nacht geweiht doch sein!
Nicht überladen mit Wohlstand – eher klein!
Dann hörte man wohl unter allem Klingen
vielleicht mal wieder Engel singen.

Ach, ich wünsche mir in diesem Jahr
Weihnacht, wie sie als Kind mir war.
Es war einmal, so lang ist's gar nicht her,
für uns so wenig so viel mehr …

Weihnachten war früher anders – besser, echter, es hatte Herz. Der Schlüssel für diese weitverbreitete Sehnsucht nennt die Hobbydichterin in der letzten Strophe. „Ach, ich wünsche mir in diesem Jahr / Weihnacht, wie sie als Kind mir war." Egal, ob das Geburtsjahr 1955 oder 1985 lautet: Die meisten Menschen erleben Weihnachten als Kinder als ein wunderbares Fest voller Geheimnisse und Überraschungen. Erst wenn sie größer werden, merken sie, dass nicht alles an diesem Tag so harmonisch und ideal ist, wie sie es früher erlebt haben. Den Grund für diese Veränderung machen viele nicht im eigenen Erwachsenwerden aus, sondern in einem Verfall, der seit ihren Kinderjahren eingesetzt hat – Weihnachten geht vor die Hunde, weil es nicht mehr so ist wie damals, als wir noch an Weihnachtsmann oder Christkind glaubten. Für manche mag auch Sehnsucht nach einer Zeit mitschwingen, in der die Menschen Weihnachten noch in erster Linie als christliches Fest verstanden. „So wie jede Generation glaubt, sie habe den Sex erfunden, so glaubt auch jede Generation, die vulgäre Kommerzialisierung von Weihnachten ginge auf ihr Konto", schreibt der amerikanische Wirtschaftswissenschaftler Joel Waldfogel.

Das Gefühl, Weihnachten könnte seine Seele verlieren oder gar verschwinden, ist nicht neu. Aber ist es auch gerechtfertigt? Sehen wir uns also an, geführt vom Geist der gegenwärtigen Weihnacht, was dem Fest gefährlich werden könnte.

Banksy contra Kommerz: Der gekreuzigte Christus erinnert eher an Karfreitag, doch vor allem Weihnachten wird mit Konsumrausch assoziiert.

– 1 –

Süßer die Kassen nie klingeln

Konsum und Kommerz

Die Überschrift, die Sie soeben gelesen haben, mag ihnen bekannt, ja vielleicht sogar abgedroschen vorkommen. Kein Wunder! Parodien bekannter Weihnachtslieder sind beliebt und beschäftigen sich häufig mit der merkantilen Seite des Festes. Die verbreitetste Kritik am modernen Weihnachtsfest ist zweifellos der Vorwurf, Weihnachten sei zum Konsumfest verkommen und diene nur noch dazu, die Verkaufszahlen zum Jahresende noch einmal richtig in die Höhe zu treiben. Das wird einerseits durch Statistik untermauert und andererseits in Kommentaren und Predigten angeprangert und in Weihnachtsgeschichten drastisch geschildert. Papst Benedikt XVI. klagte in seinem Wort zur Christmette des Jahres 2011: „Heute ist Weihnachten zu einem Fest der Geschäfte geworden, deren greller Glanz das Geheimnis der Demut Gottes verdeckt."

Als Weihnachtsgeschäft definiert der Einzelhandel die Umsätze der Monate November und Dezember. Rund 15 Prozent des Jahresumsatzes wird in dieser Zeit realisiert. Nach Angaben von Verbänden brachte das Weihnachtsgeschäft in Deutschland im Jahr 2023 einen Nettoumsatz von 118,7 Milliarden Euro. Diese Zahl beinhaltet alle Einkäufe der Weihnachtszeit beim Einzelhandel, egal ob mit oder ohne Weihnachtsbezug. Der jährliche Umsatz auf deutschen Weihnachtsmärkten wird auf drei bis fünf Milliarden Euro geschätzt. Über 3200 Weihnachtsmärkte gibt es in Deutschland, Tendenz steigend. Weihnachtsartikel, also vor allem Dekomaterial wie Kerzen und Christbaumschmuck, machen etwa drei Milliarden Euro aus. In den USA lag der Umsatz im Weihnachtsgeschäft 2023 laut der National Retail Federation bei fast einer Billion, also 1000 Milliarden Dollar. Das ist mehr als der Verteidigungshaushalt der USA.

Meist wird der weihnachtliche Konsum als moderne Perversion dargestellt. Zeremonielle Verschwendung, die Wohlstand zum einen bezeugen, zum anderen für die Zukunft garantieren und soziale Beziehungen festigen soll, ist aber ein uraltes, weltweit verbreitetes Ritual, wie der Soziologe Marcel Mauss schon 1923 dargestellt hat. Auch darum wird in der Weihnachtszeit schon immer so viel gegessen: So wie man an der Schwelle zum kommenden Jahr schmaust, so wird man das ganze Jahr essen. Lediglich die Anschauung darüber, was Überfluss ist, wandelt sich.

Der amerikanische Wirtschaftswissenschaftler Joel Waldfogel hat ein Büchlein geschrieben, in dem er demonstriert, dass die meisten Weihnachtsgeschenke nichts anderes sind als eine Vernichtung von Wert. Das ist keine billige Weihnachtsnörgelei. Der Autor hat vielmehr die Verlegenheitsgeschenke von Erwachsenen für Erwachsene im Sinn, die bei den Empfängern bestenfalls ein gequältes Lächeln hervorrufen und die meist weitergeschenkt, im Keller verräumt oder weggeworfen werden. Aus volkswirtschaftlicher Sicht glatter Humbug beweist Waldfogel mit unzähligen Statistiken. Er empfiehlt statt Socken oder Krawatten lieber Bargeld, Gutscheine oder Spenden an Wohltätigkeitsorganisationen. Oder vielleicht sein Buch, das der Verlag als das perfekte Weihnachtsgeschenk bewirbt? Waldfogels Zahlen belegen aber auch, dass die

USA – ebenso wie Deutschland – zwar in absoluten Zahlen viel für Weihnachten ausgeben, im Vergleich zum Pro-Kopf-Einkommen aber im Mittelfeld liegen.

Klischeehafte Tiraden

Über den Konsum in der Weihnachtszeit schimpfen gläubige Christen genauso leidenschaftlich wie linke Kapitalismuskritiker und konservative Kulturpessimisten. Unterschiedlicher Meinung ist man höchstens bei den Ursachen. Große Handelsketten reagieren inzwischen auf diese Kritik mit aufwendig produzierten, genauso emotionalen wie gesellschaftskritischen Werbefilmen – Stichwort „trauriger Opa". Damit wollen sie unterstreichen, dass es auch ihnen um die ideellen Werte geht, nicht nur um den Profit.

Die Tatsache, dass Weihnachten (auch) ein Riesengeschäft ist, ist nicht zu bestreiten. Die Tiraden gegen den Konsum sind jedoch meist klischeehafter und flacher als das rührseligste Weihnachtsmärchen. Die Dekoration in den Geschäften ist da stets geschmacklos, die Geschenke unter dem Baum immer lieblos, die Gier der Kinder grenzenlos, der Stress beim Einkaufen alternativlos.

> Das Weihnachtsfest steht wieder vor der Tür, was uns nicht nach einem flüchtigen Blick auf den Kalender oder aufgrund einer aufkommenden Erkältung bewusst wird, sondern eher nach einem Besuch in einem dieser glitzernden, nach Zimt, Mandeln und Tannenzweigen riechenden Konsumpaläste. Weihnachtsbeleuchtung wohin man nur schaut, vom Glockenspiel begleitete Weihnachtsmusik, aufdringliche Weihnachtsmänner, bunter Deko-Kitsch und gestresste Menschen. Das Fest der Liebe und Besonnenheit naht und wir alle wollen schenken und beschenkt werden, weil das einige, uns nah stehenden Menschen von uns erwarten … und der

> Einzelhandel auch. Wir huschen hin und her, treten uns auf die Füße und stehen in Staus, die unsere Geduld und die Besonnenheit einer harten Prüfung unterziehen. Vielleicht fragt sich der eine oder der andere, was an diesem chaotischen Tummeln so feierlich sein soll – wer will schon wieder Socken, Unterwäsche oder einen weiteren Pullover haben oder auch diese verschenken –, aber im nächsten Augenblick findet man sich mit seinem Los ab und gliedert sich in den Strom ein ... wenn die Ampel endlich auf Rot geschaltet hat. Der Verkehr roll wieder, und der Rubel auch.
>
> www.science-at-home.de

Das, was solche Autoren beschreiben und als typisch hinstellen, sind häufig keine Beobachtungen aus dem Alltag. Wem ist schon einmal ein aufdringlicher Weihnachtsmann begegnet? Die Motive stammen aus Sketchen oder Weihnachtsfilmen, die ihrerseits den angeblich hemmungslosen Kommerz kritisieren. Auch wenn solche Diatriben gegen den Weihnachtskonsum banal und überzogen sind – könnte der Kommerz tatsächlich das Weihnachtsfest kaputtmachen?

Eine sichtbare Folge der Kommerzialisierung ist die zeitliche und räumliche Ausdehnung der festlichen Zeit: die viel bekrittelten Lebkuchen, die schon zum Ende des Sommers in den Supermärkten auftauchen, die Leuchtgirlanden in den Einkaufsstraßen, die Weihnachtsabteilungen der Kaufhäuser, die Weihnachtsmärkte. Streamingdienste bieten Weihnachtspop ab November an, die Weihnachtsbeleuchtung in vielen Großstädten wird in diesem Monat eingeschaltet. Das sorgt für weihnachtliche Stimmung und kurbelt den Konsum an. Ursprünglich war der Advent eine Zeit der stillen Vorbereitung auf das große Fest. Eine Zeit der Einkehr, der Buße und des Fastens. Davon ist heute nur noch die Redewendung von der „stillen“ oder „staaden“ Zeit übriggeblieben, die meist sarkastisch verwendet wird. Dass auch die Frühjahrs- und Osterdeko bereits im Januar in die Geschäfte kommt, wird komischerweise seltener beklagt, ebenso wie der medial forcierte Konsum anlässlich neu etablierter Festivitäten wie Valentinstag und Halloween.

Schenken hat Tradition

Ja, die Geschenke ... früher waren wir froh, wenn wir einen Baukasten und eine Puppe bekommen haben. Oder ein paar neue Schuhe. Oder einen Hosenknopf. Solche moralisierenden Ermahnungen der alten Generation sollen nahelegen, dass die Menschen früher bescheidener waren und den Sinn von Weihnachten noch verstanden. Das stimmt jedoch nicht. Immer, wenn es wirtschaftlich bergauf ging, wurden auch die Geschenke teurer und zahlreicher. Nach den beiden verlorenen Weltkriegen waren heiles Schuhwerk und Mäntel aus alten Uniformen willkommene Gaben, weil es an allem mangelte. Wer sich darüber aufregt, dass die Kinder heute andere Erwartungen haben, ist ein Heuchler.

Die Tradition, sich zum Ende des Jahres Geschenke zu machen, ist sehr alt. Schon die Römer bedachten einander zu den im Dezember gefeierten Saturnalien mit Gaben. Der Ethnologe Thomas Hauschild schreibt dazu: „Man will sich gegenseitig beschenken und sucht nach einem festlichen Anlass dafür, nach einer Bestätigung durch Legenden und Regeln." Im Mittelalter war es, wie wir schon gehört haben, der Tag des Heiligen Nikolaus, an dem besonders die Kinder Gaben erhielten. „... es war ein ‚Nikolausspiel', in dem die Menschen erfuhren: Gott will uns Gutes", so der Brauchtumsforscher Manfred Becker-Huberti. „Dabei ging es eben nicht um besonders kostbare und möglichst viele Geschenke, sondern um die diesen Geschenken zu Grunde liegende Symbolik". Martin Luther kam auf den Gedanken, die Bescherung auf den 24. Dezember zu verlegen.

Im Zuge der fortschreitenden Industrialisierung wurden Spielzeug, Bücher und andere Gaben für immer breitere Kreise verfügbar. Davor war die Bescherung ein Privileg der Gutbetuchten. Sogar Süßigkeiten waren bis ins 19. Jahrhundert hinein teurer Luxus und keine selbstverständliche Zugabe. Für die meisten Kinder gab es nichts oder eben Apfel, Nuss und Mandelkern. Die viel gescholtene Kommerzialisierung ist auch der Tatsache geschuldet, dass sich heute viel mehr Menschen eine Weihnachtsfeier und Geschenke leisten können.

Wer überhaupt etwas erhielt und wer nicht, hing von vielen Faktoren ab. Die materielle Situation der Familie war nur eine davon. Während Adel und Bürgertum dem Spielzeug eine wichtige erzieherische Funktion zubilligten, genossen die Kinder von Bauern und Handwerkern diesen Luxus in geringerem Maße. Sie mussten mit anpacken, sobald sie es konnten, anstatt ihre gesellschaftlichen Rollen spielerisch zu lernen. Manche Eltern, die sich bescheidene Geschenke durchaus hätten leisten können, hielten dies für Verschwendung. Auch religiöse Vorstellungen konnten ein Grund dafür sein, Kinder nicht zu verwöhnen.

In vielen Familien wurden die Spielsachen vor Beginn der Weihnachtszeit eingezogen, repariert oder ergänzt und dann auf den Gabentisch gelegt. In einem Weihnachtslied von 1952 aus der DDR heißt es:

So viel Heimlichkeit in der Weihnachtszeit!
Meine Puppen sind verschwunden,
hab nicht mal den Bär gefunden.
So viel Heimlichkeit in der Weihnachtszeit!

So viel Heimlichkeit in der Weihnachtszeit!
Hansels Eisenbahn ist weg, steht nicht mehr am alten Fleck.
So viel Heimlichkeit in der Weihnachtszeit!

Auch in Westdeutschland kam dieses Prinzip in den Nachkriegsjahren noch vielerorts zur Anwendung. In manchen Familien verschwanden Eisenbahn und Puppenhaus aber nicht vor, sondern nach Weihnachten. Die Kinder durften nur während der Feiertage damit spielen.

Aber es ging auch anders. Das bekannte Weihnachtslied *Morgen, Kinder, wird's was geben*, dreht sich um Festtagsfreude, die mit Erwartung wunderbarer Gaben zu tun hat, mit festlicher Dekoration und Dankbarkeit gegenüber den Eltern. Das Lied ist eines der ältesten, das Weihnachten als Fest der Geschenke besingt. Es stammt aus der Zeit um 1800. Kinder aus einer wohlhabenden Familie müssen es gewesen sein, die sich da freuen. Für sie lagen unter anderem ein Herd, ein Harlekin und ein Räderpferdchen auf dem Gabentisch.

Wißt ihr noch mein Räderpferdchen,
Malchens nette Schäferin,
Jettchens Küche mit dem Herdchen
und dem blankgeputzten Zinn?
Heinrichs bunten Harlekin
mit der gelben Violin?

Wißt ihr noch den großen Wagen
Und die schöne Jagd von Blei?
Unsre Kleiderchen zum Tragen
Und die viele Näscherei?
Meinen fleißgen Sägemann
Mit der Kugel unten dran?

Welch' ein schöner Tag ist morgen!
Viele Freunde hoffen wir;

uns're lieben Eltern sorgen
lange, lange schon dafür.
O gewiß, wer sie nicht ehrt,
ist der ganzen Lust nicht wert!

Volkswirtschaft oder Moral?

In den USA setzte die Verbindung von Weihnachten und Kommerz früher ein als im wirtschaftlich rückständigen Deutschland. Der amerikanische Historiker Stephen Nissenbaum fand die erste Zeitungsreklame für Weihnachtsgeschenke in den USA im Jahr 1806.

Zu den frühen Theoretikern des achtsamen Schenkens gehört der amerikanische Philosoph und Schriftsteller Ralph Waldo Emerson. 1844 schrieb er ein Essay darüber und erwähnt auch Weihnachten. „Das einzige Geschenk ist ein Teil von dir selbst", forderte er. „Du musst für mich bluten. Deshalb bringt der Dichter sein Gedicht, der Hirte sein Lamm, der Bauer sein Korn, der Bergmann einen Edelstein, der Seemann Korallen und Muscheln ..." Das gekaufte Geschenk wies er zurück: „Aber es ist ein kaltes, lebloses Geschäft, wenn du in die Läden gehst, um mir etwas zu kaufen, das nicht dein Leben und dein Talent repräsentiert, sondern das eines Goldschmieds." Aus den Emerson'schen Familienpapieren geht allerdings hervor, dass auch er seine Geschenke kaufte, oder vielmehr kaufen ließ.

Robert Hösel, langjährige Chefredakteur der deutschen Zeitschrift *Seidels Reklame*, klagte im Jahr 1926, dass Weihnachten zum Kommerzfest verkommen sei. Seine Publikation hatte allerdings schon im Kaiserreich den Händlern Tipps für die weihnachtliche Gestaltung der Verkaufsräume und für Anzeigenkampagnen im Advent gegeben.

Der Kommerz zur Weihnachtszeit und die Kritik daran sind also keine Erscheinung unserer Tage. Wieviel Geld die Gesellschaft im Durchschnitt für Weihnachten ausgibt, hängt weniger von ihrer moralischen Qualität ab, sondern vom Zustand der Volkswirtschaft. Das heißt aber nicht, dass wir diesem Mechanismus hilflos ausgeliefert sind. Selbst wenn die Werbung uns suggeriert, dass wir immer mehr und mehr einkaufen müssen – das müssen wir nicht. Die einzige Institution, mit denen wir uns über den Umfang des Gabentisches einigen müssen, ist die eigene Familie. Auch das mag nicht in jedem Fall einfach sein, aber es ist möglich.

Erlösung als Geschenk

Was aber ist mit den Argumenten der Kirche? Die Vorfreude auf die Geschenke verschleiere den eigentlichen Grund, warum wir uns auf Weihnachten freuen sollen: die Geburt Christi. Erinnern wir uns an die Geschichte von der Vertreibung aus dem Paradies. Adam und Eva hatten durch ihren Fehltritt ewige Verdammnis über die Menschheit gebracht. Die Erbsünde war in der Welt. Nur die Menschwerdung Gottes und sein Opfertod am Kreuz konnten uns erlösen.

Der Weg in das Höllenfeuer ist uns also nicht zwingend vorbestimmt, was wahrlich ein Grund zur Freude sein sollte. Was aber, wenn das keiner mehr versteht, geschweige denn daran glaubt? Dieses komplexe theologische Konstrukt war schon früher nicht einfach zu vermitteln, als die Menschen noch brav in die Kirche gingen und den Ausführungen des Pfarrers mehr oder weniger aufmerksam lauschten. Heute haben sehr viele Menschen in Europa keine oder nur eine sehr lose Bindung an den Glauben, sofern sie überhaupt dem christlichen Kulturkreis entstammen. Es ist naiv, in einer solchen Lage zu erwarten, dass die Kinder schon im November hibbelig werden, weil endlich der Geburtstag des Heilands naht. Martin Luther war da pragmatischer. Die Vorfreude auf die Geschenke sollte ein pädagogischer Trick sein, um in den kleinen

Seelen den Grund zu bereiten für die Freude über das größte Geschenk, das Gott den Menschen gemacht hat – seinen Sohn. Der scheinbar materialistische Brauch des Schenkens lässt sich auch geistlich deuten. Auch der Theologe Friedrich Schleiermacher ging diesen Weg, wie wir gesehen haben.

Schenken ist Wertschätzung

Jedem steht es frei, bescheidene oder gar keine Geschenke zu machen oder für ein besonnenes Schenken zu werben. Den Brauch aber grundsätzlich zu verdammen, weil er von etwas ablenke, was die Schäfchen nicht etwa vor lauter Konsum „vergessen haben", sondern was sie gar nicht mehr interessiert, das ist anmaßend. Obwohl der christliche Inhalt des Festes für viele nicht mehr im Mittelpunkt steht, sind die meisten Leute bereit, erhebliche Summen auszugeben, damit das Weihnachtsfest gelingt. Nicht nur die Geschenke sind wichtig. Ein geschmückter Christbaum gehört dazu, ausgesuchte Speisen, edle Weine müssen auf den Tisch. Das kommt nicht daher, dass die bösen Werbefuzzis uns allen eingeredet haben, ohne Pomp wäre Weihnachten nicht vollwertig. Es ist vielmehr umgekehrt: Weil Weihnachten auch als weltliches Familienfest in der kalten Jahreszeit und als krönender Abschluss des Jahres den Menschen so viel bedeutet, nutzt die Wirtschaft diese emotionale Bindung. Sie lockt mit immer neuen Angeboten, die das Fest angeblich noch schöner machen. Auch die zeitliche Ausdehnung der Weihnachtsfreuden hat damit zu tun. Wir dekorieren immer aufwendiger und immer früher, weil das Material dafür durch industrielle Produktion günstig verfügbar ist. Aber auch deswegen, weil wir das Bedürfnis haben, die märchenhafte Zeit zu verlängern. Kommerzialisieren lässt sich nur, was die Leute wirklich interessiert. Weihnachten ist so ein Fall. Über eine Kommerzialisierung des Pfingstfestes hat sich noch niemand beschwert. Würde jemand das Konsumieren an Weihnachten verbieten, würden die Menschen sich einen anderen Anlass suchen.

Die alljährlichen Klagen klingen auch deswegen so hohl, weil das merkantile Prinzip unser ganzes Leben bestimmt. Freie Marktwirtschaft heißt das oder auch Kapitalismus, je nach politischer Einstellung. Warum aber sollte dieser Mechanismus gerade in der Weihnachtszeit außer Kraft gesetzt werden? Doch wohl deshalb, weil Weihnachten nach wie vor etwas Besonderes ist, etwas Heiliges. Da soll der schnöde Mammon gefälligst draußen bleiben. Eine ähnliche Dialektik von Kommerzialisierung und vehementem Protest dagegen gibt es sonst nur bei einer anderen Sache, die den Deutschen heilig ist: beim Fußball. Dass inzwischen auch der Ramadan, der islamische Fastenmonat, in Europa nach dem Vorbild von Weihnachten vermarktet wird, sei nur am Rande vermerkt.

Der Kommerz zu Weihnachtszeit führt teilweise zu ärgerlichen Auswüchsen, eine Bedrohung für Weihnachten ist er jedoch nicht. Im Gegenteil, der Umstand, dass sich Weihnachten perfekt nutzen lässt, um den Konsum anzutreiben, zeigt, wie bedeutsam das Fest auch heute noch ist. Letztlich ist es unsere Entscheidung, ob und wie weit wir das Spiel mitmachen.

Schon vor mehr als 100 Jahren erlaubten Grafiker dem Weihnachtsmann, seine Rolle als Idol und Freund der Kinder zu erweitern.

– 2 –

I farted on Santa's lap

Auch profane und triviale Bräuche können Spaß machen

Die zunehmende Verbreitung weltlicher, nicht selten trivialer Weihnachtsbräuche gehört ebenfalls zu den Faktoren, die manche als Zeichen des Verfalls deuten. Viele neumodische Sitten sind weder christlich begründet noch haben sie wenigstens eine ehrwürdige folkloristische Tradition. Manchmal sind sie albern oder gar anrüchig. Altbekannte Bräuche werden neu interpretiert und damit in den Augen mancher entweiht. So gibt es Menschen, die den Christbaum mit grellbunten Glas-Totenköpfen oder mit Kugeln schmücken, die die Logos ihres Fußballvereins zieren. Weihnachten wird bei Wrestling-Events und in Reality Shows thematisiert. Manche Leute tragen im Advent Socken und Unterwäsche mit Weihnachtsmotiven. Sogar mit Weihnachtsmännern bedrucktes Klopapier findet seine Abnehmer.

Weihnachten auf der Mattscheibe

Während weihnachtliches Klopapier eher eine skurrile Randerscheinung ist, haben manche neue Bräuche die Art, Weihnachten zu begreifen und zu feiern, nachhaltig verändert. Ein Beispiel sind die Weihnachtsfilme. Die gibt es eigentlich schon ziemlich lange. Meisterregisseure wie Ernst Lubitsch und Frank Capra schufen bereits in den 1940er-Jahren Werke, die heute als Klassiker des Genres gelten. Zunächst hinterließen diese Filme jedoch keinen besonderen Eindruck und wurden erst nach Jahrzehnten zum festen Bestandteil des weihnachtlichen Kanons, und das vor allem in den USA. Im Jahr 1990 kam dann Kevin – der Junge, der an Weihnachten allein zu Hause blieb. Sein Kampf gegen zwei dümmliche Einbrecher spielte nicht nur Hunderte Millionen Dollar ein, er löste einen Boom an Weihnachtsfilmen aus. In den frühen 1990er-Jahren erkannte die Filmindustrie das Potenzial, das hier zu erschließen war. Die Zahl der Produktionen stieg sprunghaft an, oft auf Kosten der Qualität. Auch die Kategorie „Anti-Weihnachtsfilme" eroberte sich ihren Marktanteil. Meistens ist das jedoch Etikettenschwindel. Zwar zeigen Filme wie *Bad Santa* Antihelden, die fluchen, saufen und herumhuren, doch am Ende werden auch sie geläutert, ganz im Sinne traditioneller Weihnachtsgeschichten. Daneben gehören in Deutschland auch Filme ohne Weihnachtsbezug, wie *Sissi* oder *Drei Haselnüsse für Aschenbrödel,* zum festen Bestandteil des Feiertagsprogramms. Die meisten erfolgreichen Fernsehserien bringen im Dezember spezielle Weihnachtsfolgen ins Programm.

In einer Umfrage aus dem Jahr 2022 antworteten 38 Prozent der Befragten, sie würden an Heiligabend Filme gucken. Damit steht diese Option auf Platz drei, weit vor „Besuch des Gottesdienstes" (Platz neun mit elf Prozent), „Lesen der Weihnachtsgeschichte" (Platz zwölf mit acht Prozent) oder „gemeinsam musizieren und singen" (Platz 14 mit sieben Prozent). In der Weihnachtsstudie der Münchner Universität der Bundeswehr aus dem Jahr 2022 stehen Filme auf Platz vier, der Kirchgang auf Platz 13. Sogar „Aufräumen, saubermachen" liegt weiter vorne.

Solche Zahlen könnte man als Zeichen des Niederganges deuten. Sich mit trivialen Geschichten berieseln lassen, anstatt dem Wort Gottes zu lauschen oder gemeinsam zum Lobe des Höchsten Lieder anzustimmen, das zeigt doch, wohin wir heute gekommen sind. Wer glaubt, die Menschen würden wegen der Filme nicht mehr in die Kirche gehen, liegt allerdings falsch. Der katholische Theologe Manfred Becker-Huberti zum Beispiel guckt sich Jahr für Jahr den *Kleinen Lord* an, was ihn nicht daran hindert, die Christmette mitzufeiern. Wer nicht in die Kirche gehen mag, hat dafür andere Gründe. Kevin und der Grinch sind unschuldig.

Weihnachtsfilme verändern das Fest

Filme über Weihnachten sind nicht nur ein neuer Trend, sie setzen selbst auch welche. Die in den 1990er-Jahren populäre Serie *Seinfeld* hat einen Anti-Weihnachtstag namens *Festivus* kreiert, der von einigen Menschen in den USA tatsächlich begangen wird. Die wesentlichen Bräuche sind das Aufstellen einer schmucklosen Aluminiumstange und gegenseitige Vorwürfe beim Abendessen. „Ugly Christmas Sweater", die hässlichen Weihnachtspullover, sind ein weiterer moderner Brauch, der durch Filme weltweit populär wurde. Immer mehr Menschen tragen sie in der Weihnachtszeit, diese Pullover mit grellen Motiven im Norweger-Design. Ein Zombie mit Weihnachtsmannmütze, Darth Vader vor einem Christbaum oder Jesus mit Luftballon und Party-Hütchen, solche Fashion Statements erhöhen die Chance, auf einer Weihnachtspullover-Fete einen Preis für das geschmackloseste Outfit zu gewinnen. Der Trend entstand in den 1980er-Jahren in Großbritannien.

Bei so viel modischer Fantasie überrascht es nicht, dass auch die Erotikbranche weihnachtliche Angebote im Programm hat. Pornofilme zeigen Weihnachtsmann, seine Elfen und sogar Krampus beim Sex. Heiße Weihnachts-Dessous für Mr. und Mrs. Claus sorgen für eine prickelnde Bescherung zu Hause – in Rot, mit weißen Kunstpelz, inklusive neckischer Zipfelmütze und auf Wunsch auch mit Sack und harter Rute. Wer Lust hat, kann an einem Schokoladenweihnachtsmann in Penis-Form knabbern, sich mit einem Dildo in Form einer rot-weiß geringelten Zuckerstange vergnügen oder mit weihnachtlichen Kondomen verhüten. Die Verbindung von Sex und Weihnachten ist aber keine Erfindung unserer Zeit. Die Puritaner verboten im 17. Jahrhundert das Fest in England auch deswegen, weil Adlige, Bürger und Bauern das Fest mehr als Anlass für erotische Eskapaden verstanden denn als Gedenken an die Menschwerdung Gottes. Anfang des 20. Jahrhunderts schufen Künstler wie der Franzose Henri Gerbault frivole Weihnachtsgrafiken.

Die Menschen in früheren Jahrhunderten hatten keinen Fernseher und kein Internet. Sie mussten selbst für das Feiertagsprogramm sorgen und dieses entsprach auch früher nicht immer dem, was die Kirche gerne sah.

Weihnachtsfreude aus dem Darm

König Heinrich II. von England (1133–1189) gehört zu den eindrucksvollsten Herrschergestalten des europäischen Mittelalters. Seine Gattin, die schöne Eleonore von Aquitanien, Idol der Troubadoure, war eine der kultiviertesten und politisch aktivsten Frauen ihrer Epoche. Unter den Söhnen der beiden ist Richard Löwenherz bekannt als tapferer Heerführer und edler Ritter. Wie feierte man in dieser erlesenen Gesellschaft das Weihnachtsfest?

Zu den Höhepunkten des Abends gehörte der Auftritt des Kunstfurzers Roland. Dieser hatte von seinem Souverän ein ansehnliches Lehen erhalten, verbunden mit der Verpflichtung, am Weihnachtstag bei Hofe zu erscheinen und „unum saltum et siffletum et unum bumbulum“ zu Besten zu geben – einen Sprung, einen Pfiff und einen Furz. Was immer König Heinrich und seine Familie an dieser Performance fasziniert haben mag – Furzen hat sich als weihnachtliches Ritual auf Dauer nicht durchgesetzt.

Im Mittelalter und in der Frühen Neuzeit wählten die Menschen in England zu Weihnachten einen Lord of Misrule, den Meister der Unordnung. Er war der Oberaufseher für die Feierlichkeiten und hatte dafür zu sorgen, dass sich niemand dem allgemeinen Trubel entzog und niemand nüchtern blieb. Profane, derbe und triviale Weihnachtsbräuche gibt es nicht erst seit heute, es gab sie in jedem Land, in jedem Jahrhundert.

Die Weihnachtswelt bevölkert sich

Wir haben es schon gehört, das Bedürfnis, die biblische Weihnachtsgeschichte weiterzuspinnen und auszumalen, ist uralt. Schon in der Spätantike haben die Menschen begonnen, die Handlung mit Figuren zu ergänzen, die in den Evangelien nicht erwähnt werden. Wir haben bereits in den Apokryphen geblättert, die uns Ochs und Esel beschert haben. In die Weihnachtsspiele des Spätmittelalters und der Frühen Neuzeit bauten die Autoren neue, interessante Figuren ein. Gestalten wie der Teufel oder der Narr sorgten für gruselige oder komische Momente. Selbst der heilige Josef musste ab und zu für Slapstick-Einlagen herhalten. In einem hessischen Weihnachtsspiel aus dem 15. Jahrhundert beispielsweise wird er von zwei Mägden verprügelt, weil er sie großmäulig herumkommandiert. Weihnachtliche Heischebräuche und Festbankette arteten regelmäßig aus und wurden verboten. Im England des 17. Jahrhunderts entstand der Brauch der weihnachtlichen Pantomime – burleske Theaterstücke in der Tradition der Commedia dell'arte, bei denen Männer in Frauenkleidern kratzbürstige Hausdrachen spielten und das Publikum mit den Darstellern auf der Bühne interagierte. Aus Weihnachtskrippen, die eigentlich der christlichen

Belehrung und Erbauung dienen sollten, wurden mit der Zeit Prestige- und Sammlerobjekte weltlicher und kirchlicher Würdenträger. In Katalonien gehört auch der Caganer zum Ensemble der Krippenfiguren, zu Deutsch etwa das Scheißerle. Dieser brave Landmann erledigt seinen Stuhlgang am Rande des Heilsgeschehens. Die Tradition ist mehrere hundert Jahre alt und wird auch von der katholischen Kirche Spaniens akzeptiert. Heute kann man in auf dem Weihnachtsmarkt von Barcelona oder im Internet Tonfiguren prominenter Zeitgenossen – Sportler, Popstars, Politiker, den Papst – als weihnachtliche Souvenirs erwerben. Alle in der Pose des Caganers, mit heruntergelassener Hose, das Produkt der Bemühungen fein modelliert.

Der Weihnachtsmann ist in der populären Kultur eher Opfer der Trivialisierung als das Christkind. Das könnte daran liegen, dass letzteres einerseits weniger verbreitet ist und andererseits näher dran an dem Kind in der Krippe. In amerikanischen Jazz- und Popsongs gerät Santa Claus schon früh auf erotische Abwege. Ella Fitzgerald besang 1950 ein weihnachtliches Missgeschick. *Santa Claus Got Stuck in my Chimney* hieß das Stück, der Weihnachtsmann ist in meinem Kamin stecken geblieben. Nun hat die kleine Ella Angst, dass er dieses Jahr nicht kommen wird und versichert, Papa habe einen ganz neuen Kamin extra für ihn gebaut. Dass die damals schon über 30-jährige Ella Fitzgerald in dem Song als kleines Mädchen posiert, diente damals vielleicht als Tarnung für den zweideutigen Text.

Die Idee mit dem engen Schornstein und dem dicken Eindringling hat Sängerinnen später immer wieder zu frivoler Weihnachtslyrik inspiriert. Die Krönung dieser Kamin-Romantik ist zweifelsohne *I've Got Some Presents for Santa* von Sarah Taylor und Bill Mumy aus dem Jahr 1994.

Draußen schneit es
Ich ziehe alle meine Kleider aus
Und warte auf den Weihnachtsmann unter meinem Baum
Er quetscht sich in meinen heißen Schornstein
Wo es ach so warm und eng ist

Eher harmlos-pubertär ist dagegen der Song *I farted on Santa's lap,* den die amerikanische Familie Beltrami 1999 unter dem Bandnamen *The Little Stinkers* einspielte und der es immerhin bis in die *Hot 100* schaffte. Das darin beschriebene Missgeschick dürfte in der Realität des Öfteren vorkommen, was wohl zu der Beliebtheit des Stücks beiträgt. In Amerika ist es üblich, dass sich Kinder in Kaufhäusern einem Santa-Claus-Darsteller auf den Schoß setzen und ihm ihre Wünsche übermitteln. Dabei müssen die Weihnachtsmänner einiges über sich ergehen lassen, wenn man den Anekdoten aus diesem Milieu glaubt. König Heinrich II. von England und seinem Hofnarren Roland hätte das Lied sicher gefallen.

Mom made beans for dinner
You know I ate 'em all
She said come get your coat on
we're goin' to the mall

Gonna visit Santa and sit upon his knee
But all that I could think about
was how not to cut the cheese

While waiting there for Santa,
I thought that I'd explode
The gas bubble grew bigger
with every "Ho, Ho, Ho"

Tried my best to hide it,
thought I was doing swell
But when I sat down on Santa's lap,
he hollered "What's that smell!"

Chorus:
I farted on Santa's lap,
Now Christmas is gonna stink for me
I farted on Santa's lap, now I'll
get (toot noise) under my Christmas tree

(...)

Mama machte Bohnen zum Abendessen
Ich aß sie alle auf
Sie sagte, komm zieh deinen Mantel an
Wir gehen in die Mall
Wir besuchen Santa, du setzt dich auf den Schoß
Aber alles, woran ich dachte
war, wie verkneife ich den Furz?

Ich wartete auf Santa,
Dachte ich, ich würde explodieren
Die Gasblase wurde immer größer
mit jedem „Ho, Ho, Ho"
Ich tat mein Bestes, um es zu verkneifen,
Ich dachte, das gelänge mir gut
Aber als ich mich auf Santas Schoß setzte,
rief er: „Was stinkt denn hier so?"

Refrain:
Ich furzte auf Santas Schoß
Jetzt wird Weihnachten für mich stinken

2. I Farted on Santa's Lap

Ich furzte auf Santas Schoß
Jetzt kriege ich (Furzgeräusch) unter dem Weihnachtsbaum

(...)

Moderne Weihnachtfilme für Erwachsene wie *Fat Man* mit Mel Gibson oder *Violent Night* von Tommy Wirkola zeigen den Weihnachtsmann als desillusionierten Alten. Er ist an der Welt und an der Gier der Kinder verzweifelt und ertränkt seinen Frust in Alkohol und Gewalt. Das ist verständlich. Gut 200 Jahre sind vergangen, seitdem Weihnachtsmann, Santa Claus und ihre Kollegen zu allgegenwärtigen Gabenbringern und Helden der Kinder wurden. Ermüdungserscheinungen bleiben da nicht aus.

Natürlich sind triviale, skurrile und pikante Weihnachtsbräuche ein gefundenes Fressen für Autoren, die über Weihnachten schreiben. Diese Aufzählung soll aber nicht nur unterhalten, sie soll zeigen, dass die Menschen an Weihnachten schon immer und aus den verschiedensten Gründen Dinge getrieben haben, die nicht unseren Vorstellungen eines besinnlichen Familienfestes entsprechen. Manche mögen es traurig finden, dass heutzutage die Pop-Kultur Weihnachten vereinnahmt. Neu ist das jedenfalls nicht. Stets hat sich Weihnachten in allen Sphären des menschlichen Lebens manifestiert. In der religiösen Malerei und der Kirchenmusik genauso wie im Alltag der Reichen wie der Armen. Auch das ist ein Beleg für seine Bedeutung – niemand kommt um das Fest herum. Wenn heute jede Band ein Weihnachtsalbum auf den Markt wirft, jede erfolgreiche Serie im Dezember eine Weihnachtsfolge präsentiert, wenn Unterwäsche mit Rentieren und Klopapier mit Weihnachtsmännern gekauft wird, dann spricht das für die nach wie vor anhaltende Strahlkraft des Festes.

Coca-Cola hat Santa Claus nicht erfunden, aber sein Erscheinungsbild entscheidend geprägt.

– 3 –

Here comes Santa Claus

Die Amerikanisierung der Weihnachtswelt

Der American Way of Life ist längst auch unserer – so hört man oft. Wir essen bei McDonalds und trinken Coca-Cola, feiern Halloween und Valentinstag, tragen Jeans und Baseball-Kappen – in Deutschland und im Rest der Welt wird nachgeäfft, was die Supermacht vorgibt. Sogar der Anstieg der Kriminalität in den Städten und der Abbau von Sozialleistungen sehen manche als Folge der Amerikanisierung. Auch Weihnachten ist längst Opfer dieser kulturellen Umerziehung, heißt es.

> Letzte Woche erhielt ich ein Foto von Bekannten in merkwürdiger Kleidung vor einem grellbunt erleuchteten Weihnachtsbaum. „Merry Christmas!" stand drunter. „Danke", habe ich geantwortet. „Aber dauert ja noch." „Bei uns steht der Weihnachtsbaum seit Anfang Dezember. Hat man mehr davon" schrieben sie. Das ist die Amerikanisierung der deutschen Weihnachtstradition! In den USA habe ich erlebt, dass der Weihnachtsbaum schon beim Thanksgiving Dinner im November blinkt.

Diese Beobachtung der evangelischen Theologin und ehemaligen EKD-Ratsvorsitzenden Margot Käßmann in der *Bild am Sonntag* ist nur ein Beispiel für das Unbehagen an der Art, wie Weihnachten sich unter dem Einfluss der amerikanischen Popkultur verändert hat. Nicht erst im Deutschland von heute gibt es dieses Unbehagen. In einer Nazi-Propagandaschrift von 1943 hieß es, der „Amerikanismus" habe Weihnachten „zu einem Rummel mit Jazz und Barbetrieb verunstaltet". In der französischen Stadt Dijon verbrannten Katholiken bereits im Jahr 1951 eine Weihnachtsmannfigur als Symbol der Amerikanisierung. Sogar in Großbritannien beklagen manche, dass der einheimische Father Christmas durch den amerikanischen Santa Claus ersetzt wird.

Es ist nicht zu übersehen, der American Way of Christmas ist längst auch bei uns angekommen: im Schreibwarenladen stecken Karten in den Ständern, auf denen statt „Frohe Weihnachten" „Merry X-Mas" steht. Im Fernsehen tanzt Mariah Carey im hautengen Santa-Kostüm, spitzohrige Elfen fertigen am Nordpol Spielzeug im Akkord und im Radio bewirbt Santa Claus mit seinem penetranten *ho ho ho* Zeitungsabos und Sofagarnituren. „Wo ist die alte Weihnacht geblieben?", fragt der Brauchtumsforscher Manfred Becker-Huberti im *Tagesspiegel*. Auch er beklagt die zeitliche Entgrenzung des Festes und die Umwandlung des Advents von einer stillen Zeit der Vorbereitung in eine laute und grelle Werbeveranstaltung:

> Statt geheimnisvoller Vorfreude lautes Geplärre von amerikanischen Weihnachtspops, statt aufgeregtem Backen in der Familienküche türmen sich seit August in allen Supermärkten Berge von Plätzchen und Gebäck, das zu Zeiten unserer Omas niemals vor Heiligabend das Licht der Welt erblickt hätte.

Brachten uns Santa Claus und seine Rentiere den Kommerz, während der Grinch uns die Besinnlichkeit stahl? Wir haben bereits gehört, dass die Verbindung von Weihnachten und Business in Amerika früher einsetzte als hierzulande – vor allem, weil Deutschland Anfang des 19. Jahrhunderts wirtschaftlich rückständig war. Die Weihnachtstraditionen in den USA waren überdies von Anfang an weniger kirchlich geprägt, sondern von einem mehrheitlich protestantischen Bürgertum entwickelt für die Feier in der Familie und in der säkularen Gemeinschaft.

Die Suche nach dem Schuldigen

Da waren zum Beispiel die amerikanische Kaufhauspioniere Frank Winfield Woolworth und John Wanamaker: Woolworth wurde mit seinen Fünf-Cent-Stores reich. Dort verkaufte er auch gläsernen Christbaumschmuck, den er aus Deutschland importierte. „Hängt Christbaumschmuck auf, stellt vielleicht einen Christbaum ins Fenster. Sorgt dafür, dass der Laden anders aussieht. Das ist unsere Erntezeit", instruierte er im Jahr 1892 seine Filialleiter. „Make it pay", befahl er. John Wanamaker gilt als einer der Väter der Reklame und war zugleich engagierter Christ. Er behandelte seine Angestellten gut, machte seine Verkaufsräume zu imposanten Konsumtempeln und versprach in der Werbung nichts, was er nicht halten konnte. Wanamaker liebte das Weihnachtsfest und erkannte gleichzeitig die Möglichkeiten, mit der Sehnsucht nach einem Weihnachtsmärchen sein Geschäft anzukurbeln. Ab den 1870er-Jahren ließ er seinen Grand Court in Philadelphia jedes Jahr im Dezember in eine reich geschmückte Weihnachts-Kathedrale umdekorieren. Die riesige Orgel in seinem Kaufhaus spielte Weihnachtslieder, Chöre sangen dazu, das Geschäft brummte und die Kassen klingelten.

Der verkaufsfördernde Aufwand, den die Manager amerikanischer Department Stores in der Weihnachtszeit betrieben, blieb auch ihren deutschen Kollegen nicht verborgen. Die Reichsgründung im Jahre 1871 brachte einen wirtschaftlichen Aufschwung mit sich. Neu eröffnete Kaufhäuser lockten in den Städten die Kunden. Was die amerikanischen Kaufleute vormachten, ahmten die deutschen gerne nach, sobald sie preisgünstige Massenware in großen Mengen absetzen konnten. Große und kleine Läden nutzten die Weihnachtzeit, um ihren Umsatz zu steigern.

Wenn heute die Lebkuchen schon im August in den Supermärkten auftauchen, geschieht das nicht auf Befehl aus Washington, sondern weil die deutschen Verkäufer wissen, dass die deutschen Kunden bereits in Kauflaune sind. Nun, so sagen die Kritiker der Amerikanisierung, das zeigt doch nur, wie uns die Yankees schon zu hirnlosen Konsumenten erzogen haben. Ganz so simpel ist es jedoch nicht.

Kritische Stimmen in Amerika

Auch in den Vereinigten Staaten gab und gibt es bis heute Kritik an der Vermischung von Konsum und christlicher oder säkularer Festtagstradition. Der älteste Text dieser Sorte, den der Weihnachtsforscher Stephen Nissenbaum entdeckte, erschien 1834 in einer Zeitung. Der Historiker hat herausgefunden, dass die amerikanischen Intellektuellen damals mit Bewunderung auf Deutschland blickten. Dort, so fand man, seien die Sitten noch unverdorben und die Menschen würden Weihnachten ohne Habgier und Konsumexzesse feiern. Nicht umsonst treten in amerikanischen Weihnachtsgeschichten des 19. Jahrhunderts deutsche Auswanderer oft als besonders arme und sozial niedrigstehende Menschen in Erscheinung.

Die amerikanische Schriftstellerin Harriet Beecher Stowe wurde weltbekannt mit ihrem Roman *Onkel Toms Hütte*, einer Anklage gegen die Sklaverei. Im Jahr 1850 publizierte sie die vielleicht allererste konsumkritische Weihnachtsgeschichte. *Christmas; or, The*

Good Fairy hieß die Story. Es geht um eine junge Frau aus gutem Hause, die an Weihnachten lieber den Armen hilft, anstatt ihre verwöhnte Verwandtschaft mit teurem Nippes zu beschenken.

Sogar in modernen Weihnachtsfilmen, die sich an ein Massenpublikum richten, wird der Kommerz ironisiert. Da stürmen Kunden die Kaufhäuser, trampeln die Verkäufer zu Boden und prügeln sich um die Schnäppchen – wie in *Versprochen ist versprochen* mit Arnold Schwarzenegger. Solche Massenschlägereien beim Weihnachtseinkauf gab es in den USA im Weihnachtsgeschäft gelegentlich, die Regel sind sie auch dort nicht.

Santa Claus, der Weihnachtsimperialist

Und da wäre ja noch der Weihnachtsmann, den Coca-Cola erfunden hat und der sich überall breitmacht, zu Lasten von St. Nikolaus und dem Christkind. Sein fetter Hintern verdeckt die Krippe, sein Job ist es, die Menschen zum Konsum zu verführen. Ein echter Amerikaner eben. Die Behauptung, Coca-Cola habe den Weihnachtsmann erfunden, gehört zu den unausrottbaren Mythen der Weihnachtsnörgler. Santa Claus, der amerikanische Weihnachtsmann, ist eine Erfindung des frühen 19. Jahrhunderts. Richtig ist, dass der Getränkekonzern ihn seit den 1930er-Jahren als Werbeträger nutzt und die rote Kluft mit weißem Pelzbesatz international als Weihnachtsmannuniform etabliert hat. Lange Zeit stellten Künstler den Weihnachtsmann so dar, wie es ihnen beliebte: im braunen Naturpelz oder im nachtblauen, sternenbesetzten Kittel. Besonders oft und lange vor Beginn des Coca-Cola-Werbefeldzugs auch in einer roten Kutte, aber schlanker als sein amerikanischer Vetter. Wie die skandinavischen Weihnachtswichtel oder der finnische Joulopukki (ursprünglich ein Bock) näherte sich der Weihnachtsmann gegen Mitte des 20. Jahrhunderts optisch immer mehr dem amerikanischen Vorbild an.

Der deutsche Weihnachtsmann nahm, wie viele andere Gabenbringer auch, im 19. Jahrhundert seine Arbeit auf. Eine frühe Erwähnung in einem Theaterstück von 1799 legt nahe, dass der Weihnachtsmann als Figur damals schon etabliert war. Um 1835 schrieb August Heinrich Hoffmann von Fallersleben – Dichter der deutschen Nationalhymne – das Lied *Morgen kommt der Weihnachtsmann*. Er ist wohl eher eine verweltliche Version des Nikolaus als ein germanisierter Santa Claus. Der Weihnachtsmann verdrängt eigentlich auch niemanden. Er ist in protestantischen Gebieten unterwegs, während das Christkind die katholischen Regionen betreut. Lediglich zwischen Weihnachtsmann und dem Nikolaus kommt es bisweilen zu Konflikten, da viele die beiden verwechseln.

Nach und nach hat sich ein ganzer Clan um Santa Claus angesammelt. Mrs. Santa Claus, seine liebende Gattin, die fleißigen Elfen, Frosty der Schneemann und die Rentiere. Sie bevölkern den Nordpol und erleben in Weihnachtsfilmen fröhliche Abenteuer. Der Grinch will das Fest sabotieren und besinnt sich eines Besseren. Rudolph das Rentier mit der roten Nase wird vom verspotteten Außenseiter zum gefeierten Helden. Jeder bekommt eine Chance, sicher typisch amerikanisch, aber keineswegs unweihnachtlich.

Die Germanisierung – kein Problem?

Eigentlich hätten die Amerikaner allen Grund, sich über uns zu beklagen, denn ihre Weihnachtsbräuche sind stark germanisiert. Christbaum, Adventskalender und -kranz, Nussknacker – das alles gehört für Amerikaner zu Weihnachten und es kommt aus Deutschland. Amerikanische Popstars singen *Silent Night* und *O Tannenbaum*. Frühe Bilder von Santa Claus zeichnete der deutsche Immigrant Thomas Nast. Der amerikanische Gabenbringer trägt den Beinamen Kris Kringle, was sich vom deutschen Wort Christkindel ableitet. Neuerdings ist auch der alpenländische Krampus in den USA zum Filmstar geworden. Das alles stört die Amerikaner jedoch wenig. Im Gegenteil, sie kommen gern nach Good Old Germany, um Weihnachtsdeko zu kaufen. Typisch amerikanische Schmuckelemente wie die rot-weiße Zuckerstange und die gläserne Weihnachtsgurke bekommen eine deutsche Herkunft angedichtet. Bräuche wandern und sie wandeln sich, wie sie wollen. Die Übernahme skandinavischer Bräuche in Deutschland scheint die Hüter der Tradition weniger zu beunruhigen

Die Kritik an der Amerikanisierung ist eng verwandt mit der am weihnachtlichen Konsum und der Trivialisierung. Sie ist zu einem wohlfeilen Ritual geworden. Amerika wird zum Sündenbock für unsere eigene Trägheit im Umgang mit den Festtagen. Es stimmt, in der öffentlichen Sphäre ist die Amerikanisierung unübersehbar, nicht nur in Deutschland. Werbung, Filme und Popmusik verbreiten die Symbole aus den USA weltweit. In vielen Regionen verdrängen amerikanische Sitten – die ihrerseits stark deutsch beeinflusst sind – einheimische Traditionen noch viel stärker als hierzulande. Ganz ohne Zwang, nur durch mediale Omnipräsenz, vor allem im Film und der Reklame. Vielleicht ist sogar besser, wenn im Fernsehen nicht Jesus, Maria oder Josef die Waren anpreisen, sondern Santa Claus? Was passt besser zu einem Werbespot im Radio, *Jingle Bells* oder *Ihr Kinderlein, kommet*?

Wie wir zu Hause im Kreise der Familie Weihnachten feiern, ist eine ganz andere Sache. Schließlich zwingt uns niemand, das nachzuahmen, was in amerikanischen Weihnachtsfilmen zu sehen ist. Wie wir die Adventszeit begehen (und wann wir beginnen, Lebkuchen zu essen), wann wir den Baum aufstellen, das entscheiden ganz alleine wir. Wer die Geschenke bringt, Christkind oder Weihnachtsmann, hängt von regionalen und familiären Gewohnheiten ab. Wann es die Geschenke gibt, nämlich hierzulande am Heiligen Abend, in Amerika am Weihnachtsmorgen, dem 25. Dezember, das unterscheidet nach wie vor die deutsche und die amerikanische Weihnachtstradition. Niemand wird daran gehindert, mit der Familie traditionelle Weihnachtslieder zu singen. Wer dafür zu faul ist und lieber Tonträger dudeln lässt, vielleicht gar mit Songs aus Amerika, braucht nicht den Amerikanern die Schuld zuzuschieben.

Und schließlich: Es ist nicht alles Müll, was aus den USA an weihnachtlichen Bildern, Melodien und Geschichten zu uns gekommen ist. Im Gegenteil, diese Exportgüter sind auch deshalb so erfolgreich, weil sie einfach gut gemacht sind. Wenn der Schulchor für die Weihnachtsfeier *Jingle Bells* einstudiert oder wir nach der Bescherung die Weihnachtslieder von Nat King Cole hören, geht das Abendland deswegen nicht unter.

Über *Last Christmas* zu lästern ist zu einem modernen Weihnachtsbrauch geworden, obwohl es schlimmere Weihnachtslieder gibt.

– 4 –

Rockin' around the Christmas tree

Vom Wandel der Weihnachtsmusik

Armer George Michael. Arm? Mit *Last Christmas* landete er beziehungsweise das Duo *Wham!*, dem er angehörte, einen Riesenhit, der auch seinen Erben noch Millionen an Tantiemen beschert. Aber sein Song ist zum Symbol geworden für seichten Weihnachtspop, für Dudelmusik, der man zwischen Ende November und Anfang Januar nicht entgehen kann. Um das Lied hat sich ein schräges Brauchtum entwickelt, das sich vor allem im Internet abspielt, sich aber auch auf das wirkliche Leben auswirken soll. Noch zu Georg Michaels Lebzeiten wurde vor allem in Großbritannien ein Spiel namens Whamageddon populär. Mitspieler versuchen, die Festzeit zu überstehen, ohne ein einziges Mal *Last Christmas* zu hören. Die Idee dahinter ist, dass Teilnehmer deshalb alle Plätze meiden, wo der Song erklingen könnte, also Bars, Kaufhäuser oder Weihnachtspartys. Das wiederum soll Inhaber und Veranstalter überzeugen, *Last Christmas* von der Playlist zu streichen, um keine Besucher zu vergraulen. Ob das funktioniert, ist fraglich. Das eigentlich Seltsame dahinter ist aber, dass dieser Negativkult gerade um *Last Christmas* entstanden ist. George Michaels

Hit ist weder der einzige Popsong zum Thema Weihnachten, noch ist er der schlechteste. Vielleicht liegt es an der ausgeprägten Achtzigerjahre-Ästhetik des Videos, vielleicht an den Ohrwurm-Qualitäten des Stücks.

Das Getue um *Last Christmas* mag, wie viele Internetphänomene, teilweise ironisch gemeint sein. Der Vorwurf, die weihnachtliche Musik würde verflachen, gehört auch zu den alljährlichen Unkenrufen. Hier geht es nicht um die Frage, ob ein bestimmter Song nervt, sondern darum, dass wir zu Advent und Weihnachten mit Musik überschwemmt werden, die wenig mit der christlichen Botschaft oder auch nur mit der bürgerlich-familiären Hochkultur des 19. Jahrhundert zu tun hat.

Es beginnt in der Kirche

Blicken wir noch einmal zurück in die Geschichte: Musik war von Anfang an Teil der weihnachtlichen Rituale. Sie verkörpert, wie keine andere Kunst, den Geist der Weihnacht. An ihrer Entwicklung lässt sich besonders gut ablesen, wie die Gesellschaft den Sinn des Festes definiert. Die ersten akustischen Beiträge zur Feier der Weihnacht waren liturgische Gesänge. Das älteste heute noch erhaltene Werk ist *Veni redemptor gentium* auch bekannt in Martin Luthers Übersetzung *Nun komm, der Heiden Heiland*. Es stammt wahrscheinlich aus dem 4. Jahrhundert, die ursprüngliche Melodie ist nicht überliefert. Der Text ist aus heutiger Sicht wenig weihnachtlich, es ist eher vertontes Dogma: Gott ist Mensch geworden, um uns zu erlösen, freut euch, ihr Christen. Solche Hymnen wurden von Geistlichen oder geschulten Chorsängern gesungen, natürlich in lateinischer Sprache. Das Gegenteil von Pop also – schwer zu verstehen, schwer zu singen, beeindruckend, aber nicht eingängig.

Etwas näher am Volk waren die Lieder, die im Hoch- und Spätmittelalter für die Krippenspiele und das Kindelwiegen entstanden.

Diese Aufführungen wurden zunächst ebenfalls auf Latein, später auf Deutsch inszeniert. Allmählich kamen daher auch deutschsprachige Lieder in Mode, oder solche mit lateinischen und deutschen Versen im Wechsel. „In dulci jubilo / nun singet und seit froh“. Hier konnte die Gemeinde einstimmen. Durch das Mitsingen erst wird die Weihnachtsfreude für alle erfahrbar.

Die Reformation trug weiter zur Popularisierung der Weihnachtslieder bei. Martin Luther wollte, dass die ganze Gemeinde singt, nicht nur die Kleriker. Natürlich auf Deutsch, und nicht nur in der Kirche. Sein berühmtes Weihnachtslied, *Vom Himmel hoch, da komm ich her*, schrieb er ausdrücklich für den Hausgebrauch. Vor allem in England entstanden schon früh weihnachtliche Lieder mit flotten Melodien und ohne christlichen Bezug. Zu den in Deutschland bekannteren zählt *Deck the Halls*. Die Melodie hat ihre Wurzeln vermutlich im 16. Jahrhundert, der heute gesungene Text stammt aus dem 19. Jahrhundert. Er preist das fröhliche Feiern mit Musik und Tanz. Auch die Lieder, die in ganz Europa bei den Heischegängen gesungen wurden, waren nicht immer frommer Natur. In Kanada hat sich ein altfranzösisches Lied erhalten, in dem die Sänger darlegen, was sie der Tochter des Hauses antun, wenn sie nicht die gewünschten Gaben erhalten.

Einfache Melodien für das Volk

Einen neuen, wichtigen Impuls für die Weihnachtsmusik brachte das 19. Jahrhundert. Pfarrer und Lehrer schrieben Lieder für das einfache Volk. Diese Autoren engagierten sich ihr Leben lang für Kinder und Arme. Sie wollten mit den Liedern vor allem Festtagsfreude bereiten und den Glauben ihrer Gemeinde festigen. Soweit man der Überlieferung trauen kann, waren sie integre, bescheidene Persönlichkeiten, die ihre geringen Einkünfte an die weitergaben, die noch weniger hatten. Dazu gehörte der Theologe und Schriftsteller Johannes Daniel Falk (*O du fröhliche*). Er stammte aus ärmlichen Verhältnissen. Immer wieder halfen ihm andere, seine Ausbildung fortzusetzen. Als er selbst zu Ansehen gekommen war, unterhielt er auf eigene Kosten ein Waisenhaus. Der Lehrer Ernst Anschütz (*O Tannenbaum*) schrieb Texte und Melodien zahlreicher heute nach wie vor beliebter Kinderlieder wie *Es klappert die Mühle am rauschenden Bach, Wenn ich ein Vöglein wär* oder *Fuchs du hast die Gans gestohlen*. Er verzichtete auf die Honorare, damit seine Liederbücher für die Kinder nicht zu teuer würden. Der Pfarrer Joseph Mohr (*Stille Nacht*) war als uneheliches Kind geboren und setze sich sein Leben lang für die Benachteiligten ein.

Schlichte Melodien und Texte waren das, die auch musikalisch nicht vorgebildete Menschen leicht singen konnten. Die meisten Lieder, die heute als Klassiker gelten, sind in dieser Zeit entstanden: *Ihr Kinderlein, kommet, Alle Jahre wieder, Morgen kommt der Weihnachtsmann* und viele andere. Immer mehr wendet sich der Inhalt der Lieder von der christlichen Weihnachtserzählung ab und entwickelt sich zum Lobpreis der familiären Weihnachtsfeier. Lieder wie *Am Weihnachtsbaum die Lichter brennen* klingen zwar fromm, es ist darin von Gott und von Engeln die Rede, aber sie erzählen vom heimischen Weihnachtsabend und nicht von Bethlehem. Winterlieder wie *Schneeflöckchen, Weißröckchen* gehören ebenfalls zum Weihnachtskanon, obwohl das Fest nicht oder nur am Rande erwähnt wird. Das weltweit bekannteste Lied dieser Art ist *Jingle Bells*, in dem es gar nicht um Weihnachten, sondern um winterliche Schlittenfahrten geht. Um 1850 herum schrieb es der amerikanische Pastorensohn James Lord Pierpont. Die in dem Lied besungenen Schlittenglocken, die Jingles, sind tatsächlich zu Jingles, zu akustischen Erkennungszeichen des Christmas Pop geworden.

Küsse unter dem Mistelzweig

Die Entwicklung vom anspruchsvollen, aber wenig einprägsamen liturgischen Gesang hin zu einfachen Melodien mit hohem Wiedererkennungswert mag mancher als Verfall gesehen haben. Diese Entwicklung ist aber hier noch nicht zu Ende. Im 20. Jahrhundert entstanden in Amerika populäre Songs über Santa Claus und seine Helfer. Einige wurden zu Hits und haben die moderne Weihnachtsfolklore verändert. Rudolph, das Rentier mit der roten Nase, und Frosty der Schneemann sind heute weltweit bekannt.

Nach und nach wurde dann auch die Liebe, erfüllt oder unerfüllt, zum Thema für den Weihnachtspop. Zunächst geschah das in der Musik der Afroamerikaner, im Jazz und im Blues. Der amerikanische Historiker Stephen Nissenbaum erklärt das damit, dass die Sklaven in Amerika über die Feiertage die Erlaubnis bekamen, ihre Familien oder Partner zu besuchen, von denen sie häufig getrennt lebten. Daher drehten sich ihre ältesten Weihnachtslieder oft um das handfeste Verlangen nach körperlicher Nähe und weniger um Besinnlichkeit und Plätzchen. Wie so oft zogen die weißen Musikproduzenten irgendwann nach, heute werden jedes Jahr Dutzende von Lovesongs mit Kuss unter dem Mistelzweig zum Klang von Schlittenglöckchen produziert.

Der Blick auf die Geschichte der Weihnachtslieder zeigt, dass wir es mit einer den gesellschaftlichen Veränderungen folgenden Entwicklung zu tun haben, und nicht etwa einem Verfall. Wäre die Weihnachtsmusik auf dem Stand der Spätantike stehengeblieben, dann gäbe es auch *O Tannenbaum* und *Stille Nacht* nicht. Zu Hause müssten wir dann ganz ohne weihnachtliche Musik auskommen. Das wäre aber nur dann möglich, wenn epochale Ereignisse wie die Reformation, die Aufklärung, die bürgerliche und industrielle Revolution oder die Befreiung der Sklaven in Amerika nicht stattgefunden hätten. Man könnte die Entwicklung sogar als Kreislauf interpretieren, bei dem am Anfang und am (vorläufigen) Ende Musik steht, die von Profis interpretiert und von passiven Konsumenten konsumiert wird.

Wo aber wäre eine sinnvolle Grenze zu ziehen zwischen echten und falschen, zwischen wertvollen und entbehrlichen Weihnachtsliedern? Sinnvoller ist es, die Lieder, die man singen oder hören will, nach dem persönlichem Geschmacks- und Qualitätsempfinden auszuwählen und zwar innerhalb der jeweiligen Genres. *Last Christmas* mit Bachs Weihnachtsoratorium zu vergleichen, ist wenig ergiebig. Es gibt guten, weniger guten und schlechten Pop, genauso wie es unter den traditionellen Liedern solche gibt, die viele Hörer heute als kitschig, verstörend oder banal empfinden. Laut einer Umfrage aus dem Jahr 2019 ist das liebste Weihnachtslied der Deutschen nach wie vor *Stille Nacht*, gefolgt von *Last Christmas*.

Ist das Umbenennen von Weihnachtsmärkten ein Angriff auf das Christentum, ein Akt der Inklusion oder überflüssiger Aktivismus?

– 5 –

Die Alten schauen himmelwärts

Weihnachten ohne Gott – geht das?

Darf man noch „Frohe Weihnachten“ sagen, oder heißt es, politisch korrekt, „schöne Feiertage“? Gendenken wir an Weihnachten der Geburt Christi oder feiern wir eine familiäres Winterfest? Hat X-Mas seinen religiösen Kern verloren? In den USA, und nicht nur dort, sind diese Fragen hoch umstritten, wobei diese Auseinandersetzung, wie so oft, in den Vereinigten Staaten besonders erbittert geführt wird. Einerseits ist Amerika aus europäischer Sicht ein sehr frommes Land, andererseits herrscht dort laut Verfassung eine strikte Trennung von Staat und Religion und viele amerikanische Weihnachtstraditionen sind sehr weltlich.

Weihnachten kann zum Minenfeld werden: Wünscht zum Beispiel ein Kaufhaus seinen Kunden „Merry Christmas“, kommt schnell der Vorwurf auf, es würde eine bestimmte Kultur bevorzugen. Mit „Season's Greetings“ oder „Happy Holidays“ wiederum eckt es auf der anderen Seite an, weil das Management sich dem Druck der woken Meute beuge. Beide Entscheidungen können Boykottaufrufe nach sich ziehen. Auch das hippe Kürzel X-Mas steht unter Verdacht, im Namen weltanschaulicher Beliebigkeit

Christus aus dem Wort Christmas zu verbannen. Verteidiger der Formel wenden ein, das X sei ein griechisches Chi und damit der erste Buchstabe des Wortes *Christos* (ΧΡΙΣΤΟΣ). Im Englischen ist der Gebrauch von X-Mas seit dem 16. Jahrhundert (!) belegt.

Rentiere retten die Krippe

Wenn eine amerikanische Schule oder eine Behörde in ihren Räumen eine Krippe oder einen Christbaum aufstellt, melden sich sofort Lobbygruppen mit viel Geld und guten Anwälten zu Wort. Die einen fordern, die christlichen Symbole zu entfernen und berufen sich auf die Verfassung, die anderen halten dagegen und verweisen auf Religions- und Meinungsfreiheit. In der amerikanischen Rechtsprechung hat sich inzwischen die sogenannte Reindeer Rule, die Rentier-Regel etabliert. Wer ein paar solcher Figuren aufstellt, verweist damit auf die Festtagsrituale, ohne gegen Gesetze zu verstoßen. Die nordischen Paarhufer können sogar religiösen Symbolen ihre leitkulturelle Schärfe nehmen. Eine Krippe geht in Ordnung, wenn ein paar Rentiere drumherum stehen. Schließlich haben Donner, Blitzen, Vixen und Co. garantiert keinen christlichen Hintergrund.

Konservative Kreise in den USA haben den Begriff „War on Christmas" – Krieg gegen Weihnachten – geprägt. Dieser werde von linken Aktivisten gegen das populärste christliche Fest geführt, mit dem Ziel, traditionelle Werte abzuschaffen. Slogans wie „Let's put Christ back into Christmas" (Lasst uns Christus wieder in die Mitte des Weihnachtsfestes stellen) oder „Jesus is the reason for the season" (Christus ist der Grund für die Festzeit) fordern dazu auf, die wahre Bedeutung („the true meaning of Christmas") wieder ernst zu nehmen. Auch in Deutschland kursieren immer wieder Meldungen darüber, dass Weihnachtsmärkte in Wintermärkte umbenannt werden, Kindergärten den Nikolausbesuch abschaffen oder in staatlichen Einrichtungen keine Christbäume mehr aufgestellt werden. Manches davon entpuppt sich bei genauer Recherche als Fake News, anderes als stark übertrieben, aber die Frage, wie christlich Weihnachten noch ist, wie christlich es noch sein darf, stellt sich auch hierzulande.

Es begann im 19. Jahrhundert

Die Schuld für die Verweltlichung des Weihnachtsfestes kann man bei verschiedenen Verdächtigen suchen – bei den Nazis oder den Kommunisten, die Weihnachten gezielt entchristlichen wollten, bei den Kapitalisten, die daraus ein Konsumorgie machten, oder bei neulinken Identitätspolitikern, die alle gewachsenen Traditionen zu tilgen versuchen. Tatsächlich begann die Säkularisierung des Weihnachtsfestes bereits im frühen 19. Jahrhundert und die treibende Kraft dahinter waren keine Radikalen irgendeiner Richtung, sondern das aufgeklärte, protestantische Bürgertum. Wir haben bereits gesehen, wie Weihnachten sich im Laufe der Jahrhunderte aus der Kirche heraus in die Familie hinein verlagerte.

Damit änderten sich auch die Bräuche rund um das Fest. Weihnachtliche Theaterstücke des späten 18. und frühen 19. Jahrhunderts kommen ohne religiöse Bezüge aus. In den populären „Weihnachtsausstellungen“ in Berlin wurden Szenen aus fernen Ländern und Witzbilder gezeigt, aber keine Krippen. Die Weihnachtslieder dieser Zeit handelten immer weniger von der Geburt Christi und mehr von der Feier der bürgerlichen Familie. Gabenbringer wie der Weihnachtsmann waren nur noch lose mit dem Himmelreich verbunden. Besonders in Nordamerika entstand eine sehr weltliche Weihnachtsmenagerie um Santa Claus und seine Werkstatt am Nordpol. Es gibt ein paar Songs – meistens aus der Country-Ecke –, die versuchen, die beiden Welten wieder zusammenzuführen. Sie erzählen beispielsweise davon, wie Jesus Santa Claus ermahnt, sich für die Verbreitung des Glaubens einzusetzen und Bibeln statt Spielzeug an die Kinder zu verteilen.

Der Weihnachtsmann als Pädagoge

In der deutschen Weihnachtsfolklore, die ebenfalls im 19. Jahrhundert entstand, spielen Engel und der Himmel durchaus eine Rolle. Die Engel sind Helfer der Gabenbringer, ähnlich wie in Amerika die Elfen am Nordpol. Der Himmel als Sitz der deutschen Gabenbringer ist jedoch eher ein entrückter Fantasieort, der die Vorstellungskraft der Kinder anregen soll, und weniger im streng religiösen Sinn zu verstehen. Allerdings sind die Details nicht so stark festgeschrieben wie in den USA. Schließlich gibt es in Deutschland Weihnachtsmann und Christkind. Letzteres ist zwar nicht identisch mit dem Jesuskind, steht aber der biblischen Weihnachtsgeschichte näher.

Das bürgerliche Weihnachtsfest des 19. Jahrhundert feierte bürgerliche Tugenden. Die Kinder, die sie sich zu eigen machten, wurden vom Weihnachtsmann belohnt. Brave Kinder waren folgsam, fleißig und sittsam. Die Einübung der Tugenden sollte den Kindern nicht in erster Linie einen Platz im Himmelreich garantieren, sondern sie zu wertvollen Mitgliedern der Gesellschaft machen.

Allein mir fehlt der Glaube

Seit der zweiten Hälfte des 20. Jahrhunderts nimmt die Bindung an den christlichen Glauben und die Kirche rapide ab. Laut einer Studie, die die Evangelische Kirche in Deutschland im Jahr 2023 vorstellte, ist nur noch eine knappe Mehrheit der Deutschen christlich-konfessionell gebunden, selbst wenn man alle christlichen Bekenntnisse zusammenzählt. Setzt sich dieser Trend fort, dann wird 2024 der Anteil unter 50 Prozent sinken, so die Autoren. In der Gesamtbevölkerung glaubt laut der Studie nur noch knapp die Hälfte an Gott oder eine geistige Macht. Der Religionsmonitor der Bertelsmann-Stiftung kommt auf einen etwas höheren Wert: Immerhin drei Viertel der für die Studie Befragten gaben an, zumindest ein bisschen an Gott, Gottheiten oder etwas Gottähnliches zu glauben. Ein Viertel der Befragten schätzte sich als „gar nicht" gläubig ein. Der Glaube, dass eine höhere Macht existiert, führt aber offenbar weder zur Bindung an eine Religionsgemeinschaft noch zu religiösem Handeln im Alltag. Das Bedürfnis nach Spiritualität ist da, so die Bertelsmann-Autoren, aber sie wird ins Private verlegt. Die Bindung an religiöse Institutionen lässt nach, insbesondere bei katholischen und evangelisch-lutherischen Christen.

Das Institut für Demoskopie Allensbach führt ebenfalls Befragungen zur Bindung an Religion und Kirche durch und kommt zu ähnlichen Schlüssen. Auch viele, die noch Mitglied sind, glauben die wesentlichen Grundsätze ihrer Religion nicht mehr. Der Kommunikationswissenschaftler Thomas Petersen kommentierte die Allensbach-Ergebnisse in der F.A.Z.:

> Es ist in den letzten Monaten und Jahren in der Berichterstattung viel von Skandalen in den Kirchen, vor allem der katholischen Kirche, die Rede gewesen, von Finanzskandalen und vor allem von den Fällen des Kindesmissbrauchs und den Versäumnissen bei ihrer Aufklärung. Es liegt nahe, den schwindenden Rückhalt der Kirchen in der Bevölkerung auf diese Ereignisse zurückzuführen, doch das wäre viel zu kurz gegriffen. Tatsächlich lässt sich bereits seit Jahrzehnten eine Erosion des Christentums in Deutschland beobachten, die langsam, aber beharrlich fortschreitet, letztlich unberührt von aktuellen Ereignissen. Es handelt sich um eine zwar schleichende, deswegen im Alltag nicht auffällige, aber dennoch fundamentale Veränderung der Gesellschaft.

Die Hälfte aller Kirchenmitglieder bete selten oder nie, ergab zum Beispiel die Studie der evangelischen Kirche. Weniger als 20 Prozent der Menschen glauben laut anderen Umfragen in Deutschland und Österreich, dass Jesus Gottes Sohn ist. Für das Verständnis von Weihnachten ein nicht unwesentliches Detail.

Soziologen haben den Begriff „Kulturchristen" geprägt. Das sind Menschen, die das christliche Erbe Europas schätzen und seine Symbole ehren, ohne selbst an die Lehren der Bibel zu glauben. Einer Allensbach-Studie aus dem Jahr 2021 zufolge bejahten viel mehr Befragte die Bedeutung der christlichen Kultur und ihrer Werte für die Gesellschaft als für das eigene Seelenheil. In den meisten Fällen waren es um die 50 Prozent, in einigen bis zu 70 Prozent, die sich zum Christentum als kulturstiftende Kraft bekannten. Sowohl überzeugte Gläubige als auch Linke haben sich auf diese Kulturchristen eingeschossen. Oberflächliche Ästheten seien sie, ihnen ginge es in erster Linie um die Überhöhung der eigenen und die Ablehnung fremder Traditionen. Kulturchristen pflegen das Weihnachtsbrauchtum und verteidigen es gegen Angriffe, ohne dabei an die Menschwerdung Gottes zu glauben. Die Weihnachtsstudie der Münchner Universität der Bundeswehr zeigt, dass immer weniger Menschen einen Weihnachtsgottesdienst besuchen. Waren es vor der Pandemie noch 24 Prozent der Befragten, planten im Jahr 2023 nur noch 14 Prozent die Teilnahme – interessanterweise vor allem junge Menschen und solche, die optimistisch in die Zukunft sehen.

Irgendwas mit Jesus

Angesichts des Bedeutungsverlustes des kirchlich organisierten, von verbindlichen Lehrmeinungen geprägten Christentums ist es nicht überraschend, dass 78 Prozent der Deutschen bei Weihnachten zuerst an den geschmückten Baum denken, wie eine Umfrage im Jahr 2011 feststellte. 67 Prozent nannten Gemütlichkeit und dekorierte Geschäfte. Nur gut jeder Zweite gab an, dass es sich bei Weihnachten um einen christlichen Feiertag handelt. Vier von zehn wiesen auf die Geburt Jesu hin. Laut einer anderen Umfrage weiß jedes dritte Kind nicht, warum Weihnachten gefeiert wird. 15 Prozent der Kinder gaben immerhin an, dass das Fest „was mit Jesus" zu tun habe. Neun Prozent meinten, Weihnachten werde gefeiert, „damit es Geschenke für die Kinder gibt".

Aber auch wer weiß, dass Christen an Weihnachten der Geburt des Erlösers gedenken, weiß oft nicht so genau, was hinter diesen Worten steht. Was bedeutet „Erlöser", wovon werden wir erlöst, was sind die Konsequenzen? Warum ist die Verheißung von „Frieden auf Erden" bislang nicht Wirklichkeit geworden? Die komplizierte und heute auch von den Kirchen abgemilderte Lehre von der Erbsünde (siehe dazu das erste Kapitel im Abschnitt über die vergangene Weihnacht) ist modernen Menschen fremd geworden.

Private Spiritualität

Bei alledem gehört der Kirchgang heute auch für viele Menschen, die sonst wenig mit Religion anfangen können, zur weihnachtlichen Tradition. Im Theologenjargon spricht man von „Weihnachtschristen" (wohl eine Unterabteilung der Kulturchristen) und weiß nicht so recht, wie man mit ihnen umgehen soll. Schon sehr lange bekämpft die Kirche das weltliche Festtagsbrauchtum und selten hatte sie Erfolg damit. Soll man den Weihnachtschristen die Leviten lesen, auf die Gefahr hin, dass die so Ermahnten sich darüber ärgern und ganz wegbleiben? Soll man sie durch einen stimmungsvollen Weihnachtsgottesdienst mit *Stille Nacht* bei Kerzenschein beglücken, in der Hoffnung, dass dadurch vielleicht etwas aufkeimt in ihren Seelen? Das folgende Gedicht von Carl Peter Fröhling gibt die Haltung vieler engagierte Christen gut wieder:

Mögen alle Glocken schwingen,
alle Kerzen hell erglühn,

Weihnachtslieder froh erklingen
und der Gaben Glanz erblühn,
fehlt der Glaube
an den tiefsten Grund des Fests,
fehlt dieses Eine,
dann ist alles nichts.

Bemerkenswert ist, dass an Weihnachten immer noch viel vom Frieden, von Liebe, Versöhnung und sogar vom Glauben die Rede ist. Besonders Fromme behaupten gerne, das seien nur hohle Phrasen, sofern sie nicht christlich begründet seien. Das ist nicht nur überheblich, es lässt auch grundlegende gesellschaftliche Entwicklungen außer Acht. Im angloamerikanischen Raum spricht man von *Carol Philosophy,* nach der Erzählung *A Christmas Carol* von Charles Dickens. Darunter versteht man die Idee von Weihnachten als einem Fest des sozialen Zusammenhalts und der positiven Gefühle, die keine religiöse Grundlage mehr haben müssen.

Das moderne Weihnachtsfest ist nicht mehr ausschließlich, oder besser kaum noch Teil des christlichen Festkreises. Für sehr viele ist es nicht mehr der Beginn einer Heilsgeschichte, die hin zu Tod und Auferstehung führt. Es ist vielmehr die wichtigste Familienfeier des Jahres, locker verbunden mit einer alten Geschichte aus einem halb vergessenen heiligen Buch. Menschen, die gar nicht an Gott glauben, oder nicht gemäß der christlichen Lehre, können im modernen Weihnachtsfest ebenso einen tieferen Sinn finden wie traditionelle Christen. Zweifler und Atheisten besuchen bisweilen den Gottesdienst, obwohl sie nicht mehr an die Lehren der Kirche glauben. Das ist mehr als nur Gewohnheit und die Sehnsucht nach ein bisschen guter alter Zeit. Weihnachten besitzt die Kraft, bei den Menschen das Interesse an Transzendenz zu wecken.

Die weihnachtlichen Bräuche und Symbole lassen sich auf verschiedene Weise deuten. Die Lichter am Baum und am Adventskranz können für Christus als Licht der Welt stehen, für Hoffnung in der Dunkelheit, für die baldige Wiederkehr des Sonnenlichts oder für die Liebe. Wir können die Akzente setzen, wie wir wollen, und wenn es uns Freude macht, dann ist es gut. Die Autoren des Religionsmonitors sagen nämlich voraus, dass „der Bedarf an Religion nicht geringer wird, sondern mit der steigenden Komplexität und Krisenanfälligkeit der Gesellschaften eher an Bedeutung gewinnt." Davon profitieren zwar nicht die etablierten Großkirchen, aber Weihnachten als Fest der privaten, persönlichen Spiritualität könnte diese Entwicklung sogar stärken.

Es ist kein Zufall, dass viele moderne Weihnachtsgeschichten sich um das Thema „Glauben" und um dessen Verlust drehen. Dabei geht es aber nicht um den Glauben an Gott, sondern an den Weihnachtsmann. An den dicken Alten mit der roten Kutte glauben normalerweise nur kleine Kinder, aber Weihnachtsgeschichten suggerieren, dass dieser Glaube etwas Wertvolles sei. Man könnte das als eine kindische Ersatzreligion abtun, aber dahinter steckt mehr. Warum denken sich Eltern alle möglichen Tricks und Geschichten aus, um an Heiligabend die Gaben auf geheimnisvolle Weise unter dem Baum erscheinen zu lassen? Vielen Familien spielen augenzwinkernd das Spiel mit Weihnachtsmann oder Christkind auch dann noch weiter, wenn die Kinder längst Bescheid wissen. Erwachsene wollen Kindern dieselbe Freude, die Magie weitergeben, die sie selbst als Kinder erlebt haben. Wer das als billige Sentimentalität, als Kulturchristentum oder Konsumfetischismus abtut, hat nichts begriffen. Menschen, die an den Geist der Weihnacht glauben, die glauben an die Liebe, die von Generation zu Generation weitergegeben wird, ob mit oder ohne Gott.

Das Fest ist für viele eine Gelegenheit, dem Diktat des modernen Designs zu entkommen und in bunten Dekowelten zu schwelgen.

– 6 –

Aber Heidschi Bumbeidschi bum bum

Warum sich Kitsch und Heuchelei gerade zu Weihnachten breit machen

Ende der 1950er-Jahre waren in den USA Christbäume aus Aluminium der letzte Schrei. Stamm und Äste waren aus diesem Metall, die Nadeln aus Alufolie. Die künstlichen Bäume glitzerten und wurden mit Farblampen angeleuchtet. Solche Christbäume seien die passende Dekoration für das anbrechende Raumfahrtzeitalter, fand man damals. Doch dann kamen die futuristischen Konstruktionen plötzlich aus der Mode. Schuld daran war angeblich Charlie Brown. In einem Peanuts-Zeichentrickfilm von 1965 dienten die Aluminium-Bäume als Symbol für Kitsch und Oberflächlichkeit. Die großmäulige Lucy verlangt nach einem modernen Weihnachtsbaum, am liebsten in Rosa. Charlie Brown, der Grübler, ist der Einzige, der den metallischen Glitzermonstern nichts abgewinnen kann. Er bringt stattdessen einen ziemlich mickriges, aber echtes Tännchen. Zwar wird Charlie Brown dafür zunächst mal wieder ausgelacht, aber nach der Logik der Geschichte steht das echte Bäumchen für den wahren Sinn von Weihnachten, Lucys rosa Traum ist eine Geschmacksverirrung.

Ob es wirklich Charlie Brown war, der das Ende der Alubäume einläutete, sei dahingestellt. Natürlich ist aber auch Weihnachten sich wandelnden Moden unterworfen. Was gestern noch schick war, gilt heute als abgeschmackt. Zum Beispiel Lametta. Loriots Opa Hoppenstedt beklagte schon 1978, dass es früher mehr davon gab. Der Opa hatte recht. Lametta gehört zu den Schmuckelementen, die früher an kaum einem Baum fehlten. Mit der Zeit wurden die silbrigen Metallfäden immer mehr zum Symbol der Spießigkeit – lange schon bevor der Umweltgedanke sie endgültig ins Abseits manövrierte.

Über Geschmack zu streiten …

Was Kitsch ist und was stimmungsvoller Schmuck, das liegt im Auge des Betrachters. Für die einen ist grellbunte, blinkende und dudelnde Plastikdeko nach US-Vorbild scheußlich. Andere haben etwas gegen traditionelle Elemente wie Strohsterne, Nussknacker und pausbäckige Engelchen. Wieder andere finden jede Form von Weihnachtsdeko grässlich. Jeder von uns kennt ein Haus, irgendwo in der Nachbarschaft, wo ab Ende November alles mit bunten Lichterketten behängt ist. Vielleicht steht dazu auch noch ein leuchtender Rentierschlitten im Garten. Da meistens kein Schnee liegt, sorgt ein Plastikschneemann für winterliche Stimmung. Irgendwo hängt an einem Seil eine Weihnachtsmannfigur, die den Eindruck erwecken soll, als klettere der Mann im roten Kittel gerade auf das Dach. Ist das lustig, eine Attraktion für die Kinder der Nachbarschaft, oder ist es stillos?

Heutzutage können Dekoartikel günstig hergestellt werden. Vieles ist Massenware aus China. Dort gibt es inzwischen für jeden Geschmack und Anspruch das Passende. Jahr für Jahr kommen neue Variationen auf den Markt. Drinnen und draußen wird heute mehr dekoriert als noch vor vierzig Jahren und es wird früher damit begonnen. Mit buntem Design wird alles nur Mögliche auf weihnachtlich getrimmt, was früher frei von Weihnachtsoptik blieb, bis hin zu Bettwäsche, Unterhosen und Klopapier.

Wie sie gesungen in seliger Nacht

Aber nicht nur optisch ist die Weihnachtszeit für manche eine Zumutung. Auch akustisch werden die Grenzen des guten Geschmacks gerne überschritten. Egal ob Pop oder traditionelle Lieder – je schmalziger, desto besser, diese Faustregel scheint an Weihnachten die Produzenten zu inspirieren. Nicht nur in der Popmusik wird versucht, mit billigen Tricks, wie Schellenklang und Kinderchören, ein Surrogat von Weihnachtsstimmung zu erzeugen. Auch die ehrwürdigsten traditionellen Lieder werden zu Kitsch, wenn sie von minderbegabten Interpreten mit synthetischer Klangsoße dahingeträllert werden.

Manche Menschen stören sich an den Texten des 19. Jahrhunderts, die für ihr Verständnis arg süßlich klingen.

Kling Glöckchen, klingelingeling
Hell erglüh'n die Kerzen,
öffnet mir die Herzen,
will drin wohnen fröhlich,
frommes Kind, wie selig.
Kling Glöckchen ...

oder

O wenn die Glocken erklingen,
schnell sie das Christkindlein hört,
Tut sich von Himmel dann schwingen
eilends hernieder zur Erd'.
Segnet den Vater, die Mutter, das Kind,
segnet den Vater, die Mutter, das Kind.

Glocken mit heiligem Klang
tönen die Erde entlang.

Solch eine Anhäufung von Niedlichkeit sind wir nicht mehr gewohnt. Kein Wunder, dass diese Lieder oft parodiert wurden, und aus den lieblichen Versen bittere Anklage oder pennälerhafter Spott wurde.

Zu den fragwürdigsten Kreationen aus dem Pop-Genre gehört *Wonderful Dream*. Der Coca-Cola-Weihnachtssong des Jahres 2001 ist eine sinnfreie Aneinanderreihung von Phrasen aus dem Feelgood-Wortbaukasten.

When the world is ever changing
Light a candle in the dark
There's a source of inspiration in the air
Let the magic dry your tears and heal your heart
A wonderful dream of love and peace for everyone
Of living our lives in perfect harmony…

Eine besondere Stellung im traditionellen Liedgut nimmt das Lied *Heidschi Bumbeidschi* ein. Die Version, die Peter Alexander zu Besten gab, gehört zu den schwülstigsten Varianten eines traditionellen Volksliedes.

Und in allen den Zimmern und Stuben
Da träumen die Mädel und Buben
Sie träumen vom Christkind im goldenen Haar
Und wünschen sich Dinge, so wunderbar

Heidschi Bumbeidschi bum bum
Aber Heidschi Bumbeidschi bum bum

Warum muss es noch heut Kinder geben
Die nie was bekommen im Leben
Die Augen so groß und im Herzen das Weh
Sie wünschen sich so etwas Wärme und Näh

Aber Heidschi Bumbeidschi bum bum
Aber Heidschi Bumbeidschi bum bum

Aber Heidschi Bumbeidschi, nicht weinen
Ein Stern leuchtet nicht nur für einen
Da droben ist jemand so herrlich und schön
Der kann kleine Kinder nicht weinen sehen

Aber Heidschi Bumbeidschi bum bum
Aber Heidschi Bumbeidschi bum bum

Abgesehen von dem fragwürdigen Inhalt ist das eine Fälschung. Der Text von *Heidschi Bumbeidschi* lautet eigentlich anders und es geht nicht um Weihnachten, sondern um den Tod. Eine Mutter verabschiedet sich von ihrem Kind. „Der Heidschi bumbeidschi is kumma / und hat ma mein Biable mitgnumma / er hat ma's mitgnumma und hats neamer bracht / drum winsch i mein' Biaberl a recht guate Nacht!" – das klingt, um ein Modewort zu verwenden, verstörend und ist es auch. Vermutlich verarbeiten die Verse den früher weit verbreiteten plötzlichen Kindstod. Die Schnulzenvariante mit ihrem angedeuteten Sozialkitsch ist ein armseliger Abklatsch davon.

Geschichten, die zu Tränen rühren

Apropos Sozialkitsch: Dieses Genre hat sich spätestens mit der Entstehung alternativer Weihnachtserzählungen im festtäglichen

Kontext eingenistet. Weihnachten beginnt mit einer Geschichte, der aus der Bibel, die Erlösung verheißt. Ein hilfloses Kind in einem armseligen Stall, angebetet von den Ärmsten der Armen, den Hirten. Verfolgt von dem machtgierigen König Herodes, der ein Massaker in Bethlehem anordnet. Lage Zeit war das der einzige literarische Text, der mit dem Fest verbunden war. 1843 kam dann Charles Dickens mit einer neuen Erzählung, dem *Christmas Carol,* der zugleich Weihnachtsmärchen und soziale Kampfschrift war. Damit begründete er viele neue Weihnachtstraditionen, besonders aber die, an den Feiertagen etwas für die Notleidenden zu tun – zumindest im Geiste. Kurz darauf veröffentlichte Hans Christian Andersen seine traurige Geschichte vom *Mädchen mit den Schwefelhölzern,* das an Silvester erfriert. Was Dickens und Andersen ernst meinten, wurde mit der Zeit zum Klischee, zur Massenware. Zuerst im Buch und auf der Bühne, später im Film. Der Sozialist Maxim Gorki machte sich in der Einleitung zu seiner Erzählung *Von einem Knaben und einem Mädchen, die nicht erfroren sind* lustig über die Masche, Kinder in Weihnachtsgeschichten sterben zu lassen, um das Mitgefühl der Leser zu kitzeln. Im viktorianischen England schickten Menschen einander mit ähnlicher Absicht Weihnachtskarten, die erfrorene Rotkelchen zeigten. In den USA richteten reiche Mäzene in der Weihnachtszeit Armenspeisungen aus, denen sie in voyeuristischer Weise als Zuschauer beiwohnten und sich an ihrer eigenen Großzügigkeit ergötzten. Der amerikanische Schriftsteller David Sedaris treibt dieses Prinzip in seiner Kurzgeschichte *Weihnachten heißt schenken* auf die Spitze. Die Erzählung handelt von zwei neureichen Nachbarsfamilien, die sich mit einem grotesken Großzügigkeitswettbewerb physisch zugrunde richten. Erst schenken sie ihre Kinder einem pädophilen Obdachlosen, dann spenden sie lebenswichtige Organe, so lange, bis sie schließlich elend verenden.

Aber zurück zu den Anfängen. Bei Charles Dickens wird der hartherzige Geldverleiher Ebenezer Scrooge am Ende der Geschichte zum Menschenfreund. Er und sein Gegenpol, der kleine Tim, lahm und ausgehungert, wurden zum Traumpaar der Weihnachtsliteratur. Dickens' Epigonen produzierten Dutzende von Stories, in denen verbitterte Reiche von armen, aber fröhlichen Duldern bekehrt werden. Wie viele Verfilmungen es von der Dickens'schen Weihnachtsgeschichte gibt, können nicht einmal Experten genau sagen. Es müssen über hundert sein, wenn man alle Parodien und Adaptionen mitzählt.

Weihnachtsfilme vom Fließband

Für Autoren wie David Sedaris, dessen Humor davon lebt, falsche Töne ins Unerträgliche zu steigern, ist weihnachtliche Gefühlsduselei ein gefundenes Fressen. In seiner Kurzgeschichte *Nach einer wahren Begebenheit* porträtiert er einen skrupellosen Produzenten von Weihnachtsfilmen. Mit Druck und falschen Versprechungen bringt dieser Opfer und Täter von Familientragödien dazu, ihm ihre Geschichten zu verkaufen, die er zu weihnachtlichen Rührstücken verarbeitet. Tragische Schicksale sind aber nur eines von vielen Themen für das Genre Weihnachtsfilm. Weihnachten ist in Gefahr und muss gerettet werden, das ist der bevorzugte Plot für jüngere Kinder, die das tatsächlich als eine schreckliche Vorstellung empfinden. Für die etwas älteren, die Weihnachten schon nicht mehr als die wunderbarste Zeit des Jahres wahrnehmen, ist Slapstick das Genre der Wahl. Eine Familie bereitet sich auf Weihnachten vor und dabei geht alles Mögliche schief. Wer es romanisch mag, erfreut sich an Liebesgeschichten in Schnee und Lichterglanz und in Horrorfilmen zelebrieren durchgeknallte Weihnachtsmänner Blutorgien. Seit dem Erfolg von *Kevin – Allein zu Haus* und *Der Grinch* versuchen Produzenten, mit knappem Budget, drittklassigen Schauspielern und abgedroschenen Ideen Kasse zu machen. Was den Geschichten an Logik fehlt, sollen Sentimentalität und Kunstschnee wettmachen. Die verworrensten Probleme lösen sich von selbst, wenn der Weihnachtsmann ein wenig Sternenstaub verstreut. Ein bizarres Subgenre der Abteilung Weihnachtstrash sind Geschichten über amerikanische Mädchen, die sich vor weihnachtlicher Kulisse in Prinzen aus fiktiven europäischen Kleinstaaten verlieben. Ein eigener Spartenkanal hat sich auf solche Storys spezialisiert.

Was heute der Weihnachtsfilm ist, war im deutschen Kaiserreich die Weihnachts-Märchen-Komödie. Diese aufwendigen Inszenierungen beeindruckten mit fantastischen Bühnenbildern, eingängiger Musik, nie gesehenen Tanznummern und Special Effects, die die technischen Möglichkeiten des späten 19. Jahrhunderts voll ausreizten. Die Theaterwissenschaftlerin Laura Schmidt hat das Werk des heute vergessenen Theaterdichters und Regisseurs Carl August Görner untersucht, der dieses Genre erfand. Fröhlich vermischte er Märchenstoffe und erwies sich in seiner Dramaturgie als ein würdiger Vorgänger Walt Disneys. Über ihn schrieb ein zeitgenössischer Kritiker: „Und so sicher das Weihnachtsfest seine Weihnachtsbäume, so sicher und unvermeidlich braucht es auch eine Görnersche Weihnachtskomödie, die zu Lust und Frommen der Kleinen und Großen ihren Weg von Hamburg (…) zu den sämtlichen Stadttheatern bis hinab zum Musentempel von Kyritz an der Knatter nahm." In den 1920er-Jahren warfen Kritiker seinen Werken dagegen „Respekt-, Geschmack- und Taktlosigkeit" vor.

Glühwein für die Seele

Kitsch und Weihnachten, das ist mehr als nur eine Frage des guten Geschmacks, das sind mehr als nur Gegensätze wie authentische Kunst (erzgebirgischer Nussknacker) versus billige Massenware (chinesische Kopie) oder altmodisch (hölzerner Reiter auf

Schaukelpferdchen am Weihnachtsbaum) versus modern (schwarze Plastikkugeln mit rosa „Merry X-Mas"-Schriftzug). Kein Zweifel, an Weihnachten platzieren die Menschen manches in Haus und Garten, was gerade den Kultureliten ein Graus sein muss, die dem unerbittlichen Hegemon namens Bauhaus hörig sind. Doch Weihnachten ist eine kleine Auszeit vom Diktat der „klaren Linie", da kann auch der strengste Arbiter Elegantiarum schon mal ein Auge zudrücken. Nicht die künstlerische Qualität, nicht die Nähe zum aktuellen ästhetischen Diskurs bestimmen den Wert von Weihnachtsschmuck, sondern die Gefühle und Erinnerungen, die damit verbunden sind. Es geht nicht um Preise für modernes Industriedesign, sondern um Emotionen. Ja, Omas Engel mag kitschig sein, aber er hat schon so viele Bescherungen gesehen und muss deshalb auch dieses Jahr an Heiligabend über dem Baum thronen.

Die Kritik am Weihnachtskitsch geht jedoch über bloße Stilfragen hinaus. Wer sich eine heile Weihnachtswelt erschafft, der fliehe vor den realen Problemen in ein süßliches Märchenland. Das Mitgefühl mit den Armen, den Kindern sei nur eine saisonale Laune, Lametta für die Seele, emotionaler Glühwein mit billigen Zutaten. Dem Kitsch als ästhetische entspräche die Heuchelei als moralische Kategorie. Waren im 19. und frühen 20. Jahrhundert rührselige Weihnachtsgeschichten die Norm, eroberten sich in der Nachkriegszeit die kritischen Erzählungen eine beachtliche Position. Fatale Erfahrungen mit Sentimentalität und Gefühlsüberschwang ließen eine kritische Distanz zu allem Irrationalen als die gebotene Haltung erscheinen. Autoren von Heinrich Böll bis Robert Gernhardt prangerten die aufgesetzte Innerlichkeit des bürgerlichen Weihnachtsfestes an. Auch unter den Weihnachtsfilmen gibt es nicht wenige, die, subtil oder platt, die Festtagsharmonie hinterfragen.

Doch Kritik kommt nicht nur aus dem progressiven Lager, sondern oft auch von überzeugten Christen. Die Menschwerdung

Gottes, noch dazu in bitterer Armut, sei schließlich etwas Außerordentliches, geradezu Revolutionäres. Dieses Weltereignis dürfe nicht zu einem verzuckerten Ritual verkommen. Weihnachtliche Provokationen, die aufrütteln anstatt einzulullen, sind ihnen lieber als gemütliche Traditionen – mehr dazu im nächsten Kapitel. Besonders in den 1970er- und 1980er-Jahren geißelten Pfarrer in ihren Predigten den plötzlichen Gefühlausbruch zum Jahresende. So klagte der evangelische Theologe Kristlieb Adloff in seinen Handreichungen für die Weihnachtspredigt über „widerliche Sentimentalität" und „verlogene Gefühle" der Besucher weihnachtlicher Gottesdienste. Ob weihnachtliche Strafpredigten der Unbedingten den gewünschten Effekt haben, darf bezweifelt werden.

Weihnachten fällt nun einmal in die kalte und dunkle Jahreszeit, in der es die Menschen innerlich wie äußerlich warm und gemütlich haben wollen. Mit Lichtern, Engeln und Lebkuchen, mit warmen Getränken, anheimelnden Geschichten und altbekannten Liedern richten wir uns ein kleines Refugium ein. So wie die Deko im neuen Jahr wieder weggeräumt wird, kommen auch die großen Gefühle wieder auf den Dachboden der Seele, der Alltag kehrt zurück. Ist das tadelnswert, oder ist es eine legitime Auszeit von der Anspannung und den Horrormeldungen, die uns jeden Tag bedrücken? Die Frage der Unbedingten, wie nachhaltig, wie tiefgehend die alljährliche weihnachtliche Bekehrung denn wirklich sei, geht ins Leere. Weihnachten liegt inmitten der vielzitierten Komfortzone, aus der wir angeblich herauskommen müssen. Vielleicht wird umgekehrt ein Nikolausstiefel daraus? Wir müssen ab und zu hinein in diese Komfortzone, um danach wieder mit der harten Realität fertig zu werden. Weihnachten mit seinen Lichtern, Engeln und Lebkuchen ist das Tor zu diesem viel gescholtenen, aber für unsere seelische Stabilität bitter notwendigen Rückzugsort.

Der riesige Analstöpsel in der Hand des Weihnachtsmanns steht laut dem Künstler Paul McCarthy für – Konsumkritik.

7.

Zum Kiffen herkommet in Bethlehems Stall

Weihnachtliche Provokationen mit und ohne Hintersinn

Im Winter 2023/24 zeigte das für seine umfangreiche Krippensammlung bekannte Bayerische Nationalmuseum in München eine Ausstellung mit dem Namen *Crazy Christmas*. Die dort gezeigten Krippen verschiedener Künstler des 20. und 21. Jahrhunderts setzten sich kritisch mit Themen wie Konsum, Krieg und Migrationspolitik auseinander. Neben neueren Werken, in denen unter anderem der bayerische Ministerpräsident Markus Söder als Krippenfigur auftaucht, hing da auch ein unscheinbares Schwarz-Weiß-Foto an der Wand. Es zeigte eine Installation des amerikanischen Konzeptkünstlers Edward Kienholz, der die Geburt Christi mit Abfällen in Szene setzte. Dem Jesuskind hatte Kienholz eine Baustellen-Blinklampe als Kopf und einen Kasten als Körper verpasst, aus dem zwei Puppenbeinchen herausragten. Im Dezember 1977 hatte das Bayerische Nationalmuseum dieses Objekt ausgestellt und damit einen handfesten Skandal ausgelöst. Der geplante Ankauf des als „Atomkrippe“ bekannt gewordenen Kunstwerks kam nicht zustande. Über die Crazy-Christmas-Ausstellung regte sich niemand mehr auf. Die Vorstellungen darüber, was verletzend ist und was Kunst mit einer berechtigten Botschaft, wandeln sich. Nicht, dass die Gesellschaft insgesamt immer liberaler würde. Wenn es aber um christliche Symbole geht, hat die Toleranz zugenommen. Gerade moderne Christen ziehen mitunter eine erfrischende Provokation biederem Traditionalismus vor.

Verfremdungen der Weihnachtsgeschichte haben dennoch einen Rest von Skandal-Potenzial. Die Krippe gehört zu den wenigen christlichen Motiven, die auch kirchenferne Betrachter auf Anhieb erkennen. Sie ist zugleich Abbild des Heiligen und eine volkstümliche familiäre Weihnachtstradition. Jede Grenzüberschreitung, echt oder vermeintlich, kann Reaktionen hervorrufen. Zwar fügen Krippenbauer nicht erst seit heute ihren Arrangements Personen hinzu, die nicht zum engsten Kreis der Heilsgeschichte zählen. Doch die Neuerungen von früher sind heute selbst Tradition geworden.

Zu den modernen Skandal-Krippen, die Schlagzeilen machten, gehörten eine Zombie-Krippe aus Ohio, eine lesbische Krippe mit zwei Müttern aus Italien (durchaus nicht abwegig, denn nach christlicher Lehre hatte Jesus ohnehin keinen menschlichen Vater) und eine Schweine-Krippe aus Oberschwaben. Selbst die Krippen, die der Vatikan in der Weihnachtszeit auf dem Petersplatz aufstellen lässt, sorgten ab und zu für Empörung. Im Jahr 2020 beispielsweise fühlten Kritiker sich durch die Star-Wars-Ästhetik einer Keramik-Krippe aus den Abruzzen irritiert.

Auch mit anderen weihnachtlichen Symbolen lässt sich provozieren. 2014 stellte der amerikanische Künstler Paul McCarthy eine aufblasbare Baumskulptur auf dem Place Vendôme in Paris auf. Das fast acht Meter hohe, grüne Gebilde erinnerte die einen an einen Weihnachtsbaum. Die anderen, die mit der verdorbenen Fantasie, sahen darin einen Analstöpsel. Erboste Pariser ließen alsbald die Luft aus dem Kunstwerk entweichen. Auch Santa Claus wurde von McCarthy des Öfteren in Szene gesetzt. Mal hatte er einen riesigen Buttplug in der Hand, mal war sein Bart mit brauner Substanz verschmiert, die man auch als Schokolade deuten konnte. Ob bei solchen Demonstrationen die intendierte Botschaft ankommt (falls eine solche überhaupt vorhanden ist) und der erhoffte Denkprozess einsetzt oder letztlich nur der Ärger über das Sakrileg übrigbleibt, sei dahingestellt.

Spielwiese für Enfants Terribles

Nicht nur der Wunsch, die Welt zu verbessern und das Allerheiligste als Messlatte für die banale und verdorbene Wirklichkeit möglichst hochzuhängen, bringt provokante Botschaften hervor. Manchmal ist es einfach nur der Versuch, das vermeintlich Sakrosankte auf den Boden des allzu Gewöhnlichen zurückzuholen oder einfach Weihnachten zu nutzen, um sich als Enfant Terrible ins Gespräch zu bringen. Auch wenn viele Provokationen als Protest gegen Weihnachten daherkommen, sind sie in Wahrheit doch nur weitere Belege für die überragende Bedeutung des Festes und in gewisser Weise sogar Liebeserklärungen. Selbst Tabubrecher, die sich an Weihnachten abarbeiten und dabei mit vulgären oder makabren Chiffren spielen, kommen am Fest nicht vorbei.

Die *Roten Rosen* sind dafür das beste Beispiel. Die *Roten Rosen*, die eigentlich die *Toten Hosen* sind, spielten 1998 *Wir warten auf's Christkind* ein. Die CD enthält mehr oder weniger veränderte Klassiker sowie eigene Stücke. *Ihr Kinderlein, kommet* beispielsweise klingt in der Rosen-Version so:

> Ihr Kinderlein kommet, o kommet doch all,
> zum Kiffen herkommet in Bethlehems Stall
> und seht, was in dieser hochheiligen Nacht
> das Gras aus Jamaika für Freude uns macht.

Wer sich davon provoziert fühlt, sei darauf hingewiesen, dass die *Toten Hosen* an Weihnachten in Gefängnissen aufgetreten sind. Damit haben sie den Geist der Weihnacht vielleicht besser erfasst als manche Schnulzensänger mit ihren lieblos geträllerten, aber drogenfreien Weihnachtsalben. Die Single *Frohes Fest* der *Fantastischen Vier* stand wegen der Gefahr „sozialethischer Desorientierung“ von Kindern und Jugendlichen mehrmals auf dem Index der Bundesprüfstelle für jugendgefährdende Schriften. Diese Maßnahme dürfte wesentlich zum Erfolg bei der Zielgruppe beigetragen haben. In dem Stück berichten vier kaputte Existenzen von ihren Plänen für Weihnachten, zum Beispiel ungeschützten Sex mit einer Prostituierten zu haben oder die minderjährige Tochter der Lebensgefährtin zu vergewaltigen.

Aber auch jenseits von Punk und Hip-Hop entstehen immer wieder provokante Weihnachtslieder. Der niederländische Kabarettist Youp van ’t Hek schrieb 1978 ein Stück über ein verschwundenes Kaninchen. Trotz der überraschend drastischen Pointe gehört „Flappie“, wie das Kaninchen heißt, heute für die Holländer zum Fest wie Rudolph, das Rentier. Van ’t Hek erzählt von einem Jungen, der am Weihnachtsmorgen feststellt, dass sein geliebtes Haustier nicht mehr da ist. Die ganze Familie sucht Flappie, nur im Schuppen darf der Junge nicht nachsehen. Später kehrt Flappie in Form des Weihnachtsbratens zurück. Am nächsten Tag findet die Mutter das Bett ihres Mannes leer und wird vom Sohn informiert, dass sie bei der Suche nach Papa nicht in den Schuppen gehen dürfe …

Und dann ist da noch der Weihnachtsmann auf Abwegen, der „Bad Santa“. Er säuft und kifft, prügelt sich, schlachtet seine Rentiere und frisst sie auf, hat Sex – kurz, er tut das, was nach allgemeiner Meinung dazu führt, dass man auf die Liste der Bösen kommt. Filme, Songs und Karikaturen spielen mit dem Bild des jovialen Gabenbringers, ohne damit unbedingt eine kritische Botschaft zu verbinden. Es geht um einen erwachsenen Blick auf den Helden der Kinderzimmer, um das frivole Spiel mit dem Unschuldigen. Weihnachten fordert die Provokation geradezu heraus, und es kann sie unbeschadet ertragen.

Bilder des englischen Königspaares Victoria und Albert machten den Christbaum in Großbritannien populär – und sogar in Amerika.

– 8 –

Ich bring euch gute neue Mär

Weihnachten als mediales Ereignis

Die Weihnachtsgeschichte ist von Anfang an Kommunikation. Eine Geschichte ist dazu da, dass sie erzählt wird – erzählt, aufgeschrieben, gedruckt, verfilmt, gesendet. Die Weihnachtsgeschichte beginnt mit Kommunikation: Ein Engel verkündigt Maria, sie werde Gottes Sohn gebären. Später verkündigen Engel den Hirten auf den Feldern von Bethlehem die Geburt des Erlösers. Das griechische Wort *Angelos* bedeutet Bote, also Überbringer von Nachrichten. Das *Ev-Angelion* ist die gute Botschaft. Zwei Evangelisten berichten über die Geburt Christi, ein paar Jahrhunderte später deuten Prediger das Ereignis im Sinne der von der Kirche verabschiedeten Dogmen und machen Vorgaben darüber, wann und wie das Geschehen zu feiern sei. Religion lebt davon, in Form von Lehrsätzen, Erzählungen und Bildern weitergegeben zu werden, sei es an Menschen, die die erkannte Wahrheit noch nicht glauben oder die eigenen Gläubigen, die in der Lehre unterwiesen werden müssen. Unzählige Begebenheiten aus dem Alten und Neuen Testament sind mündlich und schriftlich verbreitet worden, sie wurden in Bildern und Mysterienspielen dargestellt und später sogar verfilmt. Keine biblische Geschichte, kein christlicher Feiertag wurde aber medial so stark thematisiert wie Weihnachten. Dabei blieb es nicht bei der biblischen Version. Erst wurden die Texte der Evangelien durch die der Apokryphen ergänzt, dann entstanden Geschichten über das Fest selbst, wie die Menschen es feiern und was ihnen dabei widerfährt. Für Kinder erfanden die Erwachsenen Gabenbringer, über deren Wirken Lieder und Gedichte erzählen. Diese wurden gedruckt, vorgelesen, auswendig gelernt und bei Feiern wiedergegeben. Das Rezitieren von Gedichten ersetzte allmählich das Aufsagen von Gebeten, ein Ritual, mit dem die Kinder zeigten, dass sie die Gaben verdient hatten.

Materielle Basis und weihnachtlicher Überbau

Die Geschichte von Weihnachten ist auch eine Geschichte der Medien, die Geschichte der Medien ist auch eine Geschichte des technischen Fortschritts und der wirtschaftlichen Entwicklung. Am Anfang stand das gesprochene und das mit der Hand geschriebene Wort, dazu das auf Wände oder auf Holztafeln gemalte Bild. Diese Medien waren knapp, teuer und hatten eine geringe Reichweite. Bücher und Bilder standen im Mittelalter nur der Kirche und dem Adel zur Verfügung. Das gemeine Volk hatte andächtig zu lauschen, wenn ihm die Geistlichen etwas sagten.

Der Buchdruck erhöhte die Reichweite des geschriebenen Wortes und machte seine Verbreitung immer erschwinglicher. Flugblätter, illustrierte Drucke trugen Ideen und Bilder in die Welt hinaus. Die Reformation erhielt ihre Dynamik durch das gedruckte Wort, Bücher machten eine wachsende Zahl von Menschen mit den Gedanken Martin Luthers und anderer Erneuerer des Glaubens bekannt.

Die industrielle Revolution sorgte später dafür, dass immer mehr Güter immer billiger und in höherer Stückzahl hergestellt werden konnten, die Eisenbahn brachte sie schnell zu den Märkten. Das gilt auch für Waren wie Spielzeug – also Weihnachtsgeschenke – oder Christbaumschmuck und Konfekt. Dank der Entdeckung, dass sich die süßen Kristalle nicht nur aus dem exotischen Zuckerrohr, sondern auch aus der einheimischen Zuckerrübe gewinnen ließen, wurde weihnachtliches Naschwerk für immer größere Kreise erschwinglich. Wären seit Beginn des 19. Jahrhunderts nicht Kerzen aus den neu erfundenen Materialien Stearin und Paraffin produziert worden, wäre der strahlende Lichterbaum heute noch ein Privileg der Wohlhabenden. Der technische und der wirtschaftliche Fortschritt stellen die Waren zur Verfügung, die das moderne Weihnachtsfest ausmachen. Medien sorgen für die Verbreitung der entsprechenden Narrative, die diese Waren mit einem gelungenen Weihnachtsfest verbinden.

Ohne Technik keine Geschichten

Jahrhunderte lang war die biblische Weihnachtsgeschichte mit ihren apokryphen Ergänzungen konkurrenzlos. Erst im späten 18. und im 19. Jahrhundert kamen neue Geschichten hinzu, die nicht mehr das Geschehen in Bethlehem beschrieben, sondern sich damit beschäftigten, wie die zeitgenössischen Menschen dieses Ereignis feierten. Die bekanntesten davon überlagerten allmählich die Botschaft des Evangeliums, ohne sie zu verdrängen. Die fortschreitende Entwicklung von Wirtschaft, Technik und Medien war dafür die Voraussetzung. Charles Dickens schrieb seinen *Christmas Carol* über die Bekehrung des Ebenezer Scrooge nicht einfach aufgrund einer himmlischen Eingebung. Einerseits sah er, wie die industrielle Revolution in England zur Verarmung der Massen geführt hatte. Das elende Leben der Arbeiter war Dickens aus eigener Anschauung nur zu gut bekannt und er wollte die Bürger aufrütteln, um die Lebensbedingungen der Armen zu verbessern. Andererseits hatte er selbst finanzielle Probleme und suchte nach einem Stoff, der sich gut verkaufen ließ und „wie ein Vorschlaghammer" dreinschlagen würde. Das Thema Weihnachten lag in den 1840er-Jahren in der Luft, seine Verbindung aus engagierter Gesellschaftskritik und gemütvoller Festtagsromantik erwies sich als Verkaufsschlager. Auch im Ausland bis hin nach Amerika wurde die Geschichte rasch populär. Die erste bekannte Verfilmung des Stoffs stammt aus dem Jahr 1901. Ohne die Druckerpresse, ohne Eisenbahn und Dampfschiffe, später ohne Funk und Film wäre der Einfall des Dichters ein lokales Ereignis geblieben.

Immer mehr Medien mit immer größerer Reichweite, das bedeutete auch einen wachsenden Bedarf an weihnachtlichen Inhalten, an Content, wie man heute sagt. Die Medienmacher verlangten nach Geschichten und Liedern, nach Illustrationen für Adventskalender und Weihnachtskarten, nach Stoffen für Opern, Theaterstücke und Revuen. Sie benötigten ständig neuen Ideen – lustige oder traurige, erbauliche oder provokante. Ständig suchten Texter und Grafiker nach abwechslungsreichen Motiven. Um die Wende vom 19. zum 20. Jahrhundert flossen neue, aktuelle Elemente in die Weihnachtsfolklore ein. Es war die Zeit der Erfindungen und so nutze bald auch der Weihnachtsmann neue technische Errungenschaften, um seine Aufgabe schneller und besser zu erledigen: das Telefon, das Automobil oder gar das Flugzeug. Schon die mittelalterlichen Weihnachtsspiele hatten sich umso mehr von der biblischen Vorlage entfernt, je weiter sie sich aus dem kirchlichen Raum herausbewegt hatten. Das Medium ist die Botschaft, postulierte der Philosoph und Medientheoretiker Marshall McLuhan. Ein Weihnachtsspiel, das in der Kirche aufgeführt wird, unterscheidet sich von einer Inszenierung im Wirtshaus, die Weihnachtsgeschichte für ein Groschenblatt von dem Werk eines Dichterfürsten, eine Weihnachtskarte von einem Altargemälde.

Medien verbreiten nicht nur weihnachtliche Texte und Bilder, sie stimulieren auch deren Produktion und beeinflussen den Inhalt.

Heute sind es vor allem Filme und das Internet, die Weihnachtsbräuche globalisieren und nivellieren. Der Grinch zum Beispiel gehört in Deutschland noch nicht lange zur saisonalen Folklore. Bereits 1957 erschien Theodor Geisels Buch *Wie der Grinch Weihnachten gestohlen hat.* Es wurde in neun Sprachen übersetzt, darunter sogar ins Lateinische (*Quomodo Invidiosulus Nomine Grinchus Christi Natalem Abrogaverit*). Eine deutschsprachige Ausgabe gab es erst im Jahr 2000 – zeitgleich mit dem Spielfilm, in dem Jim Carrey den grünen Griesgram verkörperte.

O Tannenbaum

Heute ist der Weihnachtsbaum das weltweit bekannteste Symbol des Festes. Nat King Coles tapferer Versuch, ihn auf Deutsch zu besingen, brachte einen der schönsten amerikanischen Weihnachtsklassiker hervor. Ihren Ursprung hat diese Tradition in Deutschland. Auswanderer brachten ihn im 19. Jahrhundert nach Amerika, deutsche Prinzen und Prinzessinnen führten ihn an den Höfen von London und St. Petersburg ein. Dass sich der Brauch in so vielen Ländern flächendeckend verbreitete, dafür sorgten die Medien, in dieser Zeit in Form von Druckerzeugnissen. Sehen wir zunächst nach Amerika. Dort siedelten Menschen aus vielen Teilen Europas und nicht alle Bräuche, die die Einwanderer mitbrachten, wurden amerikanisches Allgemeingut. Der Weihnachtsbaum gehörte zu denen, die es schafften. Der Historiker Stephen Nissenbaum meint, dass nicht die deutschen Siedler in Pennsylvania diejenigen waren, die den Baum bekannt machten, sondern der Politemigrant und Harvard-Professor Karl „Charles" Follen. Dieser hatte Deutschland verlassen, weil er dort als geistiger Anstifter des Mordes an dem Dichter August von Kotzebue verfolgt wurde.

Die amerikanische Schriftstellerin Harriet Martineau besuchte die Follens über die Weihnachtstage des Jahres 1835. In einem ihrer Bücher beschrieb sie später *Little Charley's Christmas Tree*, den Baum, den die Follens für ihren fünfjährigen Sohn und dessen Freunde geschmückt hatten. Eine andere Freundin der Familie, die damals sehr populäre Schriftstellerin Catharine Sedgwick, veröffentlichte 1835 eine weitere Baum-Story: Ein deutsches Dienstmädchen schmückt der reichen New Yorker Familie, der sie dient, zum Fest einen Christbaum. Die sozial niedrigstehende, aber unverdorbene Deutsche mit ihrem gemütvollen Brauch stand für den wahren Geist der Weihnacht. Follens Professoren-Kollege Hermann Bokum, auch ein deutscher Emigrant, publizierte 1836 eine Weihnachtsgeschichte, die mit einem Christbaum bebildert war. Dies gilt als dessen früheste Abbildung in den USA. Die braven deutschen Hinterwäldler in Pennsylvania hatten weder die Absicht noch das nötige Netzwerk, so Nissenbaum, ihren Brauch anderen Bewohnern der neuen Heimat nahezubringen. Die Follens und ihre Freunde hingegen gehörten zur intellektuellen Elite, die Zugang zu den Medien hatte. Aus ihren Geschichten lernten die Amerikaner den Christbaum kennen, nicht bei ihren deutschstämmigen Nachbarn.

In Europa waren nicht Literaten die Botschafter des Christbaums, sondern der Hochadel. Deutschland mit seinen zahlreichen altehrwürdigen Dynastien war ein beliebter Heiratsmarkt für die regierenden Häuser. Prinzen und Prinzessinnen verbreiteten den Christbaum an den Höfen, in die sie einheirateten. Prominentes Beispiel ist Prinz Albert von Sachsen-Coburg und Gotha, der Gemahl der englischen Königin Victoria. Zwar war seine Frau schon durch ihre deutsche Mutter mit dem Brauch vertraut, aber erst durch Albert wurde der Christbaum auch in der englischen Gesellschaft Mode. Der Adel und das wohlhabende Bürgertum ahmten die Sitten des Hofs nach, die Zeitungen berichteten darüber. Ein Stich aus den 1840er-Jahren zeigt die königliche Familie vor einem großen Weihnachtsbaum. In den USA wurde das Motiv ebenfalls berühmt und immer wieder nachgedruckt. Allerdings wurden in der amerikanischen Version Victoria und Albert ihrer königlichen Attribute entledigt. Aus den britischen Royals wurde so eine Familie der amerikanischen Oberschicht.

Die deutschen Ehefrauen der russischen Zaren und die zahlreichen deutschen Adligen am kaiserlichen Hof machten den Tannenbaum, auf Russisch *Jolka,* dort bekannt. Schon im 19. Jahrhundert entstand der Brauch, sogenannte Jolka-Feste, Weihnachtspartys für Kinder, auszurichten. Auch hier berichtete die Presse ausführlich über die Weihnachtsfeiern, was immer weitere Kreise auf die neue Mode aufmerksam machte. Jolka-Feste wurden auch in der Sowjetunion gefeiert und gehören auch heute noch zum russischen Festtagsbrauchtum.

In Deutschland hingegen, dem Ursprungsland des Baumes war der Brauch lange Zeit im wahrsten Sinne des Wortes eine Glaubensfrage. Katholiken weigerten sich, die protestantische Sitte zu übernehmen, da half zunächst auch keine Nachhilfe durch die Medien. Erst mit der Reichsgründung im Jahr 1871 wurde der Weihnachtsbaum allmählich zum gesamtdeutschen Symbol, natürlich nicht ohne Unterstützung durch entsprechende Texte in Zeitungen und Büchern.

Lucia lockt die Kunden

Der Weihnachtsbaum ist ein vergleichsweise alter Brauch. Medien haben lediglich zu seiner internationalen Verbreitung beigetragen. In Schweden ist der Lucia-Tag, der 13. Dezember, ein wichtiger Tag und er ist es in den Augen der meisten schon immer gewesen. Mädchen in langen weißen Kleidern sammeln sich zu einer Prozession und singen Lieder. Eine von ihnen verkörpert Lucia und führt den Zug an. Sie trägt einen Kranz aus brennenden Kerzen auf dem Kopf. Was heute über Schweden hinaus im gesamten nordischen Raum gefeiert wird und auch im Rest der Welt bekannt ist, war noch vor etwas mehr als hundert Jahren ein regionaler Brauch in Westschweden. Die Ethnologin Kerstin Risse hat untersucht, wie aus ländlich-familiären Sitten in den 1920er-Jahren ein von den Medien organisiertes und beworbenes nationales Spektakel wurde. Es begann im Jahr 1927 mit einem anonymen Leserbrief an die damals einflussreiche Zeitung *Stockholms Dagblad*. Ein „Bürger von Linköping“ schlägt vor, in der Hauptstadt einen „Karneval“ rund um die Heilige Lucia zu organisieren.

> Die Stockholmer selber könnten sich daran erfreuen, endlich einen Festtag der Lebensfreude bekommen zu haben, der Jahr für Jahr wiederkehrt, und die Landbevölkerung könnte hierhin kommen, um viel Spaß auf eine verfeinerte liebenswerte Art und Weise zu haben – und gleichzeitig viele und schöne Geschenke für die Daheimgebliebenen zu kaufen.

Letzteres könnte das hauptsächliche Motiv für den Brief des geheimnisvollen „Bürgers von Linköping“ gewesen sein. Innerhalb weniger Tage stellten die Organisationen der Stockholmer Händler mit publizistischer Unterstützung des *Dagblad* eine Prozession zusammen, an der neben einer berittenen Lucia mehr als hundert Darsteller teilnahmen: Brautjungfern, Sternträger, Fackelträger, Menschen in schwedischen Trachten, Musikkapellen und Polizisten. Die Zeitungen berichteten ausführlich über das Ereignis, das natürlich eine „ursprüngliche“ und „urschwedische“ Tradition war. Unter dem Motto „Helft Lucia helfen“ sammelte die Redaktion Spenden für Bedürftige. Die Kür der Lichtkönigin in Stil einer Misswahl wurde ebenfalls zu einem Medienereignis. 1928 kommentierte das *Dagblad* in lyrischen Tönen Die Krönung der jungen Schauspielerin Solveig Hedengran:

> Sankta Lucia soll der Sonnenstrahl in der langen Winternacht sein, die Dämmerung, die auf einen neuen Frühling deutet, liebenswert, nordisch, unschuldig. Sie verkörpert so viel von dem, wonach das nordische Volk sich sehnt: Licht, Glück, Weihnachten. Seit uralten Zeiten ist sie unseren Herzen nahe gewesen, in heidnischen und christlichen Gestalten. Isis, die Sonnengöttin, ist ihre südliche Stammmutter, Freja ihre nordische.

Lucia-Umzüge in Städten und Dörfern, in Familien und Firmen sind heute in ganz Schweden fester Bestandteil der Adventszeit. In Stockholm können sogar Nobelpreisträger in den Genuss eines privaten Treffens mit der Lichtkönigin kommen. Da die Zeremonie am 10. Dezember stattfindet, können sich die Auserwählten am Morgen der Verleihung auf Wunsch von einer Lucia mit Kaffee und Keksen wecken lassen. Nichts zeigt jedoch besser, wie sprunghaft und unberechenbar sich Brauchtum entwickelt, als die Tatsache, dass ein neapolitanisches Volkslied über die Mittelmeerinsel Santa Lucia zur Hymne der „urschwedischen" Lichterumzüge geworden ist.

In Italien war die Weihnachtshexe Befana ursprünglich ebenfalls eine regionale Tradition. Erst Mussolinis Faschisten machten sie durch die Massenmedien, vor allem Radio und Film, zu einer in ganz Italien bekannten Gabenbringerin, so der Journalist und Italienkenner Sebastian Heinrich. Die Befana verdrängte dabei andere regional verbreitete Figuren wie Santa Lucia und das Christkind. Das Besondere an der Hexe ist, dass sie ihre Geschenke am 6. Januar bringt, ihr Name leitet sich von dem Namen dieses Feiertags, Epiphania, ab. Inzwischen, so Heinrich, gewinnt auch der Weihnachtsmann, Babbo Natale, in Italien an Boden. Der italienische Weihnachtsmann bringt am 25. Dezember seine Geschenke, weil er durch das amerikanische Brauchtum inspiriert ist, das Medien auch in Italien verbreiten. Er und Befana kommen sich aber nicht ins Gehege, die Befana-Bescherung sei eher mit den bescheidenen Gaben des Heiligen Nikolaus zu vergleichen, so Heinrich.

Erfundene Traditionen

Kerstin Risse hat sich in ihrer Arbeit über das Lucia-Brauchtum an der Theorie der „erfundenen Traditionen" des britischen Historikers Eric Hobsbawm orientiert. Dieser war durch ein weihnachtliches Ritual des Chors am King's College der Universität Cambridge zu seinem Ansatz inspiriert worden. Das *Festival of Nine Lessons and Carols* gehört zu den berühmtesten britischen Weihnachtstraditionen. Bei diesem Gottesdienst werden neun Bibelstellen („Lessons") gelesen, dazwischen intoniert der Chor weihnachtliche Lieder („Carols"). Das erste Festival dieser Art fand 1880 statt. Im Jahr 1918 führte die Universität Cambridge die *Lessons and Carols* ein. Seit 1928 überträgt die BBC diese Veranstaltung alljährlich aus der gotischen Kapelle des King's College in die ganze Welt. Hobsbawm studierte Mitte der 1930er-Jahre. Seine Behauptung, die Tradition sei damals „erst wenige Jahre" alt, ist also etwas übertrieben, aber er hatte nicht ganz unrecht, wenn er meinte, dass diese scheinbar uralte Zeremonie eigentlich eine recht neue Einrichtung sei.

Die Tendenz, jede neue Mode für die Weihnachtszeit als „uralte Tradition" zu etikettieren, beweist einmal mehr die emotionale Rückwärtsgewandheit des Festes. Was mit Weihnachten zu tun hat, kann nicht modern sein. Medial verbreitete Ursprungsgeschichten können, je nach Geschmack, bis in die heidnische Vorzeit, in die Zeit der frühen Christen oder wenigstens ins Mittelalter zurückreichen. Sie geben Ritualen Legitimität und einen tieferen Sinn. Die nordischen Wichtel und die damit verbundenen Bräuche sind im

19. Jahrhundert Teil der skandinavischen Weihnachtsfolklore geworden. In der zweiten Hälfte des 20. Jahrhunderts breiteten sie sich, mithilfe der Medien, über ihre Ursprungsländer hinaus in der Welt aus. Natürlich darf dabei niemals der Hinweis fehlen, dass die Hauswichtel in Skandinavien eine altehrwürdige Geschichte haben, die in vorchristlichen Mythen wurzelt. Der Begriff der „erfundenen Tradition“ ist daher mit Vorsicht zu genießen. So wie es selten eine ununterbrochene Traditionslinie gibt, werden Bräuche auch selten am grünen Tisch erfunden und dann von den Medien einfach durchgeboxt. Die Geschichte der weihnachtlichen Popkultur ist voller Ideen, die nicht gezündet haben, obwohl die besten Voraussetzungen für einen kommerziellen Erfolg gegeben waren. Erfolgreiche Neuerungen im Brauchtum bestehen aus vertrauten Bestandteilen, die immer wieder neu zusammengesetzt und interpretiert werden. Der französische Ethnologe Claude Lévi-Strauss spricht von Bricolage, dem kreativen Zusammenbasteln alter Motive. Weder das Lucia- und Befana-Brauchtum, noch die Wichtel, die Lessons und Carols oder der Weihnachtsbaum sind von den Medien ausgedacht worden, aber durch Medien wurden sie gedeutet und bekannt gemacht. Die Medien und der Kapitalismus haben Weihnachten nicht erschaffen. Sie nutzen das Fest für ihre Ziele, sie tragen dazu bei, es immer weiter zu verbreiten, es zu verändern und zu erneuern. Sie treiben und sie werden getrieben von der Sehnsucht der Menschen nach winterlicher Gemütlichkeit mit uralten Traditionen.

Wir sind keine Engel

Heute steht zu Ende des Jahres jede Tageszeitung, jeder Rundfunksender und jedes Internetmedium unter Druck, Weihnachten in irgendeiner Form zu berücksichtigen. Der evangelische Theologe und Journalist Edgar S. Hasse hat die Weihnachtsberichterstattung deutscher Printmedien zwischen 1955 und 2005 wissenschaftlich analysiert. Er fand heraus, dass diese im Umfang abnimmt. Hasse vermutet, dass dies auch daran liegt, dass Fernsehen und Internet sich des Themas bemächtigt haben und die Printmedien zwingen, sich neu zu orientieren. Die Werbung nutzt weihnachtliche Motive, um ihre Waren anzupreisen. Jedes Jahr bringen Musiker neue Weihnachtsalben heraus, jedes Jahr kommen neue Weihnachtsfilme in die Kinos, die einen endlichen Satz an Plots und Konstellationen immer wieder neu zusammenmixen. Allein die Zahl der Geschichten über den Weihnachtsmann ist Legion – wo er mit wem lebt, wie er zum Geschenkelieferanten wurde, ob es nur einen gibt oder mehrere. Jeder Film erzählt eine andere Geschichte und jeder behauptet, dies sei die ganze Wahrheit über den Gabenbringer. Die exponentiell wachsende Anzahl von Weihnachtsfilmen zeigt auch die Grenzen des Mediums auf. Immer öfter zitieren neue Filme die älteren, die bereits zu Klassikern geworden sind. So beruft sich der Actionfilm *Violent Night* von Tommy Wirkola ausdrücklich auf *Kevin – Allein zu Haus*. Auch Anspielungen auf *Stirb Langsam, Bad Santa,* das *Wunder von Manhattan* und die Weihnachtsgeschichte von Charles Dickens sind zu entdecken. Das freut die Fans, ist aber ein Zeichen dafür, dass sich die Gattung Weihnachtsfilm allmählich totläuft. Wenn alles über Weihnachten gesagt ist, alle Geschichten erzählt sind, dann kann das Genre sich nur noch selbst bespiegeln.

Die massenhafte Verbreitung von weihnachtlichen Inhalten durch die Medien gehört nicht zu den gängigen Kritikpunkten der Debatte um Weihnachten. Wir klagen über Kommerz, über Trivialisierung und Kitsch, aber nur höchst selten über die Tatsache, dass Weihnachten ein mediales Ereignis ist. Wir grummeln höchstens mal darüber, dass „an jeder Ecke Weihnachtsmusik dudelt" und man überall mit dem Fest und seinen Symbolen konfrontiert wird – ohne groß darüber nachzudenken, warum das so ist. Dabei sind viele der Erscheinungen, die unangenehm auffallen, der medialen Interpretation von Weihnachten geschuldet. Marshall McLuhan wäre darüber nicht überrascht. Bei aller Konzentration auf die Botschaft, so wusste er, werden die Kanäle, die Medien und ihre Gesetze oft übersehen. Der Angelos ist ja nur der Überbringer – weit gefehlt! Medien sind keine Geschöpfe Gottes ohne eigenen Willen. Sie sind wirtschaftliche, auf Gewinn ausgerichtete Unternehmen oder stehen im Dienst von Regierungen und politischen Organisationen. Oder sie sind eine Mischung aus beidem.

Bei den rein kommerziellen Medien ist die Sache recht einfach. Sie nutzen das Thema Weihnachten, um ihre Reichweiten zu steigern und damit für Werbekunden attraktiver zu sein. Die Inhalte sollten dabei möglichst wenig Geld kosten, nur renommierte Blätter leisten sich Edelfedern für Weihnachtstexte. Es geht schließlich nur um ein rührseliges Kinderfest, eigentlich nervt es ja, aber die Leser erwarten halt Jahr für Jahr etwas Stimmungsvolles. In der Mehrzahl der Redaktionen wacht man erst gegen Ende November auf, getreu dem kaiserlichen Motto: „Ja, is denn heut schon Weihnachten?" Eilig werden Praktikanten und Volontäre auf das Thema angesetzt oder fertige Texte bei Agenturen eingekauft, wo unterbezahlte Schreibknechte die Zutaten für die Beitrage aus dem Internet fischen. Die Ergebnisse solcher Pfuscherei bestärkt lediglich die gängigen Klischees: Listen wie „Zehn Weihnachtsfilme, die man gesehen haben muss", „Worüber Paare an Weihnachten streiten", „Verrückte Weihnachtsbräuche aus aller Welt" (von denen ein Viertel erfunden ist, aber von einem Text in den anderen wandert) und natürlich Weihnachtsnörgeleien, die den Kommerz anprangern, obwohl sie selbst ein Abfallprodukt des Kapitalismus sind.

Im Interesse der Sache

Wie Medien mit politischem Auftrag Weihnachten für Propagandazwecke einsetzten, haben wir am Beispiel des Ersten und des

Zweiten Weltkriegs sowie der DDR gesehen. Im wilhelminischen Deutschland bemühten sich die Medien, die biblische Friedensbotschaft mit den Kriegszielen in Einklang zu bringen: Deutsche Waffen schützen das deutsche Weihnachtest, den Krieg wollen die anderen. Im Dritten Reich unterstützten die Medien im Auftrag der Partei zuerst die Bestrebungen, die christlichen Elemente des Festes durch germanischen Hokuspokus zu ersetzen. Später nutzten sie Weihnachten als sentimentales Band zwischen Front und Heimat. Die DDR-Propaganda versuchte, christliche Inhalte mit sozialistischer Friedenslyrik zu neutralisieren, was in Ostdeutschland bis heute nachwirkt.

Weihnachtspropaganda ist jedoch keine deutsche Spezialität. Die Alliierten setzten in den Kriegen allerdings weniger auf Familie und Schwermut, sie präsentierten den Weihnachtsmann als fröhlichen Botschafter der freien Welt. Er verbreitete Optimismus, warb für Kriegsanleihen oder bestrafte die Führer der Achsenmächte. Auch während der Blockade Westberlins durch sowjetische Truppen, die sich von Juni 1948 bis Mai 1949 hinzog, spielte Weihnachten eine nicht unwichtige Rolle in der Kommunikation. Briten und Amerikaner versorgten die eingeschlossene Stadt aus der Luft. In der Weihnachtszeit organsierten die Alliierten Aktionen für die Berliner Kinder. Amerikanische Soldaten verteilten im Santa-Claus-Kostüm Geschenke, die Briten luden zu Festessen ein. Im Rahmen der *Operation Santa Claus* flogen die Amerikaner 10.000 Weihnachtspäckchen in die belagerte Stadt.

Dies alles fand sich natürlich in den Medien wieder. Eine vermutlich von einem britischen Soldaten gemalte Karikatur zeigt den sowjetischen Diktator Stalin, der von Alpträumen geplagt wird. Es erscheint ihm ein als Weihnachtsmann kostümierter Pilot der Royal Air Force. Dieser sitzt auf einem Frachtflugzeug, um ihn herum weitere Maschinen. In seinem Sack transportiert der schnauzbärtige Gabenbringer Mehl und Kohle, aber auch Würste, Schinken und eine Puppe.

Die Westmächte hatten in den knapp elf Monaten der Blockade nicht nur eine logistische Höchstleistung erbracht. Sie hatten auch eine Propagandaschlacht gewonnen. Mit der Luftbrücke hatten sie bewiesen, dass es möglich war, sowjetische Drohgebärden durch entschlossenes Handeln ins Leere laufen zu lassen. Die Geschenke für die Berliner Kinder waren aber eine Geste, die zur Botschaft des Festes der Liebe und der Versöhnung passte und der wagemutigen Aktion eine menschliche Note verlieh. „Seht her, die Russen wollten euch Weihachten nehmen, aber es ist ihnen nicht gelungen" – so lautete die Botschaft. In den 1950er-Jahren gab es in Westdeutschland Adventskalender zu kaufen, auf denen der Weihnachtsmann vor einem Flugzeug stand, dass den für die Luftbrücke eingesetzten Rosinenbombern ähnelte.

Ist für die rein kommerziell getriebenen Medien Weihnachten lediglich ein Vehikel, um etwas zu verkaufen, dient Weihnachten der Propaganda als Symbol für etwas besonders Wertvolles, das vom Feind bedroht wird. Beide Ansätze können deshalb wirken, weil Weihnachten für viele Menschen so wichtig ist und entsprechende Botschaften deshalb wahrgenommen werden.

Völkerfreundschaft im Schützengraben

Stille Nacht auf dem Schlachtfeld: Eine medial vermittelte Weihnachtserzählung, die auf historischen Begebenheiten beruht, diese ausschmückt und immer wieder neu deutet, ist der Weihnachtsfrieden von 1914. Am Heiligen Abend dieses Jahres, dem ersten des Krieges, legten Soldaten an verschiedenen Abschnitten der Westfront spontan die Waffen nieder und verließen die Schützengräben. Was damals wirklich geschah, lässt sich heute nur schwer rekonstruieren, denn es gibt kaum offizielle Berichte darüber. Fast alles, was wir heute zu wissen glauben, beruht auf Briefen von Soldaten und auf später aufgezeichneten Erinnerungen. Gemäß diesen Überlieferungen sangen die Männer gemeinsam Weihnachtslieder, tranken miteinander, tauschten kleine Geschenke aus und spielten angeblich sogar Fußball – in England ist dieser Sport eine Weihnachtstradition. Ob das in dem mit Kratern und Leichen übersäten Niemandsland zwischen den Fronten überhaupt möglich war, bezweifeln manche Militärhistoriker. In erster Linie vereinbarten deutsche und britische Einheiten solche Waffenruhen. Franzosen und Belgier, die die von deutschen Truppen verursachte Zerstörung in ihren Ländern erlebt hatten, waren weniger geneigt, mit den Eindringlingen zu feiern. Die Oberkommandos aller kriegführenden Parteien sorgten dafür, dass sich solche eigenmächtigen Verbrüderungen nicht wiederholten. Berichte über die gemeinsamen Weihnachtsfeiern wurden zensiert. 1915 ordneten die Befehlshaber an Weihnachten verstärkten Artilleriebeschuss an, Kontaktaufnahme mit dem Feind wurde strengstens verboten.

Obwohl der Weihnachtsfrieden zunächst totgeschwiegen wurde, um den Wehrwillen der Soldaten nicht zu untergraben, so drangen doch nach und nach Gerüchte an die Öffentlichkeit. Neutrale Zeitungen schrieben darüber, dann auch britische. Die erste literarische Behandlung des Weihnachtsfriedens aus Deutschland erschien im Jahr 1933. Dem Zeitgeist entsprechend war die Geschichte vom Gedanken des Revanchismus durchdrungen. Sie stammt aus der Feder des Nazi-Schriftstellers Hans Steguweit und trug den Titel *Petermann schließt Frieden oder Das Gleichnis vom deutschen Opfer.* Darin wird ein deutscher Landser, der mit einem Christbaum in der Hand dem Gegner den Weihnachtsfrieden bringen will, von einem britischen Scharfschützen heimtückisch erschossen. Eine Warnung an alle, die Träumen von Versöhnung nachhingen. Die Ereignisse, die heute als Symbol der Völkerverständigung interpretiert werden, dienten damals zur Propaganda gegen die Westmächte.

Die Neubelebung des Mythos vom Weihnachtsfrieden nahm ihren Anfang in Großbritannien. Paul McCartney drehte für seinen Anti-Kriegs-Song *Pipes of Peace* aus dem Jahr 1983 ein Video, das die Ereignisse von 1914 aufgreift. Der Ex-Beatle spielt dabei einen deutschen und einen englischen Soldaten, die einander Fotos ihrer Frauen zeigen. 2014, zum hundertjährigen Jubiläum des Ereignisses, ließ die britische Supermarktkette Sainsbury's einen aufwendigen Werbespot über den Weihnachtsfrieden drehen. Ein deutscher Soldat bekommt darin eine Tafel Schokolade von einem Engländer geschenkt. Die gleichen Tafeln gab es zufällig auch in den Filialen der Kette zu kaufen. Auch wenn der Erlös an einen Veteranenverband ging, gab es viel Kritik an dem Film. Es sei pietätlos, die an sich traurige Episode eines grausamen Krieges zu verkitschen und für kommerzielle Zwecke zu missbrauchen.

2005 brachte der französische Regisseur Christian Carion einen Spielfilm über die Ereignisse in die Kinos. Die Erzählung über der Verbrüderung an der Front schmückte er mit einer etwas aufgesetzten Liebesgeschichte aus. Erschöpften und kriegsmüden Frontsoldaten stellte er die überhebliche Sturheit der Vorgesetzen gegenüber, die aus ihren warmen und trockenen Quartieren heraus die Fraternisierung verurteilten.

Der Militärhistoriker Markus Pöhlmann hat sich mit den Vorgängen an der Front beschäftigt und kritisiert die Legendenbildung:

> Bei der Erinnerung an den „Weihnachtsfrieden" werden (...) in der Regel Ursache und Wirkung vertauscht. Nicht der Eigensinn der Soldaten beendete im Dezember 1914 die militärischen Operationen an der Westfront, sondern das faktische Ende der Kämpfe (*auf-*

> *grund von Winterfrösten und Nachschubproblemen, gk)* schuf erst den Freiraum für die kurzen Verbrüderungen.

Diese Verständigung zwischen den feindlichen Soldaten sei auch der damals noch starken religiösen Bindung der Menschen geschuldet, sei aber kein politisches Bekenntnis zu Frieden und Versöhnung.

> Am nächsten Tag haben sie sich dann wieder verstümmelt und getötet. Man sollte Schluss machen mit dem kitschigen Genrebild, das der „Weihnachtsfrieden" von 1914 zeichnet. Denn was die Episode tatsächlich zeigt, ist eigentlich sehr beunruhigend. Dass sich die Menschen nämlich an das Kriegmachen gewöhnen können, dass es ihre Arbeit und ihre zweite Natur werden kann.

Aus der Perspektive des Fachhistorikers mag die Mystifizierung historischer Tatsachen ärgerlich sein, die Logik der Medien erfordert diese geradezu. Es geht nicht um die historische Wahrheit, es geht darum, immer wieder neue, emotional aufgeladene Erzählungen über Weihnachten zu präsentieren und zu vermarkten. Die Geschichte vom Weihnachtsfrieden passt zu gut in eine Zeit, in der europäische Einheit und Verständigung das politische Leitbild sind.

Text Me Merry Christmas

Dieses Kapitel wäre nicht vollständig ohne einen Blick auf die digitalen Medien. Das Internet macht beliebige Inhalte jederzeit verfügbar und hat enormen Einfluss auf unser Verhalten und unsere Wahrnehmung der Realität. Digitale Kanäle verbinden Menschen, egal wo sie sich aufhalten. Sogar einen Internet-Heiligen hat die Katholische Kirche inzwischen kreiert. Wir haben gesehen, wie

Printmedien und Film Weihnachten verändert haben – doch was leistet in dieser Hinsicht das angeblich allmächtige Internet, die digitale Kommunikation?

Geschenke im Internet zu kaufen, ist bequem und macht lange Wege überflüssig. Vor allem, wer nicht in der Großstadt lebt, kann so aus einer riesigen Auswahl an Angeboten das Richtige finden und muss keinen Fuß vor die Tür setzen. Der eine oder die andere mag dabei das Gefühl vermissen, das sich einstellt, wenn man in einem kleinen, gemütlichen Laden genau das findet, was man schon lange gesucht hat – oder etwas ganz Unerwartetes, und dann nach einem erfolgreichen Einkauf zufrieden nach Hause kommt. Andere sind froh, wenn sie nicht durch überfüllte Kaufhäuser hasten müssen.

Streaming von Filmen und Musik machen es einfach, sich weihnachtlich angehauchte Unterhaltung ins Haus zu holen. Die Angebote verführen aber auch dazu, an Weihnachten zu konsumieren, statt etwas zu unternehmen – selbst zu singen und zu musizieren, gemeinsam zu basteln oder weihnachtliche Ausflüge zu machen. Streamingdienste nivellieren darüber hinaus tendenziell die Weihnachtskultur, weil sie vor allem leichtverdauliche Ware empfehlen. Trotzdem sind kulturpessimistische Abgesänge auf Weihnachten durch den digitalen Big Brother fehl am Platz. Nie war es so einfach, sich auf digitalem Wege genau die Musik und die Filme ins Haus zu holen, die man möchte. Ob und wie lange wir uns berieseln lassen oder selbst aktiv werden, das liegt allein bei uns.

Sieht Weihnachten im Netz anders aus? Texte über den Sinn des Festes, über alte Bräuche und neue Trends, unterscheiden sich zunächst einmal nicht grundlegend von solchen in klassischen Medien. Die Autoren sind weitgehend die gleichen – noch. Allenfalls die immense Anzahl von Plattformen und Kanälen sowie die modernen technischen Möglichkeiten der Text- und Bildproduktion können sich negativ auf das Niveau auswirken. Wenn die Quantität steigt, folgt ihr die Qualität in den meisten Fällen nicht. Sinnfreien Kampagnen (zum Beispiel gegen *Last Christmas*) und Diskussionen (ist *Stirb langsam* ein Weihnachtsfilm oder nicht?) bietet das Internet eine Reichweite, die früher nicht denkbar war. Allerdings sind Nachrichtenseiten, Foren und Blogs nicht die einzige Möglichkeit, weihnachtliche Inhalte zu verbreiten. Sind es vielleicht die sozialen Medien und Messengerdienste, die das Potenzial haben, Weihnachten eine neue Richtung zu geben?

Weihnachtsgrüße online zu verschicken, ist heute fast schon die Regel. Laut einer Umfrage in Österreich wählten im Jahr 2018 mehr als 40 Prozent der Befragten Messengerdienste oder E-Mails, 17 Prozent die sozialen Medien und nur etwa 20 Prozent den Postweg für ihre Korrespondenz. Gerade wegen dieser Tendenz gilt die klassische, handgeschriebene Karte als Zeichen besonderer Wertschätzung. Das Internet hat unser Verhalten zwar verändert, aber die alte Art ist dadurch zur Königsklasse unter den Weihnachtsgrüßen geworden. Digital Detox – die bewusste Reduzierung oder gar der Verzicht auf digitale Technologien zu Weihnachten – ist laut der Weihnachtsstudie der Münchener Universität der Bundeswehr für mehr als jeden Vierten der Befragten eine Option.

Weihnachts-Apps begleiten Menschen, die das Bedürfnis danach verspüren, das ganze Jahr lang. Zum Beispiel mit einem Countdown, der Monat für Monat die Tage und Stunden bis zur Bescherung zählt und mit einem Adventskalender für den Dezember. Sie bieten Spiele, Musik und Tipps für die festliche Zeit. Der Entwickler einer populären Weihnachts-App mit über einer Millionen Downloads, der sich Gary Jupli nennt, hat sich durch seine aktive Interaktion mit den Nutzern eine treue Gefolgschaft aufgebaut. Sie schicken ihm sogar Weihnachtskarten, echte aus Papier, per Post. Die fotografiert er und zeigt die Bilder auf seinen Kanälen in den sozialen Medien. Auf diese Weise verschränken sich digitale und analoge Welt auf überraschende Weise.

2014 spielte die amerikanische A-capella-Gruppe *Straight No Chaser* gemeinsam mit der Schauspielerin Kristen Bell einen Song unter dem Titel *Text Me Merry Christmas* ein. Es geht darin um ein Paar, das an Weihnachten getrennt ist und sich per Mobiltelefon Grüße und Küsse zuschickt. Der Text enthält heute allgemein übliche Abkürzungen wie lol (laughing out loud) oder brb (be right back), um den Sound der mobilen Kommunikation möglichst authentisch wiederzugeben. Aus dem Text wird allerdings klar, dass der weihnachtliche Chat die echte Zweisamkeit nicht ersetzt.

This holiday
You'll be far away
And I'll be all alone
So please remember
This December
To fully charge your phone

And

Text me Merry Christmas
Let me know you care
Just a word or two
Of text from you
Will remind me you're still there
You don't have to add much to it
One smiley face will do

Baby text me Merry Christmas
Cause I'm missing kissing you

Text me Merry Christmas
Make my holiday complete
Though you're far from me
Say you'll brb
That's a text I'll never delete
Choose just the right emoji
One that makes me lol
And if you text me something naughty I promise I won't tell

I don't care if you spell things right
I just want to hear from you tonight
Stroke those keys with your delicate touch
And type those little words that mean so much!

(…)

Dieses Weihnachten
Wirst du weit weg sein
Und ich werde ganz allein sein
Also denk bitte daran
Diesen Dezember
Dein Handy voll aufzuladen

Und

Schreib' mir Frohe Weihnachten
Lass mich wissen, dass du an mich denkst
Nur ein oder zwei Worte
Eine Message von dir
Erinnern mich daran, dass du noch da bist
Du musst nicht viel dazu sagen
Ein Smiley wird reichen

Baby, schreib mir Frohe Weihnachten
Denn ich vermisse es, dich zu küssen

Schick mir frohe Weihnachten
Mach mein Fest komplett
Auch wenn du weit weg von mir bist
Sag du bist bald zurück
Das ist ein Text, den ich nie löschen werde
Wähle das richtige Emoji
Eines, das mich zum Lachen bringt
Und wenn du mir etwas Unanständiges schreibst,
werde ich es nicht verraten

Es ist mir egal, ob du alles richtig schreibst
Ich will heute Abend nur von dir hören
Streichle diese Tasten mit deiner zarten Berührung
Und tippe diese kleinen Worte, die so viel bedeuten!

Soziale Medien können regionale weihnachtliche Traditionen aufgreifen und weltweit verbreiten. Das können etwa Bräuche aus anderen Ländern sein, die durch das Internet aus ihrem Ursprungsort in die Welt hinausziehen und zum Trend werden. Ein Beispiel für eine neue Idee, deren Verbreitung das Internet zumindest unterstützt hat, ist die Wichteltür. Dieser familiäre Brauch aus Skandinavien entstand um das Jahr 2000 herum und wurde durch Blogs populär, berichtet die dänische Weihnachtsexpertin Anna Wowk Vestergaard. Zur Weihnachtszeit zieht ein Wichtel im Haus ein und hinterlässt jede Nacht seine Spuren. Kinder erkennen seine Ankunft an einer kleinen Tür, die eines Morgens in Höhe der Fußbodenleiste auftaucht. Waren die Tür des Weihnachtswichtels und seine verschiedenen Utensilien zunächst von Eltern selbst angefertigt oder einzeln gekauft, gab es das Zubehör später auch als Set im Handel. Da skandinavische Weihnachtstrends auch außerhalb der nordischen Länder beliebt sind, war es nicht schwer, die originelle Idee über digitale Medien international zu vermarkten. Ein heißer Kandidat für einen problemlos zu etablierenden Trend wäre das irische Weihnachtsfest der Frauen, über das im 13. Kapitel berichtet wird.

Auf Facebook, dem Netzwerk für die reifere Jugend, spielen Communitys, also nach gemeinsamen Interessen organisierte Gruppen, eine wichtige Rolle. In Weihnachtsgruppen tauschen sich Gleichgesinnte der Generation „um die Dreißig" über ihr liebstes Fest aus. Von weihnachtlichen Memes und GIFs über vergilbte Erinnerungsfotos aus der Kindheit bis hin zu Plätzchenrezepten und Geschichten über Bräuche ist die Themenpalette breit. In Netzwerken für die Jüngeren, wie Instagram oder Tiktok, ist vor allem audiovisueller Content gefragt. Denn attraktive Bilder und Videos locken Follower an.

Eine neue Qualität der digitalen Welt ist der Einsatz von Influencern für Werbekampagnen im Umfeld von Weihnachten. Marketingagenturen entwickeln dafür Kampagnen in Form von Adventskalendern, Gewinnspielen und Rabattaktionen. Influencer können Personen sein, die durch das Internet berühmt geworden sind, oder Prominiente aus der analogen Welt, die ihre Popularität im Internet zu Geld machen. Sie empfehlen Geschenke oder Dekoartikel, testen den Inhalt kommerzieller Adventskalender. Sie „teilen", also inszenieren ihre eigene Weihnachtsfeier, erzählen von Familienritualen, verraten Rezepte oder interpretieren Weihnachtslieder. „Influencer:innen können den Kauf von Produkten pushen, aber bis jetzt ist mir noch keine begegnet, die neue Trends im Weihnachtsgeschäft kreiert beziehungsweise dem Ganzen eine neue Richtung gibt", sagt die Trendexpertin Gabriela Kaiser, die sich ausgiebig mit Weihnachten befasst. Es gibt sogar bereits Weihnachtsfilme, die von den Nöten gestresster Influencerinnen erzählen.

„Vlogmas" ist ein gängiger Begriff für weihnachtliche Auftritte, ein Kofferwort aus „Vlog", also Video-Blog, und „Christmas". Sogenannte Mom- und Dadfluencer präsentieren ihr Weihnachtsfest mit der Familie, das natürlich stets kreativ und fröhlich abläuft. Für mache Konsumenten ist die Diskrepanz zwischen der glitzernden und problemfreien Welt der Social-Media-Stars und dem eigenen Alltag allerdings belastend.

Wenn sie nicht als Werbeträger unterwegs sind, spielen die Akteure der digitalen Medien mit den Bildern der Weihnachtsfolklore – oft, aber nicht ausschließlich, der amerikanischen. Sie nehmen bekannte Inhalte auseinander, setzen sie neu zusammen, bringen sie in zielgruppenkompatible Formen und erreichen damit Altersgruppen, die sich sonst kaum mit Weihnachten auseinandersetzen würden. Die deutschen DJs Felix Harrer und Jaques Raupé kreierten eine Techno-Version einer Melodie aus *Drei Haselnüsse für Aschenbrödel*. Unterlegt mit weihnachtlichen Bewegtbildern ging das Stück in den sozialen Medien viral. Auch Maria ravte schon im Techno-Rhythmus durch den Dornwald.

Die Akteure der digitalen Medien tragen gewollt oder ungewollt dazu bei, das Fest noch tiefer in der Gesellschaft zu verankern, indem sie alte Inhalte neu verpacken. Bei ihren Aktionen geht es selten um den Kampf gegen Ausbeutung, Krieg oder Patriarchat, sondern um ironische Distanz oder sentimentale Nähe zu etwas, dem man gerade entwachsen ist. Ist die Kritik ernst gemeint, wird sie schnell wieder konventionell, wie das Lied *Fest der Liebe* des 2015 aufgelösten Trios Y-Titty zeigte. Dieses, man glaubt es kaum, nahm den weihnachtlichen Kommerz auf die Schippe.

Die Bilanz der neuen Medien in puncto Weihnachten ist durchwachsen. Der große Wurf ist bisher noch nicht dabei. Es wäre auch zu viel verlangt, von einem (immer noch) relativ jungen Medium solche Impulse zu erwarten. Auch früher entstanden neue Traditionen nicht einfach, weil jemand mit Zugang zu den Medien sich etwas ausgedacht hat. Neue Ideen müssen auf Wünsche und Sehnsüchte der Menschen antworten, wenn sie mehr sein sollen als nur eine flüchtige Modeerscheinung. Ob in den sozialen Medien in Zukunft auch neue, originelle Weihnachtstrends entstehen, die sich über das engere Milieu hinaus verbreiten, wird sich zeigen.

Bleibt noch das Thema Künstliche Intelligenz. Über die Folgen dieser Technologie für unsere Gesellschaft wird heiß diskutiert. Die Frage, wie sich KI speziell auf Weihnachten auswirkt, steht dabei nicht unbedingt an erster Stelle. Immerhin befasste sich die Weihnachtsstudie der Universität der Bundeswehr mit dieser Thematik. Die Befragung ergab, dass jeder Fünfte offen ist für die Unterstützung durch Künstliche Intelligenz bei Weihnachtsvorbereitungen, zum Beispiel dem Schreiben von Weihnachtskarten.

Zocken mit Dir

Auch das ist eine moderne, medial aufbereitete Weihnachtsgeschichte: Billy Wenan steht im Keller vor seiner Mitschülerin, die ihm den ersten Preis beim Projekttag weggeschnappt hat. Billy zeigt ihr die Instrumente, mit denen er ihr Schmerzen zufügen kann. Er ist es nicht gewohnt, anderen den Vortritt zu lassen. Notfalls erreicht er seine Ziele mit Geld, Drohungen und sogar durch Folter. Die makabre Szene aus dem unorthodoxen Weihnachtsfilm *Fatman* ist einer sehr umstrittenen Episode aus einem Computerspiel nachempfunden. In *Grand Theft Auto V* mussten die Spieler foltern, um weiterzukommen.

Das Beispiel zeigt, dass Spiele inzwischen weit über die Gamer-Szene hinaus Einfluss auf unsere Kultur haben. Auch auf

Weihnachten? Nun gehört Foltern nicht zum Kernbestand des Weihnachtskanons und der Film *Fatman* hat nicht das Zeug zum Familienklassiker. Die Frage, ob Spiele über solche Einzelfälle hinaus das Potenzial haben, Weihnachten zu prägen, ist jedoch berechtigt. Sind die sozialen Medien längst als kultureller Einflussfaktor anerkannt, werden Computerspiele als die Realität mitgestaltendes Medium nach wie vor unterschätzt. Dabei sind sie längst mehr als nur ein Zeitvertreib für lichtscheue Teenager. Laut *game*, dem Verband der deutschen Games-Branche, spielen in Deutschland rund sechs von zehn Deutschen am Computer. Spiele prägen die Popkultur: Filme und Serien zu Computerspielen sind längst im Mainstream angekommen. Für die großen Blockbuster-Spiele werden Soundtracks produziert, die auch außerhalb des Milieus wahrgenommen werden. Zu beliebten Games wie *Assassin's Creed* oder *World of Warcraft* sind sogar Romane in Buchform erschienen. Immerhin hat die Szene schon eine Reihe von Weihnachtsliedern hervorgebracht. Der Song *Zocken mit Dir* der Youtuberin Fräulein-Chaos handelt davon, dass Gamer auch an Weihnachten lieber in Ruhe spielen wollen, als mit der Familie um den Baum zu sitzen. *Weihnachtszeit für Gamer,* ein Stück des Rappers Execute ist für Außenstehende, die den Jargon der Szene nicht kennen, nur schwer zu entschlüsseln.

Verbrannte Kekse und die Liste ist lang
RGB Tower, Bäume haben die Blicke gefangen
Und ja, Kopf hoch auch mit Corona im Land
Doch das ändert nichts daran
Ich will Geschenke, lieber Weihnachtsmann (Weihnachtsmann)
Olli wünscht sich nur ein bisschen mehr RAM
Und auch der Peter wäre dieses Jahr so gerne ein Mann
Ich war auch mal wieder artig, habe Cheater gefangen

Ich hab 'se eingepackt im Sack
Und dann im Wasser verbannt (Wasser verbannt)

Und der Glühwein schmeckt so dreckig, die Cola ist schon kalt
Man hört den Massenmörder singen aus'm Wald

Ja, Bruder, es ist Weihnachtszeit für Gamer (für Gamer, ich will mehr)
Ich tausch mein' Weihnachtsstern mit Hatern aus
Digga, gib die Geschenke her
Es ist Weihnachtszeit für Gamer (für Gamer, ich will mehr)
Ich tausch mein' Weihnachtsstern mit Hatern aus
Digga, gib die Geschenke her
Weihnachtslieder und die Menschen schieben Panik (Panik)
Gamer Weihnachtsfeier is' wie wenn man auf 'ner LAN is' (LAN is')
Verteil Geschenke nur in Headshot-Verpackungen
Ohne Rückgaberecht bekommt der Clash 'ne Bestattung, ja, ja (ja, ja)
Ich häng Granaten an den Weihnachtsbaum (Weihnachtsbaum)
Ich seh die Elfen, wie sie mir nicht trau'n (nicht trau'n)
Weihnachtsmann, schau, ich war so artig (artig)
Geschenke voll Blut, aber das macht mich sympathisch (sympathisch)

(…)

Nicht nur Musiker, auch Games-Produzenten kommen um Weihnachten nicht mehr herum. Da die meisten Spiele heute im Online-Modus funktionieren, können die Spieler die Szenerie laufend erweitern. Fachleute sprechen von „Skins", Kulissen und Ausrüstungen, die sich die Spieler kostenlos oder gegen Bezahlung zulegen können. Das reicht von Schnee und Winterlandschaften über Weihnachtsdekoration bis hin zu speziellen, weihnachtsbezogenen

Missionen oder Waffen im weihnachtlichen Design. Für populäre Games wie *Grand Theft Auto, Call of Duty* oder *Fortnite* sind solche Pakete zu haben. Sogenannte *Jump 'n' Run Games* sind für das schnelle Spiel zwischendurch gedacht. Es gibt Weihnachtseditionen, gerne im Retrostil der 1980er-Jahre, in denen pixelige Männchen mit Weihnachtsmannmützen über Hindernisse hüpfen wie seinerzeit Super Mario.

Dass aufwendige, ganz dem Thema Weihnachten gewidmete Spiele auf den Markt kommen, ist allerdings unwahrscheinlich. „Weihnachten eignet sich gut als Kulisse, um eine Geschichte über Menschen zu erzählen, die gemeinsam Zeit auf engem Raum verbringen. Das kann man dramaturgisch hervorragend für einen Film oder ein Theaterstück umsetzen", erklärt Benjamin Hillmann von der Stiftung Digitale Spielekultur. „In Games steht die Spielmechanik oder das Regelsystem an erster Stelle und daraus ergibt sich dann oft Setting oder Geschichte. Dazu kommt, dass Spiele oft zehn, zwanzig oder sogar hundert Stunden in Anspruch nehmen und das ist für ein zeitgebundenes Thema wie Weihnachten eher ungeeignet." Auch hier gilt also Marshall McLuhans Diktum „das Medium ist die Botschaft".

Die Frage, wie christlich Weihnachten sein darf, ist auch bei Computerspielen von Bedeutung. Im Lebenssimulationsspiel *Die Sims* ist neutral vom „Winterfest" – so auch auf Englisch – die Rede. Dahinter stehen jedoch weniger Ideologie als viel mehr kommerzielle Überlegungen. „Die Sims haben einen fiktionalisierten Feiertagskalender, der sich aber stark an US-Feiertagen orientiert. Ob das nun so gemacht wurde, um Debatten um möglicherweise sensible religiöse Themen zu vermeiden oder einfach um international möglichst breit anschlussfähig zu sein, ist eine Frage, die nur der Hersteller beantworten kann", so Benjamin Hillmann. „Games, die ein globales Publikum ansprechen wollen, versuchen bei solchen Themen meistens sehr universalistisch zu sein." Santa Claus wurde in der vierten Auflage der *Sims* durch *Vater Winter* ersetzt, der optisch an den russischen Gabenbringer Großväterchen Frost erinnert. Das sind aber eher Ausnahmen in der digitalen Spielewelt. Natürlich ist das universalistische Weihnachten optisch vor allem X-Mas à la USA mit Santa Claus, Elfen, Rentieren, rot-weiß geringelten Zuckerstangen und lustigen Weihnachtspullovern. Auch im Fall der Computerspiele sorgen die Medien für eine Globalisierung der Weihnachtsfolklore.

In der Weihnachtszeit fegt die Wilde Jagd durch die Lüfte – Reste heidnischen Geisterglaubens oder Gruselmärchen späteren Datums?

– 9 –

Der Sunnwendmann, wo kommt er her?

Das (Haken-)Kreuz mit der Heidenthese

Der Weihnachtsbaum hat ja zum Beispiel nichts mit Weihnachten zu tun, außer dass unsere germanischen Vorfahren damit irgendwelche Geister vertrieben haben. Das ist völlig normal, und der Weihnachtsbaum ist uns so vertraut, dass wir ihn überhaupt nicht mehr hinterfragen.

Diese Worte stammen von einem evangelischen Pfarrer, der im Interview den Baum als Beispiel für den weihnachtlichen Brauchtumsmix anführt. Seine Haltung zu dieser Durchdringung von Christlichem und Weltlichem, von Kitsch und Tiefsinn ist tolerant. Was er nicht ahnt: Er gibt Nazi-Propaganda von sich. Wie sollte er das auch wissen, schließlich steht er mit dieser Meinung nicht allein da.

Die Behauptung, den Christbaum hätten die alten Germanen erfunden, steht in fast jedem Text über Weihnachtsbräuche. Bereits 1935 bezeichnete der *Osservatore Romano*, die Zeitung des Vatikans, den Weihnachtsbaum als „heidnisch und exotisch“, wobei „heidnisch“ hier wohl vor allem für „nicht katholisch“ stand. Durch ständige Wiederholung wird die Geschichte aber nicht richtiger.

Wir haben bereits gehört, dass die Nazis Spekulationen über die heidnischen Wurzeln der Weihnachtsbräuche aus dem 19. Jahrhundert begeistert übernommen und für verbindlich erklärt hatten. Sie sorgten dafür, dass diese Thesen in volkskundliche Fachliteratur genauso einflossen wie in populäre Darstellungen. Gereinigt von völkischem Vokabular leben diese Legenden bis heute fort. Wer nicht so auf Germanen steht, beruft sich auf Kelten, Römer oder gar Ägypter. Das Praktische daran ist, dass diese niemals widersprechen.

Meistens werden die Behauptungen über die angeblichen Winterrituale der Heiden ganz ohne Quellenangaben präsentiert. Es war eben so, das muss gar nicht bewiesen werden. Wer sich mehr Mühe macht, beruft sich vielleicht auf Tertullian, einen christlichen Autor des 2. Jahrhunderts. Dieser beklagte in einer Schrift gegen den Götzendienst, dass Christen ihre Türen nach heidnischer Art zu Festen mit Lorbeerkränzen schmücken.

> Mögen also alle diejenigen, denen kein Licht leuchtet, am hellen Tage Lampen anzünden, mögen diejenigen an den Türpfosten Lorbeergewinde, die man nachher verbrennt, aufhängen, welche selbst eine Beute des Feuers sein werden. (…) Du aber (= *der Christ, gk*) bist ein Licht der Welt und ein immer grünender Baum (!). Wenn du den Tempeln entsagt hast, so sollst du aus deiner Haustür keinen Tempel machen! Mein Ausdruck war noch zu gelinde: wenn du den Hurenhäusern entsagt hast, so sollst du deinem Hause nicht das Aussehen eines neueröffneten Hurenhauses geben.

Aus dem Kontext dieser Ermahnung geht hervor, dass diese Sitte an kein bestimmtes Datum gebunden ist, etwa das Fest der Saturnalien im Dezember. Daraus abzuleiten, diese Lorbeerkränze wären die Vorläufer unseres Weihnachtsschmucks und Julius Cäsar (roter Mantel, Lorbeerkranz auf dem Schädel) gar der erste Weihnachtsmann, ist weit hergeholt. Der Christbaum, angeblich ein uraltes Symbol für das Erwachen der Natur nach ihrem langen Schlaf, wird erstmals im 15. und 16. Jahrhundert erwähnt. Das muss nicht heißen, dass er nicht älter sein könnte. Es fehlen aber die Belege dafür, um mit forschem Griffel die Traditionslinie bis in die graue Vorzeit zu ziehen. Um auf die Idee zu kommen, im Winter die Behausung mit immergrünen Pflanzen zu schmücken, muss man kein Anhänger eines archaischen Kultes sein. Selbst wenn sich Übernahmen aus älteren Kulturen nachweisen ließen, so würden sie noch kein Urheberrecht begründen, meint der amerikanische Historiker Timothy Larsen:

> … wenn eine neue Religion oder Ideologie oder Lebensweise entsteht, drückt sie sich unweigerlich durch die vorhandenen kulturellen Ressourcen aus, die von bereits bestehenden abgeleitet sind. Dies ist so selbstverständlich, dass man sich die Alternative kaum vorstellen kann. Mit anderen Worten: Ein klarer, direkter Fall von kultureller Entlehnung sagt nicht unbedingt etwas über die Bedeutung einer Sache in ihrem neuen Kontext aus.

Warum ist die Heidenthese immer noch populär? Ganz einfach, weil es viel spannender ist, sich vorzustellen, dass die Menschen schon vor Tausenden von Jahren im Winter Bäume in ihre Stuben holten und liebevoll schmückten, als zu Kenntnis zu nehmen, dass sich der Christbaum in Deutschland erst ab dem Ende des 19. Jahrhunderts im ganzen Land verbreitete. Eine mythische Traditionslinie ist anheimelnder als der nüchterne Verweis darauf, dass Menschen unter ähnlichen Bedingungen zu ähnlichen Ritualen kommen können.

Zweischneidige Waffe

Überdies ist die Heidenthese ein praktisches Instrument für alle, die im Streit über Weihnachten die Oberhand behalten wollen.

Kirchenkritiker können damit belegen, dass die perfiden Pfaffen sich ihre Zeremonien aus den Trümmern der von ihnen zerstörten heidnischen Kulte zusammengebastelt haben. Mit atheistischer Stoßrichtung bedienten sich Kommunisten in Weimar und später in der DDR der Argumentation. Esoteriker erfreuen sich an der tiefen Spiritualität, die angeblich uralten Glaubensvorstellungen im Gegensatz zur verfälschten christlichen Routine innewohnt. Am nützlichsten aber ist heute der Einsatz der Heidenthese im aktuellen Streit zwischen kulturchristlichen Bewahrern und kultursensiblen Veränderern des Weihnachtsfestes. Wenn jemand fordert, Weihnachtssymbole aus dem öffentlichen Raum zu entfernen und andere darauf erwidern, unsere christlichen Bräuche dürften nicht angetastet werden, dann wedeln die Opponenten süffisant mit der Heidenthese. Sie wollen den Gegner damit als Dummschwätzer entlarven. Seht her, da verteidigt jemand heidnische Rituale und merkt es nicht einmal. Doch die Waffe ist zweischneidig. Diejenigen, die sie verwenden, merken weder, dass sie völkische Propaganda nachplappern, noch dass sich das Argument genauso gut andersherum verwenden lässt. Weil die meisten Weihnachtsbräuche nicht viel mit dem Christentum zu tun haben, sind sie auch nicht untragbar für Angehörige anderer Religionen oder für Atheisten. Wenn man „heidnisch" nicht als „teuflisch" oder als „eine primitive Religion, bei der nackt um einen Stein getanzt wird", versteht, und auch nicht als „artgemäßer Glaube unserer stolzen Urahnen", sondern einfach nur als „nicht aus der Bibel abzuleiten", dann passt es wieder. Bei einem hybriden und facettenreichen Fest wie Weihnachten, das sich permanent wandelt, kann ohnehin alles auf jede beliebige Weise gedeutet werden und es gibt kaum Belege für Herkunft und ursprüngliche Bedeutung der einzelnen Bräuche. Nur bei wenigen, wie dem Adventskranz, kennen wir die Entstehungsgeschichte. Und die beginnt im 19. Jahrhundert.

Magisch und archaisch

Ist die Heidenthese nun aber völlig falsch, nur weil die Nazis sie für Ihre Zwecke eingespannt haben? Die ehrliche Antwort ist: Wir wissen es nicht. Die Vertreter dieser Theorie verweisen auf Papst Gregor den Großen, der im 6. Jahrhundert die Geschicke der jungen Kirche lenkte. Gregor stand Heiden sehr intolerant gegenüber. Aber er war auch ein erfahrener Politiker und als solcher wusste er, dass er nicht überall mit Feuer und Schwert dreinschlagen konnte. Als er Missionare nach England schickte, empfahl er ihnen, die heidnischen Bräuche der Angeln und Sachsen zu christianisieren. Tempel sollten nicht zerstört, sondern zu Kirchen geweiht werden. Die heidnischen Feiertage, an denen die Angeln und Sachsen ihren Götzen Ochsen opferten, sollten zu Festen für die christlichen Märtyrer umgedeutet, die Ochsen zum Lob des wahren Gottes verspeist werden. „Denn es ist unmöglich, alles von ihrer rohen Natur auf einen Schlag auszumerzen, denn wer da zu höchsten Höhen aufsteigen will, muss schrittweise steigen, nicht springen".

Diese pragmatische Instruktion für seine Missionare gilt als Beleg dafür, dass sich die Kirche Rituale anderer Religionen einverleibt hat und unsere Feiertage eigentlich getaufte heidnische Feste sind. Ob und wo das im Einzelnen passiert ist, bleibt dennoch offen. Nachweisbar ist, dass Missionare aus Europa auch in späteren Jahrhunderten immer wieder regionale Bräuche in christliche Feiern integriert haben. So genehmigte Papst Sixtus V. im 16. Jahrhundert den Priestern in Lateinamerika, an Weihnachten sogenannte *Misas de Aguinaldos* zu feiern, bei denen traditionelle Lieder der indigener Völker erklangen. Der Papst gewährte sogar einen immerwährenden Ablass für diejenigen, die alle neun Misas der Weihnachtszeit besuchten.

Überall in Europa gibt es Weihnachtsbräuche, die geradezu nach Heidentum riechen. Da sind die dämonischen Begleiter des

Heiligen Nikolaus, Figuren wie Krampus und Knecht Ruprecht, die Klausen und Perchten, die die Kinder erschrecken. Bei Heischegängen sammelten die Jugend und die Armen, oft in Begleitung magischer Gestalten, bei Wohlhabenden Gaben ein – und das von den britischen Inseln bis nach Italien, Russland und auf den Balkan. In der warmen Stube erzählten die Menschen einander Geschichten über Geister, die in der Advents- und Weihnachtszeit ihr Unwesen treiben. Da gab es die Wilde Jagd, Werwölfe oder in Island die Weihnachtstrolle, die früher gerne auch mal ein Kind verspeisten. In manchen ländlichen Weihnachtsbräuchen vermuten Volkskundler Überreste von Toten- und Ahnenkulten. Der ostslawische Brauch des Diduch, in der Ukraine bis heute gepflegt, ist ein Indiz dafür. Eine Getreidegarbe wird in der Weihnachtszeit im Haus auf einem Ehrenplatz aufgestellt. Ihr Name, Diduch, bedeutet wörtlich „Geist des Großvaters". Auch in Deutschland gibt es Weihnachtsbräuche, bei denen sich die Teilnehmer in Kostüme aus Stroh einhüllen, so zum Beispiel die Buttenmandl aus dem Berchtesgadener Land. In vielen Ländern verbrannten die Menschen über Weihnachten ein besonders großes Stück Holz in ihrem Kamin, den Christ- oder Julklotz. Er durfte nicht vor dem Ende der Weihnachtszeit verlöschen und die Asche wurde zu allerlei Ritualen verwendet. Anfangs, im frühen Mittelalter, bekämpfte die Kirche diesen Brauch, wohl weil er als heidnisch galt. In Frankreich wurde aus diesem Klotz, französisch Bûche de Noël, gegen Ende des 19. Jahrhunderts ein Weihnachtskuchen aus Biskuitteig. Der Schokoladenüberzug wird so aufgetragen, dass er an Baumrinde erinnert.

Orakelriten sollten den Bauern Hinweise für die Arbeit im kommenden Jahr geben und jungen Mädchen ihren zukünftigen Ehemann offenbaren. Zu letzterem dienten beispielsweise die Kirschzweige, die viele Familien auch heute noch am 4. Dezember, dem Barbaratag, ins Haus holen und ins Wasser stellen. Blühen sie an Weihnachten, ist das ein gutes Omen. Für das Eheorakel wurde jedem Heiratskandidaten ein Zweig zugeteilt. Der, an dem sich zuerst Blüten zeigten, verriet den Zukünftigen. In Russland sahen junge Frauen in bestimmten Nächten der Weihnachtszeit nackt in einen Spiegel, um dort ihren Auserwählten zu erblicken.

Bauernhöfe wurden in den Raunächten zwischen Weihnachten und Dreikönig ausgeräuchert, Obstbäume wurden beschworen, reichlich Früchte zu tragen, Tiere bekamen eine Extraportion Futter. Man glaubte, dass sie am Weihnachtsabend in menschlicher Sprache sprechen würden, aber wer sie dabei belausche, der müsse sterben.

Schwer vorstellbar, dass alle diese Riten und Mythen nicht bis in vorchristliche Epochen zurückreichen. Leider können wir die meisten dieser Rituale aber nur bis in die Frühe Neuzeit oder bestenfalls in das Hochmittelalter zurückverfolgen. Das mag an dem Mangel an Quellen liegen, vielleicht ist aber manches, das archaisch wirkt, in Wirklichkeit gar nicht so uralt. Immer wieder haben sich die Menschen geheimnisvolle Rituale ausgedacht. Sei es aus Furcht vor dem Unbekannten, sei es, um für gutes Wetter und eine reiche Ernte zu sorgen oder einfach aus Spaß am Kitzel, am Spiel mit der Anderswelt. Die Zeit zwischen November und März, in der die Feldarbeit ruht, lädt geradezu ein zu solchem Zeitvertreib. Was auf jeden Fall älter sein dürfte als das christliche Weihnachtsfest, ist das Bestreben der Menschen, die trübe Winterzeit mit fröhlichen und magischen Ritualen zu bereichern. Wie genau das ausgesehen hat, das können wir nur erahnen. Wir können uns aber vorstellen, dass Immergrün, Festmähler, Tanz und Gesang dabei eine Rolle gespielt haben. Die Bedeutung dieser Riten wurde an die jeweiligen Vorstellungen von Kultur und Religion angepasst und hat sich immer wieder verändert.

Der „Zwarte Piet“ ist für die einen eine vertraute Tradition aus Kindertagen, andere sehen darin die Herabwürdigung dunkelhäutiger Menschen.

– 10 –

Auch wenn ich schwarz wie Ruß bin, so meine ich es doch gut

Weihnachten, Kultur und Identität

Die Legenden vom Heiligen Nikolaus berichten unter anderem, dass der Bischof für die Armen und Schwachen eintrat und Menschen vor Gefangenschaft und Hinrichtung bewahrt hat. Kann St. Nikolas ein Rassist und Kolonialist sein? In den Niederlanden, wo der Heilige der wichtigste Gabenbringer und damit die Hauptperson der Weihnachtszeit ist, schwelt seit Jahren ein Streit um sein Brauchtum. Bisweilen entlädt sich die Kontroverse sogar in gewalttätigen Tumulten. Schuld daran ist der Zwarte Piet, der schwarze Helfer des Heiligen. Während St. Nikolaus in Deutschland von raubeinigen Assistenten aus der Unterwelt – Knecht Ruprecht, Krampus und wie sie alle heißen – begleitet wird, hat der niederländische Sinterklaas tollpatschige Pagen um sich, die aus Afrika zu kommen scheinen. Die Helfer präsentieren sich beim feierlichen Einzug des heiligen Mannes traditionell mit schwarz angemalten Gesichtern, Kraushaarperücken, Ohrringen und grellrot geschminkten Wulstlippen. Sie agieren kindlich-verspielt, tun gerne mal grimmig, sind aber nicht wirklich böse. „Want ook al ben ik zwart als roet / Ik meen het wel goed", heißt es in einem niederländischen Kinderlied, „auch wenn ich schwarz wie Ruß bin, so meine ich es doch gut". Gegen diese Figur regt sich seit 2013 Protest, in den sich auch die jamaikanische Professorin Verene Shepherd einmischte. Die Darstellung des Schwarzen Piet sei eine rassistische Karikatur und beleidigend für dunkelhäutige Menschen. Die geschminkten Piet-Darsteller stünden in der Tradition des Blackfacings, einer herabwürdigenden Darstellung schwarzer Menschen durch weiße Varietéschauspieler im 19. Jahrhundert. Shepherd wurde vorgeworfen, sie würde ihre Rolle in einer Arbeitsgruppe der UNO missbrauchen, um ihrer Kritik mehr Gewicht zu verleihen. Außerdem verstieg sie sich zu Äußerungen, die sich deuten ließen, als wolle sie die niederländische Nikolausfeier gänzlich abschaffen und durch das amerikanische Santa-Claus-Brauchtum ersetzen. Diese Aussagen relativierte sie später.

Nun sind die Niederländer aber auf ihre besonderen Weihnachtstraditionen stolz und denken nicht daran, sie einfach so aufzugeben. Piet-Gegner und -Befürworter sammelten Unterschriften und demonstrierten, wobei die Bewahrer des Brauchtums deutlich in der Mehrheit blieben. Bisweilen kam es zu Angriffen auf Versammlungen der Piet-Kritiker. Inzwischen wurde in manchen Städten das Auftreten der Pieten verändert, die Ohrringe wurden weggelassen, die Gesichter bunt oder in Grautönen geschminkt. Beendet ist die Debatte um den Zwarten Piet aber noch nicht.

Diversity oder Blackfacing?

Der Streit in den Niederlanden gewinnt dadurch an Brisanz, dass das Land eine bedeutende Kolonialmacht und am internationalen Sklavenhandel beteiligt war. Deutschlands vergleichsweise kurze Kolonialgeschichte ist weniger präsent, dennoch gibt es auch hierzulande ähnliche Debatten. Insbesondere geht es um die Heiligen Drei Könige, speziell um den schwarzen. Obwohl in der Bibel nur von Weisen aus dem Morgenland die Rede ist, sind diese im Volksglauben schon in der Spätantike zu Königen geworden. Unzählige Bilder stellen sie dar und interpretieren ihre Rolle. Während die Hirten an der Krippe für die Juden stehen, verkörpern sie die heidnischen Völker, die Gottes Sohn huldigen. Im Mittelalter kam die Tradition auf, sie als Vertreter der damals bekannten Erdteile Europa, Asien und Afrika darzustellen. In einem Sternsingerlied aus dem 20. Jahrhundert heißt es:

Zu Jesus dürfen wir alle drei,
ob schwarz, gelb, weiß – ganz einerlei.
Denn vor ihm zählt der Mensch allein,
das ist der Sinn der heiligen Drei'n.

Der Brauch des schwarzen Königs bedeutet also im Ursprung Inklusion, nicht Diskriminierung. Er ist ein Würdenträger, kein tölpelhafter Lakai wie der Schwarze Piet. Das Kindermissionswerk *Die Sternsinger* und der *Bund der Deutschen Katholischen Jugend* sprechen sich dennoch seit 2020 gegen das Schminken aus. In der heutigen Zeit sei Hautfarbe kein Zeichen der geografischen Herkunft mehr, die Symbolik sei überholt, so die Begründung. „Der Sinn, den das Schminken einst hatte, ist heute nicht mehr erkennbar", sagt Thomas Römer, Referent für Presse- und Öffentlichkeitsarbeit beim Kindermissionswerk. „Wenn weiße Menschen sich schwarz schminken, wird das zunehmend als verletzend und ausgrenzend wahrgenommen. Auch deshalb empfehlen wir, die Sternsinger nicht zu schminken." Die Empfehlung wurde auf einer Konferenz zur Aktion Dreikönigssingen mit Delegierten der beteiligten Verbände und aus allen katholischen Diözesen diskutiert und verabschiedet.

Ob die Sternsinger bei ihren Umzügen am 6. Januar auf einen schwarzen König verzichten, wird aber in den Pfarreien entschieden. Es handelt sich um eine Empfehlung, kein Verbot. Das Thema scheint aber inzwischen die Gemüter nicht mehr sonderlich zu erregen. „Wir wissen von einer sehr großen Zahl an Gruppen, der überwiegenden Mehrheit, in denen seit vielen Jahren nicht mehr geschminkt wird", so Römer. „Oft erreichen uns auch über mediale Berichterstattungen verwunderte Rückmeldungen von altgedienten Sternsingerbegleitenden, warum das Schminken überhaupt noch thematisiert wird."

Kulturkampf auf zwei Ebenen

Weihnachtliches Brauchtum ist ein ideales Schlachtfeld für den Kampf um Fragen von Kultur und Identität. Wer sich über Weihnachten äußert, kann sich hoher Aufmerksamkeit gewiss sein. Gerade weil das Fest über seine religiöse Bedeutung hinaus zu einem populären Feiertag geworden und tief im Gefühlsleben der Menschen verwurzelt ist, eskaliert die Debatte schnell. Sie bietet eine ideale Plattform für Politiker, die sich als Bewahrer der Traditionen oder als Reformer und Beschützer von Minderheiten positionieren wollen. Wenn ein Kindergarten bekannt gibt, man würde auf den Weihnachtsbaum verzichten, um keine religiösen Gefühle zu verletzten, formieren sich Verteidiger und Veränderer und polemisieren gegeneinander und über die wahre Bedeutung von Weihnachten.

Wer den Weihnachtsbaum als christliches Symbol bewahren oder abschaffen möchte, irrt sich bei der Begründung, liegt aber richtig bei der Bedeutung. Der Baum wuchs nicht auf dem Boden der Bibel, die Kirche hat ihn nur zähneknirschend akzeptiert. Dennoch bedeutet er den Menschen viel, da er in ihrer Kindheit wurzelt. Er steht wie kaum etwas anderes für die Magie des Festes, und wer ihn abholzen will, der vergreift sich an unseren Erinnerungen, nicht am Wort Gottes. Auch jene, die Weihnachts- oder Christkindelmärkte in Wintermärkte umbenennen wollen, treffen damit nicht das Christentum in seinem Kern. Diese Tradition ist eine merkantile, wenn auch eng mit dem Kirchenjahr verbunden. Glühwein und Bratwurst sind nicht Teil des Glaubensbekenntnisses. Besucher kaufen auf Weihnachtsmärkten zwar nicht unbedingt viel ein, aber der Bummel und ein Imbiss gehören für sie zur Adventszeit. Ein Urteil des Bundesverwaltungsgerichts von 2009 attestiert diesen Märkten kulturellen, sozialen und traditionsbildenden Charakter. Würde eine Umbenennung diese gewachsene Tradition zerstören? Derartige Vorschläge finden zwar ein breites Medienecho, es handelt sich aber um Einzelfälle, wie man beim Deutschen Schaustellerbund weiß. Die erregte Debatte über solche Initiativen erweckt allerdings den Eindruck, der Untergang des Abendlandes stünde unmittelbar bevor. Laut dem Schaustellerbund sind Weihnachtsmärkte jedoch nicht gefährdet, sondern eine Wachstumsbranche, deren Bedeutung von der Lokalpolitik erkannt wird.

Eingriffe in das weihnachtliche Brauchtum sind keine Erfindung unserer Zeit. Es gibt sie, seitdem Weihnachten sich über den kirchlichen Raum hinaus zu einem Volksfest entwickelte. Viele Traditionen wurden im Laufe der Jahrhunderte verboten oder abgeändert, wir haben bei unserem Gang durch die Geschichte einige Beispiele kennengelernt. Weihnachten war den jeweiligen Autoritäten nicht christlich genug oder zu christlich, die Bräuche verstießen in ihren Augen gegen Vernunft und öffentliche Ordnung oder galten als überlebt. Es ist bezeichnend, dass die Gründe für die Eingriffe widersprüchlich sind, so widersprüchlich wie das Fest selbst. Bei einem hybriden Konstrukt wie Weihnachten, in dem sich religiöse Vorstellungen mit magischem Brauchtum und wirtschaftlichen Interessen mischen, kann jeder bekämpfen oder verteidigen, was er will.

Weihnachtliche Fake News

Der Verzicht auf liebgewonnene Gewohnheiten aus der Angst heraus, jemanden vor den Kopf zu stoßen, ist für viele Menschen eine Zumutung. Insbesondere in einer Zeit, in der beinahe täglich über den sensiblen Umgang mit Frisuren, Karnevalskostümen, Nahrungsmitteln oder Kinderfilmen diskutiert wird. Die hohe emotionale Bedeutung des Weihnachtsfestes nutzen auch populistische Spalter für ihre Zwecke. Sie wollen den Eindruck erwecken, überall hagele es Verbote und Weihnachten stünde kurz vor dem endgültigen Aus. Die entsprechenden Meldungen sind gewöhnlich stark übertrieben. Aus Diskussionsbeiträgen werden Beschlüsse, aus Empfehlungen (wie beim schwarzen König) Anweisungen, aus Einzelfällen (wie beim Wintermarkt) ein Massenphänomen. Einen wahren Kern gibt es zwar in vielen Fällen, aber dieser wird bewusst oder aus Dummheit missverstanden. Aber auch das gehört zur Wahrheit: Naive Weltverbesserer liefern den Hetzern zu deren großer Freude immer wieder neue Munition für alarmistische Weihnachts-Propaganda.

Das Paradebeispiel für weihnachtliche Desinformation ist die Aufregung um den Zipfelmann, die vor über zehn Jahren ihren Anfang nahm. Der Discounter Penny nahm im Jahr 2010 eine neue Schokoladenfigur in das weihnachtliche Sortiment auf: das Zipfelmännchen, ein junger, bartloser Wicht mit Mützchen. In Internetforen echauffierten sich selbsternannte Verteidiger christlicher Werte, Penny würde vor den Muslimen einknicken und den Weihnachtsmann abschaffen. Abgesehen davon, dass der Weihnachtsmann auch nur lose mit dem Christentum verbunden ist, war die Behauptung falsch. Klassische Schokoladenweihnachtsmänner gab und gibt es bei Penny auch weiterhin, der Zipfelmann aber hat eine neue Tradition begründet. 2022 wurde er in ein Kostüm in den Regenbogenfarben eingekleidet und zum Zipfelmenschen erklärt, und damit, laut Penny, zum „Symbol für Menschlichkeit und Solidarität" – und zugleich erst recht zur Hassfigur für reaktionäre Pöbler. Den Erlös aus dem Verkauf der Zipfelmänner spendet Penny für gute Zwecke.

In den Einkaufszentren von Dubai werden im Winter glitzernde Weihnachtslandschaften im amerikanischen Stil aufgebaut.

– 11 –

Herr, wenn die stolzen Feinde schnauben

Fundamentalisten hassen dieses Fest

Im Januar 2012 töteten Islamisten im zentralasiatischen Tadschikistan einen jungen Mann, der sich als Großväterchen Frost verkleidet hatte. Der russische Gabenbringer hat noch weniger mit dem Christentum zu tun als der Weihnachtsmann, er beschenkt die Kinder zum Neujahrsfest. Trotzdem hielten sich die religiösen Fanatiker für berechtigt, einem Menschen das Leben zu nehmen, der diese harmlose Figur verkörpert.

Weihnachten, der säkularste aller christlichen Feiertage, ist paradoxerweise gleichzeitig das weltweit sichtbarste Symbol des Christentums und damit auch des Westens. Weihnachten ist darum auch immer wieder das Ziel von Angriffen. Unabhängigkeitsbewegungen in Asien und Afrika riefen dazu auf, die Weihnachtsfeiern der Kolonialherren zu boykottieren oder zu stören. Wer Anschläge auf Weihnachtsmärkte verübt, wie im Jahr 2016 der islamistische Terrorist Anis Amri, der trifft damit weniger den Glauben als solchen, sondern vielmehr Millionen von Menschen, die die Weihnachtszeit angstfrei genießen wollen, egal ob sie gläubig sind oder nicht.

Ist Weihnachten für Vertreter anderer Religionen anstößig? Das evangelische Theologen-Ehepaar Heidi und Hanna Nouri Noussa hat sich mit dieser Frage mit Blick auf den Islam ausgiebig beschäftigt. In ihrem Buch *Weihnachten und Muslime* stellen sie eine große Bandbreite an Positionen vor. In Jordanien zum Beispiel wohnt der Kronprinz traditionell dem feierlichen Beleuchten des Weihnachtsbaums seiner christlichen Untertanen bei, auch wenn diese nur fünf Prozent der Bevölkerung ausmachen. Das ägyptische Fatwa-Amt, die oberste religiöse Autorität des Landes, ermutigt Moslems, Christen ein frohes Weihnachtsfest zu wünschen und mit ihnen Geschenke zu tauschen. Islamisten hingegen stützen sich auf den nicht im Koran überlieferten Ausspruch des Propheten „Wer ein Volk nachahmt, gehört zu ihnen". Wer also Weihnachten mitfeiere, der sei ein Abtrünniger. Konservative Imame bezeichnen Weihnachten als „satanisches Fest". Der deutsch-türkische Schriftsteller Feridun Zaimoglu spricht von „dauerbeleidigten Knallchargen unter den Muslimen", die sich von Weihnachtsgrüßen und -bräuchen aus ihrem christlichen Umfeld angegriffen fühlen.

Der Koran erwähnt Jesus und die Jungfrau Maria, schildert sogar Jesu Geburt, jedoch anders als in der Bibel. Allerdings ist Jesus für Moslems nicht Gottes Sohn, sondern lediglich ein Prophet, wenn auch ein großer. Er starb nicht am Kreuz, sondern wurde von Gott zu sich erhoben. Weihnachten kann Muslimen daher näher sein als Ostern. Wenn auch Muslime in Europa Teile des Brauchtums wie den Weihnachtsbaum, Geschenke oder das Plätzchenbacken übernehmen, die Menschwerdung Gottes können sie nicht feiern. Auch Krippen sind für strenge Muslime aufgrund des Bilderverbotes und der Anbetung des Jesuskindes heikel, anders als der in diesem Zusammenhang meistens erwähnte Weihnachtsbaum. Die deutsche Soziologin Yasemin El-Menouar hält es für den falschen Weg, weihnachtliche Symbole zu verbergen, um die

Gefühle von Muslimen und anderen religiösen Gruppen nicht zu verletzen. „Toleranz entsteht nicht durch Vermeidung, sondern in der Auseinandersetzung mit dem anderen“, meint sie.

Verboten ist Weihnachten derzeit in den islamischen Staaten Brunei, Tadschikistan und Somalia. Das früher streng konservative Saudi-Arabien gibt sich inzwischen liberaler, was westliche Bräuche angeht. In Einkaufszentren sind seit einigen Jahren Weihnachtbäume zu sehen. Auch der Verkauf von Dekoartikeln und Bäumen ist nicht mehr verboten. Der Weihnachtsmann darf in dem wahhabitischen Land allerdings nicht in Erscheinung treten. In den benachbarten Vereinigten Arabischen Emiraten geht man noch weiter. In den Malls werden ganze Weihnachtslandschaften mit künstlichem Schnee und Santa-Claus-Figuren aufgebaut. Hinter der Liberalisierung steht das Bestreben, sich als weltoffene Gesellschaft zu präsentieren und Touristen sowie Spezialisten für den wirtschaftlichen Umbau anzulocken. In einigen Ländern des Nahen Ostens, wie dem Libanon, Ägypten oder Syrien, gibt es uralte christliche Gemeinden und Weihnachten ist dort ein offizieller Feiertag.

In Asien sind die Menschen traditionell offen für fremde Sitten, ohne die damit verbundenen Glaubensinhalte zu teilen. Weihnachtliche Dekoration und Lieder, meist amerikanischer Herkunft, sind in vielen asiatischen Ländern im Dezember aus der Öffentlichkeit nicht wegzudenken. In Südkorea bekennt sich knapp ein Drittel der Bevölkerung zum Christentum. Weihnachten ist dort ein offizieller Feiertag, an dem Santa Haraboji den Kindern Geschenke bringt. Im kommunistischen Nordkorea darf das Fest nicht gefeiert werden. Auch in China stehen im Dezember Weihnachtsbäume in den Einkaufszentren. 2023 warnten allerdings verschiedene lokale Autoritäten die Bevölkerung verklausuliert, sie sollten „fremden Traditionen“ nicht „blind“ oder „unreflektiert“ folgen.

Der Hass auf Weihnachten ist keineswegs ein Privileg der Islamisten. Er vereint Extremisten aller Couleur. Wir haben bereits gehört, dass radikale Protestanten im 16. und 17. Jahrhundert das Fest als gottlos ablehnten und es unterdrückten, wo sie es konnten. Auch heute noch gibt es evangelikale Sekten, die das Fest im wahrsten Sinne des Wortes verteufeln. Atheistische Diktaturen sind ebenfalls intolerant gegenüber Weihnachten. Nicht nur als christlicher Feiertag, sondern als Symbol einer selbstbestimmten Lebensweise ist Weihnachten Fanatikern ein Dorn im Auge. Wenn es nur um irgendeinen kirchlichen Gedenktag ginge, könnte man ihn ja ignorieren. Aber als festlicher Höhepunkt des Jahres, an dem fröhlich gefeiert, gesungen, gegessen und gefaulenzt wird, und das unabhängig von Glauben und außerhalb jeglicher Kontrolle von oben, das geht nicht. Gerade wegen seiner schillernden, anarchischen Vielfalt müssen die Vertreter des Schwarz-Weiß-Denkens, die Unbedingten, die Asketen und Moralisten das Fest hassen. Verhindern können sie es nicht.

Seit 1995 lädt der Sänger Frank Zander Obdachlose
zum weihnachtlichen Gänseessen ein.

– 12 –

Manchmal denk ich: Es gibt keine Weihnacht

Armut, Stress und Streit an Weihnachten

Wenn Sie bis hierher gelesen haben, dann fragen Sie sich vielleicht, ob die Probleme rund um Weihnachten nicht wie bei einem Varietézauberer nur unsichtbar gemacht werden, ohne dass sie wirklich verschwunden sind. Die Rolle des Zauberstabes übernehmen dabei historische Exkurse. Ja, Weihnachten ist kommerzialisiert, aber nicht erst seit heute. Ja, es gibt viele triviale, wenig besinnliche Weihnachtsbräuche, aber das war schon im Mittelalter so. Was aber ist mit den Problemen, die sich nicht mit Parallelen aus früheren Jahrhunderten wegdiskutieren lassen? Die vielen Menschen, die an Weihnachten einsam sind, sind eine Erscheinung unserer Zeit. Die Kluft zwischen Arm und Reich, die an Weihnachten besonders spürbar ist, hat es schon immer gegeben. Dieser Hinweis auf die Historie nützt jedoch denen nichts, die in unserer Zeit auf Geschenke und ein Festmahl verzichten müssen. Meinetwegen, die Hirten an der Krippe waren auch arm, aber ist das ein Trost für mich? Die häusliche Gewalt steigt in der Weihnachtszeit an, auch wenn die Kriminalstatistik das schwer mit Zahlen untermauern kann. In den gut zwei Wochen der Festtage sind

Familien ununterbrochen zusammen, und die Möglichkeiten, einander aus dem Weg zu gehen, sind begrenzt. Das lässt viel Raum für Streit, Depression oder gar Aggression. Weil sich in dieser Zeit die meisten Menschen in ihre Privatsphäre zurückziehen, fallen derartige Probleme noch weniger auf als sonst. Medien sprechen vom „Risikofaktor Weihnachten".

Diese Probleme sind real und lassen sich nicht wegzaubern. Sie sind aber nicht das Problem von Weihnachten, sondern das unserer Gesellschaft. Wer arm, krank oder einsam ist, wer häusliche Gewalt erleiden muss, hat diese Probleme nicht nur in der Weihnachtszeit. Nur fällt es an diesen Tagen noch mehr auf als sonst, es gibt mehr Gelegenheiten für Konflikte. Weihnachten einfach abzuschaffen, um die Probleme verschwinden zu lassen, das würde nichts bringen. Es wäre ein billiger Taschenspielertrick. Einsamkeit, Armut und Gewalt wären immer noch da. Immerhin spenden die Menschen in dieser Zeit drei Mal mehr als sonst für soziale Zwecke. Ohne Weihnachten und seine Botschaft der Nächstenliebe würden wir vielleicht noch seltener an die Benachteiligten denken. Auch wenn viele Weihnachtsgeschichten, die von unglücklichen Menschen handeln, kalkuliert sentimental sein mögen – sie erfüllen ihren Zweck, wenn sie Menschen ermuntern, etwas für andere zu tun.

Welch ein schöner Tag ist morgen

Vieles, was unseren Vorstellungen nach zu einem gelungenen Fest gehört, ist völlig unrealistisch. Schnee zum Beispiel. Der fällt zwar pünktlich am 24. Dezember in jedem Weihnachtsfilm, in Deutschland gab es zum letzten Mal im Jahr 2010 flächendeckend weiße Weihnachten. Auch die Dinge, die wir scheinbar selbst in der Hand haben, entwickeln sich nicht immer in unserem Sinne. An Weihnachten wollen wir fröhlich und entspannt sein, sind aber nicht selten nervöser und gereizter als an anderen Tagen.

Das liegt vor allem am Stress, dem in den Tagen und Wochen vor Weihnachten kaum jemand entrinnen kann. Arbeitgeber, Schulen, Behörden und andere Institutionen rufen im November den Jahresendspurt aus. Da sind noch kurz vor dem Weihnachtsurlaub Klausuren zu schreiben und Abrechnungen zu prüfen, Projekte müssen beendet, Waren ausgeliefert, Mahnungen verschickt werden. Besonders fiese Chefs sprechen Kündigungen am letzten Arbeitstag des Jahres aus, weil die Betroffenen dann weniger Zeit haben, Widerspruch einzulegen. Im Dezember laden Firmen, Vereine, Schulen und Pfarreien zu ihren Weihnachtsfeiern, denen man sich nur schwer entziehen kann.

Selbst diejenigen, die ihr Fest schon lange im Voraus planen, stoßen jedes Jahr auf unerwartete Schwierigkeiten. Da ist die bestellte Gans nicht geliefert worden, einen Tag vor Weihnachten sagt sich ein Handwerker an, um eine lange erwartete Reparatur vorzunehmen, während wir mitten in den Vorbereitungen sind, und plötzlich geht auch noch der Herd kaputt. Ist das alles wirklich so schlimm? Ja, das ist es. Es wirft uns deswegen aus der Bahn, weil wir an das Weihnachtsfest besonders hohe Erwartungen haben. Da hilft auch kein schlauer Ratgeber, der uns immer wieder daran erinnert, wir sollten das Fest doch ganz locker angehen. Auch wenn das noch so richtig ist – die hohen Erwartungen kommen aus unserem Inneren. Sie werden uns von niemandem eingeredet, auch nicht von der Werbung. Die spielt nur damit, dass wir idealisierte Vorstellungen von einem perfekten Fest haben. Darum ist es auch nicht egal, wenn das Essen versalzen ist, der Vater sich vor den Vorbereitungen drückt und Opa den ganzen Abend nur dummes Zeug von sich gibt. In Familien, in denen die Beziehungen ohnehin schon angespannt sind, entladen sich Konflikte in besonderem Maße dann, wenn alle beisammen sind und niemand sich zurückziehen kann.

Weihnachten feiern ist wie in die Ferien fahren: Die Erwartungen sind hoch und die Realität kann nicht immer mithalten. Vor dem Urlaub freuen wir uns auf Erholung, Spaß und Sonnenschein, auf sportliche Aktivitäten oder gar Romantik. Nicht selten kommt es ganz anders. Die Fahrt ist anstrengend, die Unterkunft schäbig, die Gäste werden abgezockt. Vielleicht spielt auch das Wetter nicht mit, Streit und Langeweile bleiben nicht aus. Überdies ist Tourismus schädlich für die Umwelt und wirkt sich negativ auf die Sozialstrukturen in den Urlaubsländern aus. Was aber ist die Alternative? Ferien abschaffen? Zuhause bleiben? Ist der Urlaub immer eine Enttäuschung, oder ist das auch nur so ein Klischee? Beim Urlaub wie bei Weihnachten hilft nur eines: gut planen und die Erwartungen an die Realität anpassen, auch wenn letzteres schwerfällt.

Unsre lieben Eltern sorgen …

Als Kinder erleben die meisten Menschen Weihnachten als ideales Fest. Was nicht in dieses Bild passt, wird mit der Zeit verdrängt. Das im 19. Jahrhundert entstandene bürgerlich-familiäre Weihnachtsfest stellt die Kinder in den Mittelpunkt. Für sie inszenieren die Eltern ein Schauspiel, das, wenn es gelingt, sie ein Leben lang begleitet. Es kann aber eine Zeit kommen, in der junge Menschen dieses Stück nicht mehr sehen können oder nicht mehr darin mitspielen wollen. Plötzlich bemerken sie, dass die Eltern angespannt statt glücklich sind und dass die lieben Verwandten ihnen auf die Nerven gehen. Anstatt um den Tisch zu sitzen und so zu tun, als glaube man noch an den Weihnachtsmann, möchte man sich lieber mit den Freunden treffen und Spaß haben. Die früher geliebten Rituale erscheinen plötzlich sinnlos und abgeschmackt. Wenn es dann anstatt Verständnis nur Ermahnungen und Verbote gibt („Du bleibst da und spielst *O du fröhliche* auf der Blockflöte und mach ein freundliches Gesicht"), kann das zu einer ernsthaften Weihnachtsallergie führen. Immer wieder in die Rolle unmündiger Kinder zurückgedrängt zu werden, verleidet jungen Leuten die Freude am Fest nachhaltig. Diese Aversion klingt vielleicht erst dann wieder ab, wenn man selbst Kinder hat, die alt genug sind, um an Weihnachten ihre Freude zu haben. Manchmal bleibt sie aber ein Leben lang bestehen. Zum Glück gibt es heute nicht nur in Großstädten Angebote für Menschen, die Weihnachten nicht im Kreise der Familie verbringen wollen. Es ist bemerkenswert, dass viele dieser Angebote mit der weihnachtlichen Thematik spielen, was Dekoration, Musik und den Titel der Veranstaltung betrifft. Auch damit, dass Weihnachtsmuffel alljährlich erhebliche Anstrengungen leisten müssen, um dem ungeliebten Fest zu entgehen, belegen sie letztlich nur seine überragende Bedeutung.

Weihnachten ist Frauensache – was eine geheiligte Tradition zu sein scheint, entwickelte sich erst im 19. Jahrhundert.

13.

Maria durch ein Dornwald ging

Bringt der Weihnachtsmann den Frauen nur Danaergeschenke?

Oft können Statistiken uns beim Verständnis der Rolle helfen, die Weihnachten in unserer Gesellschaft spielt. Manchmal verschleiern sie aber auch mehr, als sie erklären. So kam eine Umfrage aus dem Jahr 2015 zu dem Ergebnis, dass 89 Prozent der befragten Frauen das Teilen von Weihnachtsvideos in sozialen Netzwerken in der Weihnachtszeit am meisten belastet. So ist das also. Dann könnten wir dieses Kapitel eigentlich gleich wieder beenden. Empfehlen wir unseren Leserinnen einfach, keine Weihnachtsvideos mehr in den sozialen Medien zu teilen oder anzusehen. Dann kann einem gelungenen Fest nichts mehr im Weg stehen.

Eigentlich sollte es hier um die Frage gehen, an wem zu Weihnachten die ganze Arbeit hängen bleibt, wie das Frauenbild in Weihnachtsfilmen aussieht und ob die Jungfrau Maria das ideale Vorbild für den weiblichen Teil der Menschheit ist. Aber wenn das alles gar kein Problem ist … – aber halt. Die Studie wurde im Auftrag eines Partnervermittlungsinstituts durchgeführt, befragt wurden gerade mal 554 Frauen. Könnte es sein, dass hier auf feministisches Gemecker bewusst verzichtet wurde, um potenzielle Partner nicht zu vergraulen? Der Druck, sein perfektes Fest in den sozialen Medien zu präsentieren und das der anderen zu bewundern, taucht auch in anderen Umfragen als Stressfaktor auf. Allerdings nervt das Männer angeblich sogar noch stärker.

Bei der Frage nach Geschlechtergerechtigkeit an Weihnachten scheint man mit Statistiken kaum weiterzukommen. Man erfährt zwar, dass sich häufiger Frauen über Männer ärgern, die sich vor den Vorbereitungen drücken als umgekehrt. Frauen beschweren sich doppelt so häufig wie Männer darüber, dass sie mit der Festtagsgestaltung allein gelassen werden. Fast jede fünfte Frau fühlt sich von ihrem Mann im Stich gelassen. Mehr Frauen (55 Prozent) befürchten zu hohen Alkoholkonsum des Partners als umgekehrt, dafür sind Männer eher frustriert, wenn die Partnerin an den Feiertagen keine Lust auf Sex hat (31,9 Prozent). Wirklich überraschend ist das alles nicht, außer der Tatsache, dass viele dieser Umfragen von Partnervermittlungsagenturen oder sogar von Seitensprung-Beratern in Auftrag gegeben werden.

Auch die Universität der Bundeswehr ist keine Institution, die einem als erstes in den Sinn kommt, wenn man an Weihnachten und Geschlechterrollen denkt. Dennoch führt diese Institution, deren wissenschaftliche Aktivitäten nicht auf Militärisches beschränkt sind, seit 2018 alljährlich Umfragen über Weihnachten durch. 2023 gaben die Teilnehmer auf die Frage „welche Bedenken haben Sie bezüglich Weihnachten, bzw. worauf freuen Sie sich nicht so sehr?“ in erster Linie an, das Fest bedeute Stress. 27 Prozent der Frauen sehen das so, 20 Prozent der Männer. Die Antwort „Partner/in hilft zu wenig mit“ wurde am wenigsten häufig gewählt, hier waren es fünf Prozent der Frauen und zwei Prozent der Männer. Im Jahr davor klagten mehr Frauen als Männer, der Partner verhalte sich nicht „weihnachtlich“ beziehungsweise nehme

„die Dinge nicht ernst genug". Im Jahr 2019 benannten Frauen vor allem Saubermachen (54 Prozent), Weihnachtsessen (32 Prozent) und „Erwartungen der Familie erfüllen" (30 Prozent) als Stressfaktoren. Dass die Werte für diese Themen bei den befragten Männern niedriger liegen, lässt sich auf zwei Arten interpretieren. Entweder erledigen Männer solche Aufgaben sehr entspannt, oder sie ignorieren sie einfach und haben deshalb keinen Stress. Die verfügbaren Zahlen legen nahe, dass Frauen Weihnachten grundsätzlich wichtiger nehmen als Männer und sich für das Gelingen des Festes verantwortlich fühlen. Gelingt es nicht, fühlen sie sich schuldig.

Einen interessanten Hinweis gibt die Studie von Edgar S. Hasse über die Weihnachtsberichterstattung deutscher Printmedien. Nach seiner Erkenntnis widmet *Bild der Frau* von den untersuchten Zeitschriften dem Fest die größte Aufmerksamkeit. Im Mittelpunkt stehen praktische Tipps für die Familienfeier. Die Vorbereitungen dafür können anstrengend sein, das wird nicht verschwiegen. Aus den Artikeln in *Bild der Frau* lasse sich der Schluss ziehen, so Hasse, „dass Weihnachten für die Leserinnen natürlich Freude, aber gleichermaßen auch viel Stress bedeutet". Der *Playboy* hingegen gibt Männern vor allem Ratschläge, wie sie an Weihnachten in jeder Hinsicht ein Maximum an Spaß für sich herausholen können. Bemerkenswert bei dem Männermagazin sei, so Hasse, „dass keine Aussage codiert werden konnte, wonach Weihnachten und die Festvorbereitung Stress bedeuten – jedenfalls für Männer nicht!"

Die Übertragung der Verantwortung für Weihnachten an die Frauen hat eine lange Geschichte. Erinnern wir uns an Friedrich Schleiermachers bahnbrechende Schrift *Die Weihnachtsfeier* von 1806. Diese beginnt mit diesen Worten:

> Der freundliche Saal war festlich aufgeschmückt, alle Fenster des Hauses hatten ihre Blumen an ihn abgetreten; aber die Vorhänge

> waren nicht herunter gelassen, damit der hereinleuchtende Schnee an die Jahreszeit erinnern möchte. Was von Kupferstichen und Gemälden sich auf das heilige Fest bezog, zierte die Wände; und ein paar schöne Blätter dieser Art waren das Geschenk der Hausfrau an ihren Gatten. Die zahlreich und hoch gestellten durchscheinenden Lampen verbreiteten ein feierliches Licht, (...) So hatte es die heitere und verständige Ernestine angeordnet...

Der evangelische Theologe beschreibt und rechtfertigt in seiner Erzählung das neu aufkommende bürgerlich-familiäre Fest. Sieben Freunde beiderlei Geschlechts feiern im Hause von Eduard und Ernestine. Der Autor lässt keinen Zweifel daran, wer für die Organisation des Abends zuständig und wem das gute Gelingen zu verdanken ist. Frauen haben für Schleiermacher ein von männlicher Rationalität unverdorbenes Verständnis von Weihnachten, weil sie es mit dem Gefühl begreifen. Die Männer in der Geschichte müssen wiederholt spöttische Bemerkungen über sich ergehen lassen. Sie können zwar kluge Worte machen, vermögen aber doch nur einen kleinen Teil der Wahrheit zu erkennen. Als Theologe wandte sich Schleiermacher gegen den Rationalismus und den Dogmatismus seiner Zeit, der die evangelische Kirche zu Anfang des 19. Jahrhunderts beherrschte. Religion war für ihn eine „eigene Provinz im Gefühl" und Weihnachten als religiöses, emotionales Fest damit eine Domäne der Frauen. Die Heldinnen seiner Geschichte sind nicht zufällig sehr musikalisch und untermalen die Feier mit ihren Künsten. Musik, Gefühl, Religion, das gehört zusammen und wird von den versammelten Freunden einmütig als wertvoller erachtet als die scharfsinnigen Reden der Männer über den Sinn des Festes.

Schleiermacher ist nicht nur ein früher Chronist der bürgerlichen Weihnachtsfeier im Kreise der Familie. Er liefert nebenbei auch eine heute noch gängige Begründung dafür, dass Frauen für alle Arbeiten zuständig sind, die an Weihnachten anfallen: Das Schmücken des Hauses, die Auswahl und auch die Herstellung der Geschenke, die oft in Handarbeit gefertigt sind, natürlich das Festessen (das in Schleiermachers Text ausnahmsweise keine Rolle spielt), die Gestaltung und der Ablauf der Feier, die Konversation bei Tisch und die Aufsicht über die Kinder. Das alles ist nun einmal Frauensache, weil Frauen darin viel besser sind.

> Ja wir erkennen es, sprach Eduard, wie ihr bestimmt seid und gemacht, (…). Den Frauen, die sich dem heiligen Dienst widmen, ziemt es überall im Inneren des Tempels zu wohnen als Vestalinnen, die des heiligen Feuers wachen. Wir hingegen ziehen außen herum in strenger Gestalt, üben Zucht und predigen Buße, oder heften den Pilgern das Kreuz an, und umgürten sie mit dem Schwerdt um ein verlorenes Heiligthum zu suchen und wieder zu gewinnen.

In Schleiermachers Text begegnen sich Männer und Frauen auf Augenhöhe. Das hindert den Autor und mit ihm die Teilnehmer und Teilnehmerinnen der Feier jedoch nicht daran, den Frauen ein Talent für etwas zuzuschreiben, was man heute als „emotionale Arbeit“ oder „Care-Arbeit“ bezeichnet. Es geht darum, dass die emotionalen Bedürfnisse einer Gruppe wahrgenommen und befriedigt werden. Das können Kunden sein, Mitarbeiter oder die eigene Familie. Zur emotionalen Arbeit gehört es, zuzuhören, aufmunternd zu lächeln, die Stimmung der anderen einzuschätzen und daraus die richtigen Schlüsse zu ziehen. Daraus resultieren weitere Pflichten wie die Versorgung der Anvertrauten mit den angenehmen Dingen des Lebens, die eine positive seelische Verfassung garantieren: Speisen und Getränke zu bereiten, Komplimente oder Trostworte zu spenden. Das klingt leicht, kann aber ermüdend sein, insbesondere wenn dabei die eigenen Wünsche und Gefühle hintangestellt werden müssen. Trotzdem wird emotionale Arbeit meist unbezahlt geleistet. Sie gehört zur Stellenbeschreibung, ohne extra honoriert zu werden.

Nicht nur die – fiktiven – Freunde bei Schleiermacher sind sich über die Rollenverteilung einig. Auch im wirklichen Leben ist diese Sicht auf die unterschiedlichen Talente von Männern und Frauen weitverbreitet. Weihnachten als das emotionalste Fest des Jahres ist selbstverständlich Frauensache. Sehr viele Menschen beiderlei Geschlechts sind der Meinung, dass Weihnachtsvorbereitungen nichts für Männer sind – die können das ja gar nicht. Sie kaufen die falschen Geschenke, verlieren beim Basteln mit den Kindern die Geduld und lassen den Braten anbrennen. Frauen hingegen lieben das stundenlange Einkaufen ohnehin, sie kennen die geheimsten Wünsche ihrer Angehörigen, beherrschen die hohe Kunst des Verpackens und die besseren Köchinnen sind sie sowieso. Friederike, eine der Teilnehmerinnen der Feier, formuliert es so:

> Es ist offenbar genug, daß überall Frauen und Mädchen die Seele dieser kleinen Feste sind, am meisten geschäftig dabei, aber auch am reinsten empfänglich und am höchsten erfreut. Wenn sie nur Euch (*den Männern, gk*) überlassen wären, würden sie bald untergehen: durch uns allein werden sie zu einer ewigen Tradition.

Eine andere Teilenehmerin berichtet über eine Freundin, deren Jüngstes in der Adventszeit schwer erkrankte. Obwohl die Mutter Tag und Nacht bei dem Kind wachte, ließ sie sich laufend über den Fortgang der Weihnachtsvorbereitungen informieren.

Schleiermacher verwendet in seiner Einleitung die Formulierung, die „heitere und verständige“ Ernestine habe alles so „angeordnet". Das Verb bezieht sich auf den Schmuck des Weihnachtszimmers. Vielleicht meint er damit, dass sie die Dekoration des Zimmers in dieser gelungenen Weise angeordnet, also arrangiert oder aufgestellt hat. Es könnte aber auch bedeuten, dass sie dem Personal Anweisungen gegeben hat, es so zu erledigen. Der Text entstand zu Beginn des 19. Jahrhunderts. Damals feierten der verbürgerlichte Adel und das gehobene Bürgertum Weihnachten auf die neue Art und Weise. Die Hausfrauen konnten einen großen Teil der Arbeit den Dienstboten überlassen. Dazu gehörten in wohlhabenden Kreisen auch Gouvernanten, die sich um die Kinder kümmerten, und natürlich Köchinnen. Die Dame des Hauses überwachte heiter und verständig die Arbeiten und überließ dem Gatten repräsentative, aber idiotensichere Aufgaben wie das Anzünden der Kerzen am Weihnachtsbaum und das Läuten des Weihnachtsglöckchens. Je weiter sich das bürgerliche Weihnachtsfest in allen Schichten der Gesellschaft verbreitete, umso mehr waren Frauen ohne Dienerschaft die allein Zuständigen für die damit verbundene körperliche und emotionale Arbeit. Die Männer hielten sich an die bewährte Devise: „Das könnt ihr besser".

Es lässt sich schwer sagen, in welchen Maße die Männer ihre Frauen an Weihnachten wirklich allein schuften lassen. Nimmt man die Zahlen der wenigen Statistiken dazu, dann kann das Problem so schlimm nicht sein. Es scheint aber nur wenige Versuche zu geben, speziell dieses Thema genauer zu durchleuchten. Fragen wie „was wünschen sich Frauen zu Weihnachten" oder „welche Weihnachtsfilme sehen Frauen am liebsten" scheinen interessanter zu sein. Zieht man Texte von (im weitesten Sinne) feministischen Autorinnen zurate, dann sind Frauen weltweit alleingelassen, wenn es um die Planung, die Besorgungen, das Schmücken, Kochen und Schenken geht. Frauen sind es, die dafür Sorge tragen, dass die Kinder eine stimmungsvolle Adventszeit und einen wunderbaren Weihnachtsabend erleben. Beim Festmahl versuchen sie, den unvermeidlich aufkommenden Streit zu schlichten und sie sehen zu, dass die Kinder sich während der freien Tage nicht überfressen oder gegenseitig die Köpfe einschlagen. Wenn der emotionale Überschwang nach der Bescherung allmählich nachlässt und die Langeweile Einzug hält, dann ist die Wahrscheinlichkeit groß, dass es irgendwann kracht. Dann ist emotionale Arbeit gefragt.

Die Lösungen, die in der Literatur für eine faire Verteilung der Aufgaben empfohlen werden, reichen von einer gemeinsamen Planung mit verbindlicher Zuteilung der Aufgaben bis hin zum Weihnachtsstreik. Ob letzteres in der Realität stattfindet, lässt sich schwer überprüfen. Dass die guten Expertinnen-Ratschläge zur gemeinsamen Planung oft umgesetzt werden, kann bezweifelt werden. Obwohl Frauen den Bedarf für eine faire Verteilung der Lasten spüren und viele Männer ihnen grundsätzlich zustimmen, kommt es Paaren womöglich albern vor, Weihachten wie ein Management-Projekt aufzusetzen. Checklisten mit verbindlich zugeteilten Tasks, Deadlines und KPIs passen irgendwie nicht recht zu dem gemütlichen Familienfest. Es geht doch nur um eine saisonale Routineveranstaltung. Ein fataler Irrtum. Natürlich sollte das Wohnzimmer nicht zum Lagezentrum werden, in dem aus Pinnwänden der Fortgang der einzelnen Workstreams visualisiert wird. Ohne gute Planung aber steigt die Chance erheblich an, in eine Weihnachtstragödie zu schlittern. Beispielsweise wenn erst im letzten Moment auffällt – nämlich kurz bevor die Geschäfte schließen –, dass kein Mehl mehr im Haus ist und die Plätzchen noch nicht gebacken sind. Eine frühzeitige und sorgfältige Vorbereitung hätte das verhindern können.

Planung kann den Weihnachtsstress reduzieren. Wenn sie dann auch dazu führt, dass die Arbeit gerecht aufgeteilt wird, umso besser. Eine Garantie dafür bietet aber auch die beste Checkliste nicht.

Der eine oder andere Partner sendet dann trotz heiligem Schwur im letzten Moment vielleicht eine WhatsApp-Nachricht, die seine unerwartete Abwesenheit mitteilt: „Tut mir leid Schatz, ich muss auf eine wichtige Sitzung und kann heute Nachmittag nicht mit den Kindern auf den Christkindelmarkt." Dann hilft wohl nur noch der Weihnachtsstreik.

Gegrüßt seist du Maria

So viel ist klar, in der biblischen Weihnachtsgeschichte spielt eine Frau die tragende Rolle. Allerdings ist sehr umstritten, ob dies ein Segen für den weiblichen Teil der Menschheit ist oder eher ein Fluch. Maria ist es, die auserwählt wurde, den Sohn Gottes zur Welt zu bringen. Josef ist nur der Ziehvater, der Ernährer, oft dargestellt als komischer Tattergreis – so weit, so empowert. Begrüßen die einen nun die herausragende Position einer Frau im Glauben, verweisen andere auf ihre passive und demütige Rolle in dieser Geschichte.

Nicht nur an Weihnachten wird ihr gehuldigt, aber das Fest ist einer der Höhepunkte der Marienverehrung. Die Gottesmutter ist präsent in den ältesten, noch heute gesungenen Liedern wie *Es kommt ein Schiff, geladen* oder *Es ist ein Ros entsprungen*. Im Mittelalter liebte man Symbole und Chiffren. Das Schiff, das eine teure Last trägt, die Rose, die erblüht, das ist die schwangere Maria. Zu den traurigsten Marienliedern der Weihnachtszeit gehört *Auf dem Berge da wehet der Wind,* eine nicht ganz so alte Weise aus Schlesien.

Auf dem Berge da wehet der Wind,
da wieget Maria ihr Kind,
sie wiegt es mit ihrer schneeweißen Hand,
sie hat dazu kein Wiegenband.

„Ach, Joseph, liebster Joseph mein,
ach, hilf mir wiegen mein Kindelein!"
„Wie soll ich dir denn dein Kindlein wiegen?
Ich kann ja kaum selber die Finger biegen."
Schum, schei, schum, schei.

Ob Josefs Finger vor Kälte oder vom Alter steif geworden sind, geht aus dem alten Lied nicht hervor. Das Schicksal der Frauen, an Weihnachten allein gelassen zu werden mit der Care-Arbeit, ist hier schon vorgezeichnet.

Komponisten aller Epochen haben sich der Verkündigung gewidmet. Das musikalische *Ave Maria,* nach dem lateinischen Gruß des Engels, begleitet die Menschheit (mindestens) seit der Renaissance bis in unsere Tage. *Ave Maria* diente als Inspiration für Deutschrapper genauso wie für Vader Abraham und die Schlümpfe. Die blauen Gnome preisen die Gottesmutter mit ihren Fistelstimmen – egal wie man zu Maria steht, das hat sie wirklich nicht verdient. Die Melodie, die die Schlümpfe dafür missbrauchen, Schuberts *Ave Maria,* wird oft in Weihnachtsalben hineingeschmuggelt. Dabei ist diese Version gar kein Weihnachtslied. Sie stammt aus einem Zyklus, in dem Franz Schubert ein Epos des schottischen Nationaldichters Walter Scott vertonte.

Ein sehr ungewöhnliches Marienlied, *Mary Did You know?*, entstand Mitte der 1980er-Jahre in Amerika. Es meditiert über die Gefühle einer Mutter: Wie ist es, wenn man den Sohn Gottes zur Welt bringt? Hat Maria wohl geahnt, dass sie das Gesicht Gottes küsst, wenn sie ihren Sohn liebkost?

Mary, did you know that your baby boy
Would one day walk on water?
Mary, did you know that your baby boy

Would save our sons and daughters?
Did you know that your baby boy
Has come to make you new?
This child that you delivered, will soon deliver you

Mary, did you know that your baby boy
Will give sight to a blind man?
Mary, did you know that your baby boy

Will calm the storm with his hand?
Did you know that your baby boy
Has walked where angels trod?
When you kiss your little baby
You kiss the face of God

(...)

Maria, wusstest du, dass dein kleiner Junge
eines Tages auf dem Wasser laufen würde?
Maria, wusstest du, dass dein kleiner Junge
unsere Söhne und Töchter retten würde?
Wusstest du, dass dein kleiner Junge
gekommen ist, um dich neu zu machen?
Dieses Kind, das du zur Welt gebracht hast, wird bald dich erlösen

Maria, wusstest du, dass dein kleiner Junge
einen Blinden sehen machen wird?
Maria, wusstest du, dass dein kleiner Junge
den Sturm mit seiner Hand gebieten wird?
Wusstest du, dass dein kleiner Junge
auf den Spuren der Engel wandelt?

Wenn du dein kleines Baby küsst
küsst du das Gesicht Gottes

(…)

Text: Mark Lowry, Musik: Buddy Greene

Von Theologen verschiedener Konfessionen wurde das Lied teils heftig kritisiert, teils verteidigt. Die Kritiker rügen, dass Maria als Dummchen dargestellt würde, das keine Ahnung von ihrer großen Mission habe. Die Verteidiger merken an, es handle sich um rhetorische Fragen. Nicht Maria würde geprüft, ob sie überhaupt verstehe, was mit ihr vorgeht, sondern das „lyrische Ich" spreche mit sich selbst und lade die Zuhörer ein, über dieses Wunder nachzudenken. Die Bibel jedenfalls hat eine Antwort auf diese Frage, ob Maria Bescheid wusste. Sie steht in Lukasevangelium:

> Im sechsten Monat wurde der Engel Gabriel von Gott in eine Stadt in Galiläa namens Nazareth zu einer Jungfrau gesandt. Sie war mit einem Mann namens Josef verlobt, der aus dem Haus David stammte. Der Name der Jungfrau war Maria. Der Engel trat bei ihr ein und sagte: Sei gegrüßt, du Begnadete, der Herr ist mit dir. Sie erschrak über die Anrede und überlegte, was dieser Gruß zu bedeuten habe. Da sagte der Engel zu ihr: Fürchte dich nicht, Maria; denn du hast bei Gott Gnade gefunden. Du wirst ein Kind empfangen, einen Sohn wirst du gebären: dem sollst du den Namen Jesus geben. Er wird groß sein und Sohn des Höchsten genannt werden. Gott, der Herr, wird ihm den Thron seines Vaters David geben. Er wird über das Haus Jakob in Ewigkeit herrschen und seine Herrschaft wird kein Ende haben. Maria sagte zu dem Engel: Wie soll das geschehen, da ich keinen Mann erkenne? Der Engel

> antwortete ihr: Der Heilige Geist wird über dich kommen, und die Kraft des Höchsten wird dich überschatten. Deshalb wird auch das Kind heilig und Sohn Gottes genannt werden. Auch Elisabet, deine Verwandte, hat noch in ihrem Alter einen Sohn empfangen; obwohl sie als unfruchtbar galt, ist sie jetzt schon im sechsten Monat. Denn für Gott ist nichts unmöglich. Da sagte Maria: Ich bin die Magd des Herrn; mir geschehe, wie du es gesagt hast. Danach verließ sie der Engel.

Maria wusste also, was auf sie zukommt. Sie nimmt die ungeheuerliche Nachricht ruhig auf, erschrickt nur ein bisschen bei dem Gruß des Engels. Das zeugt von Mut, denn die Engel der Bibel sind keine drolligen Puttchen. Der Prophet Daniel aus dem Alten Testament hatte ebenfalls eine Begegnung mit Gabriel und beschreibt diese folgendermaßen:

> Und ich erhob meine Augen, und sah: und siehe, da war ein Mann, in Leinen gekleidet, und seine Hüften waren umgürtet mit Gold von Ufas. Und sein Leib war wie ein Türkis und sein Gesicht wie das Aussehen eines Blitzes. Und seine Augen waren wie Feuerfackeln und seine Arme waren wie der Anblick von glatter Bronze. Und der Klang seiner Worte war wie der Klang einer Volksmenge. Aber nur ich, Daniel, allein sah die Erscheinung. Und es blieb keine Kraft in mir, und meine Gesichtsfarbe veränderte sich an mir bis zur Entstellung, und ich behielt keine Kraft. Und ich hörte den Klang seiner Worte. Und als ich den Klang seiner Worte hörte, lag ich betäubt auf meinem Gesicht, mit meinem Gesicht zur Erde.

Maria beweist nicht nur Mut angesichts des furchteinflößenden Himmelsboten, sondern auch gute Kenntnisse der jüdischen Tradition. Als sie ihre Cousine Elisabeth besucht und deren Sohn

Johannes im Mutterleib vor Freude hüpft, stimmt Maria einen Lobgesang an. Dieser Text wird heute nach den lateinischen Anfangsworten *Magnificat anima mea Dominum* („Meine Seele preist den Herrn") als *Magnificat* bezeichnet. Er enthält zahlreiche Anspielungen auf Stellen aus dem Alten Testament.

> Meine Seele preist die Größe des Herrn, und mein Geist jubelt über Gott, meinen Retter. Denn auf die Niedrigkeit seiner Magd hat er geschaut. Siehe, von nun an preisen mich selig alle Geschlechter. Denn der Mächtige hat Großes an mir getan und sein Name ist heilig. Er erbarmt sich von Geschlecht zu Geschlecht über alle, die ihn fürchten. Er vollbringt mit seinem Arm machtvolle Taten: Er zerstreut, die im Herzen voll Hochmut sind; er stürzt die Mächtigen vom Thron und erhöht die Niedrigen. Die Hungernden beschenkt er mit seinen Gaben und lässt die Reichen leer ausgehen. Er nimmt sich seines Knechtes Israel an und denkt an sein Erbarmen, das er unsern Vätern verheißen hat, Abraham und seinen Nachkommen auf ewig.

Trotz dieser starken Worte war Marias Leben als Gottesmutter voller Enttäuschungen. Jesus verhielt sich am Anfang seiner Laufbahn nicht sehr freundlich zu seiner Mutter. Als sie ihn bei der Hochzeit zu Kana bat, für mehr Wein zu sorgen, sagt er zu ihr: „Was willst du von mir, Frau? Meine Stunde ist noch nicht gekommen."(Joh 2,4). Keine sehr liebevolle Anrede. Bei einer anderen Gelegenheit fragte er seine Verwandten: „Wer ist meine Mutter, und wer sind meine Brüder?"(Mk 3,33) Er gab selbst die Antwort, indem er auf seine Jünger zeigt: „Das hier sind meine Mutter und meine Brüder. Denn wer den Willen meines himmlischen Vaters erfüllt, der ist für mich Bruder und Schwester und Mutter." Später muss Maria miterleben, wie ihr Sohn gefangen, gefoltert und ans Kreuz geschlagen wird. Das Motiv der Mater Dolorosa, die ihren toten Sohn beweint, gehört zu den großen Motiven der christlichen Kunst. Ihr „mir geschehe, wie du es gesagt hast" gilt, je nach Standpunkt, als Charakterstärke oder als demütige Selbstaufgabe.

Maria, Himmelskönigin

Für Katholiken nimmt Maria als „Himmelskönigin" traditionell eine zentrale Rolle in ihrem Glauben ein. Genau darum sehen andere in ihrer übersteigerten Verehrung einen Polytheismus durch die Hintertür. Religionswissenschaftler verweisen auf antike Muttergöttinnen wie Isis oder Kybele, deren Kulte die Marienverehrung inspiriert haben könnten. Maria galt und gilt Katholiken und orthodoxen Christen als einflussreiche Fürsprecherin bei ihrem Sohn, den man nicht so ohne weiteres belästigen darf. Protestanten glauben, dass sich jeder ohne Umwege direkt an Gott wenden kann. Rein logisch betrachtet hat die evangelische Sichtweise die Nase vorn, während die katholische psychologisch gesehen verständlich ist. Die Scheu, sich als kleines Licht an den großen Boss zu wenden, ist nur allzu menschlich.

Maria, Himmelskönigin,
du Braut vom heiligen Geist!
Du bist der Christen Helferin,
die jedes Herz lobpreist.

Ref.: O Maria, Gnadenmutter,
steh uns bei in aller Not,
im Leben und im Tod.

Nach Gott gebührt dir alles Lob
bis an das End der Welt,

weil Gottes Sohn doch hoch erhob,
zur Mutter dich erwählt

Du bist die Jungfrau jederzeit,
empfangen makellos;
drum nennt die ganze Christenheit
dich wunderbar und groß.

Katholisches Kirchenlied aus dem 19. Jahrhundert,
Text: Guido Görres

Geradezu abstoßend für moderne Menschen ist die Verherrlichung der Jungfräulichkeit mit ihren Folgen für die Sexualmoral. Sie hat die Stellung der Frau in der Gesellschaft über Jahrhunderte hinweg belastet. Wir erinnern uns: Eva, die willensschwache Frau, übertrat Gottes Gebot und stürzte die Menschheit ins Unglück. Maria, die neue Eva, kann diese Ursünde wieder rückgängig machen – indem sie sich Gottes Willen unterwirft und ihre weibliche Begierde zügelt. Was das für das Weltbild früherer Jahrhunderte bedeutete, ist klar: Die von Lust und Affekten gesteuerte Frau ist schuld an allem Unglück, nur Verzicht und totale Unterwerfung können sie zu einem vollwertigen menschlichen Wesen machen. Andere Traditionsstränge, wie die Darstellung der Maria Magdalena als Lieblingsjüngerin, Gefährtin und spirituelle Erbin Jesu, hat die Kirche im Laufe der Jahrhunderte unter den Tisch fallen lassen.

Der evangelische Theologe Martin Koschorke hat sich intensiv damit beschäftigt, wie ekstatische Verehrung der himmlischen Jungfrau mit Hass gegenüber realen Frauen einherging. Er führt als Beispiel den Benediktinermönch Petrus Damiani an, einen bedeutenden Kirchenreformer des 11. Jahrhunderts. Dieser Asket bezeichnete Frauen als „Lockspeise des Satans“, „Auswurf des

Paradieses", „Mistpfützen fetter Schweine", „Ruhepolster unreiner Geister" und vieles mehr. „Auf der einen Seite in den Himmel gehobene Schönheit, auf der anderen bedrohlich-verführerische Hexe – das gespaltene Bild der Frau hat das Abendland bis in unsere Tage nicht losgelassen. Es hat unendliches Leid und entsetzliches Unrecht über den weiblichen Teil der Menschheit gebracht", resümiert Koschorke.

Wie die Mutter Jesu überhaupt zu einer Jungfrau wurde, ist umstritten. Manche sehen den Grund in antiken Mythen über wundersame Geburten großer Männer. Andere vermuten einen Übersetzungsfehler: Wo wir heute „Jungfrau" lesen, sollte eigentlich „junge Frau" stehen. Auch der Wunsch, die Gottessohnschaft Jesu durch eine biologisch unmögliche Geschichte zu beweisen, mag eine Rolle gespielt haben. Wenn eine Jungfrau ein Kind zur Welt bringt, dann muss Gott seine Hand im Spiel haben.

Was bedeutet das alles für Weihnachten? Haben wir es mit einem Fest der Frauenhasser zu tun? Hören wir noch einmal Martin Koschorke.

> Maria kann für das alles nichts. Seit Jahrtausenden blickt die Madonnenfigur in unbewegter Haltung auf die Menschen herab. Sie sieht alles, hört alles. Man kann alles in sie hineinprojizieren, sie wehrt sich nicht. Sie lauscht. Und schweigt.

Lieber, guter Weihnachtsmann

Abgesehen von Maria ist die Weihnachtswelt männlich dominiert. Das liegt vor allem am Weihnachtsmann, der in Deutschland laut Bundeswehr-Weihnachtsstudie 55 Prozent der Haushalte besucht. Das geschlechtlich nicht genau festgelegte Christkind unterliegt in Deutschland zwar knapp, ist aber auch in anderen katholischen Ländern Mitteleuropas bekannt. Santa Claus und seine regionalen

Klone dominieren weltweit die Weihnachtsfolklore. Mrs. Claus hat vor allem die Werkstatt sauber zu halten und ihren Mann zu umsorgen. Ihr erster Filmauftritt im Jahr 1964 karikiert sie als zänkisches Plappermaul. Auch St. Nikolaus und seine dunklen Begleiter sind männlich, nur in einigen Regionen gehören auch engelhafte Begleiterinnen oder Nikoloweibl zu seinem Team.

Eine Ausnahme in dieser Männerwelt ist die bereits erwähnte italienische Weihnachtshexe Befana. Der Legende nach war Befana eine sehr arbeitsame Frau, bei der eines Tages die Heiligen Drei Könige auf ihrer Reise nach Bethlehem einkehrten. Als sie sich wieder auf den Weg machten, luden sie ihre Gastgeberin ein, sich ihnen anzuschließen. Befana lehnte jedoch ab, sie habe zu viel zu tun. Hier ist es wieder, das Motiv der mit Arbeit überlasteten Hausfrau. Später bereute Befana ihre Entscheidung und eilte den Königen hinterher. Doch sie erreichte sie nicht mehr und fand auch das Christuskind nicht. Seitdem irrt sie durch die Welt und sucht nach Kindern, die sie beschenken kann.

Befana ist heute eine gute Hexe, auch wenn ihr hässliches Äußeres sprichwörtlich ist. Früher drohten Eltern damit, dass sie böse Kinder mitnimmt, ähnlich wie es Knecht Ruprecht, Krampus und andere weihnachtliche Raubeine im deutschsprachigen Raum zu tun pflegten. Wie Santa Claus steckt Befana Kindern als Zeichen des Tadels Kohle in den Strumpf. Heute ist das aber meistens *Dolce Carbone*, ein süßes Gebäck, dass wie Kohle aussieht.

Befana könnte, so vermuten italienische Autoren, eine jahrtausendealte Göttin sein, die sich allmählich zu einer Hexe und Gabenbringerin wandelte. Ähnliches behaupten manche Volkskundler auch von Gestalten wie Frau Holle, Frau Perchta und der Schiachen Luz. Diese haben ebenfalls zwei Seiten. Sie belohnen die, die sich an die Regeln halten und bestrafen die Faulen und Ungehorsamen. Diese Damen gehören aber nur regional zum weihnachtlichen Brauchtum und für die Theorien über ihre Herkunft aus grauer Vorzeit gibt es kaum Belege. Das stichhaltigste Argument ist die Übereinstimmung der verschiedenen Legenden, was auf eine gemeinsame ältere Wurzel hindeuten könnte. Auch die isländische Menschenfresserin Grýla, die Mutter der 13 Weihnachtstrolle, gehört zu diesen furchteinflößenden Frauen.

Die Märtyrerinnen Lucia und Barbara wurden bereits erwähnt. Mit ihrem fanatischen Willen, die Keuschheit zu bewahren, übertrafen sie sogar ihr Vorbild Maria. Die Gottesmutter war schließlich niemals dem Druck römischer Lüstlinge ausgesetzt und starb friedlich im Kreise der Jünger, um sogleich (nach katholischem Dogma) in das Himmelreich aufzufahren.

Frauen gestalten Weihnachten

Wer nach historisch greifbaren Frauen sucht, die Weihnachten mitgestaltet haben, muss weit zurückblicken. Jahrhundertelang prägten Männer das Fest. Meistens waren das Theologen, Priester, Mönche, später auch Schriftsteller und Komponisten. Die früheste historische Persönlichkeit im kleinen Zirkel der Weihnachtsfrauen ist Helena, die Mutter des römischen Kaisers Konstantin. Geboren im 3. Jahrhundert kam sie aus einfachen Verhältnissen und stieg in die höchsten Sphären der Macht auf. Ihr Sohn wurde Kaiser des Römischen Reiches, einer der bedeutendsten überhaupt. Sie war eine der engsten Beraterinnen ihres Sohnes. Nach ihrem Tode wurde sie zu einer christlichen Heiligen. Konstantin, genannt der Große, ist bekannt dafür, dass er das Christentum aus der Schmuddelecke holte und zu einer erlaubten Religion machte – zu einer privilegierten sogar, wenn auch noch nicht zur Staatsreligion. Seine Mutter war sozusagen die Sonderbeauftragte für Religionsfragen des Imperiums. Während der Sohn lange unschlüssig blieb, wandte Helena sich früh dem neuen Glauben zu und ließ sich taufen.

Helenas wichtigster Beitrag zur Entstehung des Weihnachtsfestes war ihr Besuch im Heiligen Land. Dort wandelte sie auf den Spuren des Heilands. Sie besuchte Bethlehem und den Berg Golgatha, die Stätten der Geburt und der Kreuzigung. An beiden Orten ließ sie Kirchen errichten. Spätere Legenden erzählen, dass Helena in Jerusalem auch das Grab Christi und das Kreuz gefunden hat, an dem Jesus einst gehangen hatte. Auch die Gebeine der Heiligen Drei Könige soll sie bei einer Spritztour nach Indien entdeckt und nach Konstantinopel gebracht haben. Von dort gingen sie als Geschenk nach Mailand und schließlich nach Köln. Von diesen Entdeckungen ist in zeitgenössischen Berichten allerdings noch nichts zu lesen. Die Geburtskirche in Bethlehem steht über einer Felsengrotte, die schon im 2. Jahrhundert als der Ort verehrt wurde, an dem Jesus zur Welt kam. Die Aufwertung durch einen Kirchenbau, der auch noch vom Kaiserhaus unterstützt wurde, lenkte die Aufmerksamkeit der Gläubigen auf die Geburtsgeschichte. Die frühen Christen hatten ihr noch wenig Bedeutung beigemessen. Erst Jahrzehnte nach dem Tode Helenas um das Jahr 330 konnte sich in Rom allmählich die Feier dieses Ereignisses am 25. Dezember durchsetzen.

In der etwa 100 Jahre später errichtete Basilika Santa Maria Maggiore in Rom entstand ein Nachbau der Geburtsgrotte aus Bethlehem, der allerdings nicht erhalten ist. In der Kirche werden auch heute noch Teile der Krippe gezeigt, in der Jesus gelegen haben soll. Der Überlieferung nach soll Helena diese Reliquie bei ihrem Besuch in Bethlehem aufgespürt und nach Rom geschickt haben. In einem Seitenschiff dieser Kirche befindet sich ein Altar aus dem Jahr 1291, der die Anbetung der Heiligen Drei Könige zeigt. Es handelt sich um bewegliche Alabasterfiguren und damit um eine der frühesten Weihnachtskrippen zum Aufstellen.

Powerfrauen aus Byzanz

Helena wurde von ihrem Sohn Konstantin zur Augusta, zur Kaiserin, gemacht und spielte eine wichtige politische Rolle. Das gleiche gilt 700 Jahre später für Theophanu, die Gemahlin des römisch-deutschen Kaisers Otto II. Dessen Vater, Otto der Große, hatte sich jahrelang vergeblich um eine byzantinische Prinzessin als Ehefrau für seinen Sohn bemüht, um das Ansehen seiner Dynastie zu erhöhen. Theophanu, die der byzantinische Hof schließlich anbot, war allerdings keine „purpurgeborene" Tochter des Kaisers, sondern nur eine weitläufige Verwandte. Trotzdem konnte Otto die Braut nicht einfach zurückschicken, wie es einige Berater forderten. Das wäre ein diplomatischer Affront gewesen. Außerdem ein Verlust für das Reich, wie sich bald herausstellte – und ein Verlust für Weihnachten. Vielleicht gäbe es ohne Theophanu gar keine Geschenke zum Fest. Im April 972 in Rom die Hochzeit statt. Die Ehe war glücklich, Otto II. schätzte den Rat seiner klugen Frau und machte sie offiziell zur Kaiserin, die mit ihm regierte. Allerdings starb Otto schon 983 mit nur 30 Jahren. Bis zu ihrem Tod im Jahr 991 regierte Theophanu anstelle ihres minderjährigen Sohnes Otto III. und setzte sich gegen machtbewusste Konkurrenten durch. Die Griechin war eine kultivierte und gebildete Frau, sie brachte Künstler, Handwerker und Architekten vom byzantinischen Hof nach Westeuropa. Wichtig für Weihnachten ist, dass sie einen bedeutsamen Kult aus ihrer Heimat in Westeuropa volkstümlich machte. Sankt Nikolaus war in der Ostkirche einer der bedeutendsten Heiligen. Er galt als „Hyperhagios", als Überheiliger, und war unter anderem Schutzpatron der See- und Kaufleute, der Schüler und der Reisenden. Der Ursprung des Brauchs, Kinder am 6. Dezember zu beschenken, wird im 12. Jahrhundert vermutet. Vielleicht liegen die Wurzeln dieses Geschenk-Rituals noch viel tiefer, aber der Heilige Nikolaus ist der Urahn aller modernen Gabenbringer.

Maria und Josef betrachten es froh

Eine herausragende Frauengestalt des 14. Jahrhunderts war Birgitta von Schweden. Sie entstammte dem Hochadel ihres Landes und wollte bereits als junges Mädchen ihr Leben in einem Kloster Gott widmen. Für moderne Menschen klingt es abwegig, dass Frauen ein Leben in Abgeschlossenheit als erstebenwert ansahen. Gerade für begabte Persönlichkeiten bot dieses Umfeld jedoch Möglichkeiten, ihre intellektuellen, künstlerischen oder spirituellen Neigungen auszuleben. Die Stellung als Ehefrau engte unter Umständen stärker ein als die Klosterregeln. Als Gattin eines einflussreichen Adligen hatte Birgitta jedoch ebenfalls gute Perspektiven. Der schwedische König berief sie als Hofmeisterin und Beraterin der Königin an seinen Hof. Als ihr Mann starb, wurde Birgitta schließlich zu einer internationalen Berühmtheit. Sie beriet Päpste und Fürsten, sie versuchte, einen Frieden im Hundertjährigen Krieg zwischen Frankreich und England herbeizuführen, sie gründete einen Orden, der heute noch besteht. Knapp 20 Jahre nach ihrem Tod, im Jahr 1391, wurde sie heiliggesprochen. Birgittas Beitrag zum Werden von Weihnachten liegt in ihrer spirituellen Kraft. Wie Kaiserin Helena pilgerte Birgitta im vorgerückten Alter ins Heilige Land. Sie besuchte dort die Geburtskirche in Bethlehem, wo sie betete und meditierte. Dort hatte sie eine Vision, die der europäischen Kunstgeschichte eine neue Richtung geben sollte.

> Als ich an der Krippe des Herrn zu Bethlehem weilte, sah ich die Jungfrau. Sie war gesegneten Leibes, mit einem weißen Mantel und einem feinen Rock gekleidet. (…) Ihr Leib war voll und sehr stark, denn sie war im Begriff, niederzukommen. Bei ihr befand sich der überaus ehrenvolle ältere Mann. Beide hatten einen Ochsen und einen Esel bei sich. Als sie in die Höhle eingetreten waren, band jener ältere Mann den Ochsen und den Esel an die Krippe.

> Dann ging er hinaus und brachte der Jungfrau eine angezündete Kerze, befestigte dieselbe an der Wand und entfernte sich, um nicht persönlich bei der Niederkunft zugegen zu sein. Nun zog die Jungfrau die Schuhe von ihren Füßen, legte den weißen Mantel, mit dem sie bekleidet war, ab, entfernte hierauf den Schleier auf ihrem Haupte, legte alle diese Kleidungsstücke neben sich und hatte nur noch das (Unter-)Kleid an.
>
> Nachdem alles in dieser Weise hergerichtet worden ist, kniete sich die Jungfrau in großer Ehrfurcht nieder und begab sich ins Gebet. Dabei hatte sie den Rücken an die Krippe gelehnt, das Gesicht aber gegen Osten zum Himmel erhoben. (…)
>
> Als sie nun so im Gebet war, sah ich, wie sich das in ihrem Schoß befindliche Kind zu bewegen anfing. In diesem Moment gebar sie in einem Augenblick den Sohn, von dem ein solches Licht ausstrahlte, dass man es nicht schildern kann (...) Als die Jungfrau merkte, dass sie bereits geboren hatte, (…) nahm [sie das Kindlein] in die Arme, drückte es an ihre Brust und an ihre Wangen und wärmte es daran mit großer Freude und mütterlich zartem Mitgefühl. (…) Sogleich begann sie das Kind sorgfältig zu wickeln.

Jahrhundertelang hatten Künstler die Geburtsszene sehr konventionell, sehr statisch dargestellt. Maria liegt verschleiert im Wochenbett, das Kind, fest in Windeln gefatscht, daneben. Die Details aus Birgittas Vision, die offenen Haare der Gottesmutter, das Leuchten, das das Christuskind umgibt und Josefs verblassende Kerze, wurden von europäischen Künstlern in die weihnachtliche Bildsprache aufgenommen. Inspiriert von Birgitta malten sie ihre Bilder lebendiger, berührender. „Der heiligen Birgitta gelang es nicht nur, die Kunst des Spätmittelalters zu beeinflussen, sondern einige Elemente aus Birgittas Vision sind bis heute in den häuslichen Krippen zu finden", so die Theologin Veronika Jung, die sich mit der Weihnachtsvision befasst hat. „Die kniende Maria und die Kerze Josefs, die sich meist in Form der Laterne gehalten hat, sind hierfür Beispiele."

Nach diesen drei herausragenden Frauengestalten kam erst einmal lange nichts. Das Zeitalter der Vernunft bot Frauen weniger Chancen als das dunkle Mittelalter. Sogar die Französische Revolution brachte Freiheit, Gleichheit und Brüderlichkeit erst einmal nur für Männer. Die christliche Lehre von der minderwertigen Natur der Frauen wurde auch von den kritischsten Geistern nicht angezweifelt. Beiträge von Frauen zum Weihnachtsfest sind erst wieder im 19. Jahrhundert zu verzeichnen, vor allem bei der Verbreitung von damals noch neuen Weihnachtsbräuchen.

Der Christbaum ist der schönste Baum

Die hochgebildete und musikalische Fanny von Arnstein, Großtante des Komponisten Felix Mendelssohn Bartholdy, war eine einflussreiche Dame der Wiener Gesellschaft. Ihr Vater Daniel Itzig gehörte zu den führenden Vertretern des aufgeklärten Judentums in Preußen. 1776 heiratete Fanny den Wiener Bankier Nathan Adam von Arnstein, 1814 machte sie die Wiener Gesellschaft mit einer preußischen Tradition bekannt – dem Weihnachtsbaum. Auch um das Wiener Musikleben machten sie und ihr Mann sich verdient. Das Paar stiftete überdies hohe Summen an Krankenhäuser und andere Einrichtungen. Später bedankten sich die Nazis auf ihre Weise für die Wohltaten, indem sie das Grab der Familie Arnstein schändeten.

Fanny von Arnstein ist nur ein Beispiel für die Frauen, die aufgrund ihrer herausgehobenen gesellschaftlichen Position in der Lage waren, den Weihnachtsbaum in ihrem Umfeld populär zu machen. Der Herzogin Helene von Orleans, einer geborenen Prinzessin von Mecklenburg-Schwerin, gebührt die Ehre, den Brauch in Frankreich eingeführt zu haben. In der ersten Hälfte des 19. Jahrhunderts entdeckten der Adel und die Bourgeoisie überall in Europa das Familienleben wieder, die häusliche Sitte passte daher in die Zeit. In Amerika sorgten angesagte Schriftstellerinnen wie Catharine Sedgwick und Harriet Martineau für die Verbreitung.

Heute ist die Kritik am hemmungslosen Konsum in der Weihnachtszeit ein Gemeinplatz geworden. Die Autorin des Bestsellers *Onkel Toms Hütte,* Harriet Beecher Stowe, ist eine der ersten, die sich damit auseinandersetze. 1850 veröffentlichte sie eine Weihnachtsgeschichte, in der sie das sinnlose Schenken anprangerte. Darin bringt eine weise Tante eine junge Frau aus guter Familie auf den Gedanken, zu Weihnachten lieber armen Menschen zu helfen, als für ihre reichen Verwandten und Freunde teuren Schnickschnack zu kaufen. Ein Gedanke, den Autoren konsumkritischer Weihnachtsgeschichten heute noch aufgreifen. Die Schauspielerin Eleanor Belmont und die Bankierstochter Anne Morgan setzten ihn 1912 in die Tat um, indem sie in New York die Gesellschaft gegen sinnloses Schenken, die *Society for the Prevention of Useless Giving* (SPUG), gründeten. Diese Organisation kämpfte gegen eine besonders perfide Unsitte. Vor allem von weiblichen Angestellten wurde damals erwartet, dass sie ihren Chefs teure Weihnachtsgeschenke zu machen hätten. Für die Frauen mit ihren bescheidenen Gehältern war das eine echte Belastung. Durch das Engagement der bekannten Schauspielerin und der Tochter des Tycoons J.P. Morgan bekam SPUG schnell Zulauf, sogar Ex-Präsident Theodore Roosevelt schloss sich an. 1914, mit dem Beginn des Ersten Weltkriegs, schlief die Bewegung wieder ein, aber die Frauen hatten es geschafft, das Beschenken der Vorgesetzten als das zu entlarven, was es war: eine als Brauchtum verbrämte Form der Ausbeutung.

Alle hier genannten Frauen, von den Kaiserinnen Helena und Theophanu bis hin zu Eleanor Belmont und Anne Morgan, hatten etwas gemeinsam: Sie waren wohlhabend und einflussreich. Sie verfügten über die Zeit und die Mittel, ihre Ideen zu verbreiten. Was sie sagten und taten, wurde in der Gesellschaft wahrgenommen. Das gilt natürlich auch für die Männer, die Weihnachten geprägt haben. Martin Luther, Charles Dickens oder Clement Clarke Moore waren herausragende Persönlichkeiten, die aufgrund ihrer gesellschaftlichen Position in der Lage waren, die Welt zu verändern. Wer täglich ums Überleben kämpft, hat wenig Kraft übrig, sich über Weihnachten Gedanken zu machen und kaum Möglichkeiten, andere Menschen für etwas zu begeistern. Sehr viele Männer, aber noch mehr Frauen sind oder waren in dieser Situation. Sie verfügen nicht über „ein Zimmer für sich allein und 500 Pfund im Jahr“, wie die Schriftstellerin Virginia Woolf 1928 die Voraussetzungen für kreatives Arbeiten definierte. Frauen durften jahrhundertelang keine Universität besuchen, kirchliche Ämter waren ihnen nicht zugänglich (und sind es teilweise noch heute) und selbst wenn sie komponierten, malten oder dichteten, stießen sie auf Ablehnung. Es ist daher nicht verwunderlich, dass nur wenige Frauen bleibende Spuren im Weihnachtsbrauchtum hinterlassen haben.

Eine Frau aber, die aus relativ bescheidenen Verhältnissen kam, hat eine bedeutende Tradition mitbegründet. Die Rede ist von der schwäbischen Pfarrersfrau Selma Lang. Sie verkürzte ihrem Sohn Gerhard das Warten auf Weihnachten, indem sie 24 Baiserknöpfchen an einem Stück Karton befestigte. Jeden Tag durfte der Bub eines abschneiden, so lange, bis schließlich der ersehnte Tag da war. Gerhard gefiel das so gut, dass er als erwachsener Mann und Verleger zum Pionier des gedruckten Adventskalenders wurde. Um 1908 gab er nach mehreren Anläufen seinen ersten Kalender, genannt *Im Lande des Christkinds,* heraus. Wir wissen, dass Selma

Lang nicht die Einzige war, die auf so eine Idee kam. Auch andere Mütter gestalteten im 19. Jahrhundert für ihre Kinder einfache Kalender. Aber es bedurfte eines Mannes, um daraus ein käufliches Produkt und eine neue Tradition werden zu lassen. Vielleicht steht ja hinter jedem weihnachtsbegeisterten Mann eine Frau, die ihn dazu inspiriert ...

Tatsächlich ... Liebe

Was wären Weihnachtsfilme ohne Frauen und ohne Liebesgeschichte? Während Kinder sich mehr für die Probleme des Weihnachtsmanns beim Ausliefern der Geschenke interessieren, verbinden viele Erwachsene die Weihnachtszeit mit romantischen Bildschirmmärchen. Vor allem sind das Frauen, nach zahlreichen Umfragen und den Kommentaren in Foren zu schließen. Nicht umsonst zählen *Sissi* und *Drei Nüsse für Aschenbrödel* in Deutschland seit Langem zu den Weihnachtsklassikern, obwohl das Fest darin gar nicht vorkommt. Das Motiv „einfaches Mädchen findet gutsituierten Traummann" oder „verwöhnte Großstadttussi findet zurück ins richtige Leben" wird in zahllosen, vor allem amerikanischen Weihnachtsfilmen wieder und wieder aufgekocht. Die Zielgruppe scheint unersättlich. So wie man in der Weihnachtszeit versucht ist, mehr Süßigkeiten zu essen und mehr Glühwein zu trinken, als es gut ist für die Gesundheit, so wächst bei manchen auch der Appetit nach emotionaler Überzuckerung. Was dabei auf der Strecke bleibt, so klagen Feministinnen, ist das Frauenbild. In romantischen Weihnachtsfilmen scheinen die Fünfzigerjahre wieder aufzuleben: Die selbstbewusste Karrierefrau verliebt sich in den gutaussehenden Farmer und hängt ihren Beruf an den Nagel, das Mädchen aus der Unterschicht angelt sich einen europäischen Prinzen, die leidgeprüfte Mutter gibt der Familie zuliebe ihr persönliches Glück auf.

Kritik daran kommt vor allem von professionellen Rezensenten. Die meisten Zuschauer scheint die Frage, ob die Emanzipation der Frau im Weihnachtsfilm angekommen ist, nicht besonders zu bewegen. Wie sonst könnte ein Spartenkanal wie *Hallmark* wirtschaftlich erfolgreich sein, der massenhaft weihnachtliche Liebesfilme mit altbackenen Rollenklischees auf den Markt bringt? „Was ist das: drei Drehorte, 15 Darsteller und ein Plot? – 689 Hallmark-Filme", behauptet ein Witz. Diese Streifen schaffen es allerdings meist nicht bis ins Feuilleton.

Wenn aber der britische Premierminister plötzlich beim Krippenspiel einer Schule auftaucht und hinter der Bühne seine Angebetete küsst, wenn ein Stalker der Braut seines besten Freundes nachstellt und ein erotisch erfolgloser Engländer in Amerika plötzlich die heißesten Mädchen ins Bett bekommt, dann läuft gerade ein Höhepunkt des Genres auf dem Bildschirm. *Tatsächlich … Liebe* überragt die Masse der seichten Liebeskomödien wie der Christbaum auf dem Times Square in New York die Menschen, die über den Platz wuseln. An der britisch-amerikanisch-französischen Produktion von 2003 scheiden sich die Geister. Da ist die erstklassige Besetzung. Stars wie Hugh Grant, Emma Thompson, Alan Rickman, Keira Knightley, Liam Neeson, Heike Makatsch und Rowan Atkinson machten den Film zu einem Kassenschlager und überspielen inhaltliche Schwächen. Zudem unterscheidet sich die Dramaturgie von herkömmlichen Vertretern des Genres. *Tatsächlich … Liebe* entwickelt parallel die Geschichten ganz unterschiedlicher Menschen, vom Schuljungen bis hin zum Premierminister, alle sind sie auf die eine oder andere Art miteinander verwoben. Beim Publikum kam das so gut an, dass die Idee mehrmals kopiert wurde. In Indien, Russland, Polen, Japan, den Niederlanden und Deutschland gibt es Klone, zum Teil mit Weihnachtsbezug. Sich an diesem modernen Klassiker abzuarbeiten, ist ergiebiger, als sich über eine neue *Hallmark*-Schmonzette aufzuregen. Wenn in einem handwerklich gut gemachten und populären Film die Frauen zu Opfern und Trophäen besitzergreifender Männer werden, dann erreicht diese Botschaft Millionen von Menschen – und das alle Jahre wieder, denn es ist ja ein Weihnachtsfilm.

„Das sind Filme, mit denen wir aufwachsen sind, die auch von den Fernsehsendern ständig wiederholt wurden und die uns deswegen ein Gefühl von Geborgenheit geben“, schreibt die feministische Autorin Rebekka Endler. „Es ist eben auch schön anzuschauen, wie schöne Menschen in einer schönen Kulisse Weihnachten feiern. Dann sind wir eher bereit, die problematischen Aspekte auszublenden.“ Sie rät Frauen aber auch dazu, „dass wir hin und wieder die Kritiker*innen-Brille aufsetzen und wahrnehmen, aus welchen Gründen das problematisch ist und warum ich mich trotzdem gut dabei fühle.“

Man könnte hinzufügen: Auch wenn manche das Gegenteil behaupten, es gibt keine Filme, ohne die „Weihnachten nicht Weihnachten ist“. Ob wir überhaupt Weihnachtsfilme anschauen und, falls ja, welche Kriterien wir anwenden, liegt – wer aufgepasst hat, ahnt es schon – allein bei uns. Auswahl gibt es genug. Der Klassiker *Das Wunder von Manhattan* zeigte bereits im Jahr 1947 eine beruflich erfolgreiche, alleinerziehende Mutter. Auch wenn sie am Ende in den Hafen der Ehe einläuft, ging das kirchlichen Kreisen damals zu weit. Auch das Aschenbrödel aus dem tschechisch-deutschen Kultfilm ist selbstbewusster als manche Heldinnen moderner Weihnachtsfilme. Dass am Ende stets ein Happy End in Form einer glücklichen Liebe steht, dürfte bei Weihnachtsfilmen nicht überraschen. Konflikte sind zwar fester Bestandteil der Dramaturgie, sie werden aber von außen in die Familien und Beziehungen getragen. Da die Produktion von Weihnachtsfilmen ein lukratives Geschäft ist, dürften auch in Zukunft jedes Jahr wieder Unmengen davon an den Mann – und vor allem an die Frau – gebracht werden. Meist konventionelle Massenware, aber auch immer wieder Filme mit neuen Konzepten – die Logik des Marktes verlangt hin und wieder auch nach Innovation, nach Unterscheidung.

Nollaig na mBan

Ist Weihnachten für moderne Frauen ein Dornwald, durch den sie jedes Jahr wieder gehen müssen? Oder wird vielleicht doch eines Tages *Unser lieben Frauen Traum* wahr und Weihnachten wird zum Fest, nicht zur Belastung?

Auch wenn der evangelische Theologe Friedrich Schleiermacher suggeriert, Weihnachten sei Frauensache – dieses Dogma ist nicht gottgegeben, sondern allenfalls 200 Jahre alt. Es entstand zusammen mit der bürgerlichen Kernfamilie. Stets haben Veränderungen der Gesellschaft sich auf die Art, Weihnachten zu feiern, ausgewirkt. Das wird auch in Zukunft so bleiben. Schleiermachers These, Weihnachten würde aussterben, bliebe es den Männern überlassen, könnte sich als falsch erweisen. Sogar Männer können sich ändern.

Schleiermacher steht auch am Anfang der Verweltlichung von Weihnachten. Mit dem Rückzug aus der Kirche, verschiebt sich der Fokus von Menschwerdung und Erlösung auf Liebe und Familie. Maria als Mutter des neugeborenen Kindes aber ist immer noch präsent, und sei es nur als Krippenfigur. Ihre Rolle als Leitbild für die Frauen hat sie längst verloren, als Leid-Bild kann sie neu interpretiert werden. Nicht umsonst heißt eine katholische Fraueninitiative, die sich für eine gerechtere Kirche einsetzt, *Maria 2.0*. „Maria 1.0 ist eben die schweigende Frau, die Dienende, wobei gegen Dienst nichts zu sagen ist, aber das Bild der Maria ist die Schweigende, nichts zu sagen Habende, so ist es uns vermittelt worden“, erklärte Lisa Kötter, eine der Mitbegründerinnen der Aktion. „2.0 heißt Neuanfang: Alles auf null stellen. Wir sind nicht mehr so!“

In Irland endet die Weihnachtszeit am 6. Januar mit einem weltweit einzigartigen Schlussakkord: Nollaig na mBan, das Weihnachten der Frauen, oder das „kleine“ Weihnachten. Auch unser Gang durch den Dornwald endet damit. Zum Ausgleich für die Arbeit, die die Frauen mit dem „großen“ Weihnachten, oder dem „Weihnachten der Männer“ hatten, treffen sie sich mit Freundinnen oder Verwandten im Pub oder zum Shopping. Die Männer schmücken währenddessen den Baum ab und passen auf die Kinder auf. Ob das ein gerechter Ausgleich ist oder eher ein schwacher Trost, sei dahingestellt.

Charles Dickens gehört zu den klugen Köpfen, die Weihnachten ernst nahmen und die Nörgeleien minderer Geister deklassieren.

– 14 –

Was hat wohl der Esel gedacht?

Weihnachtsnörgeln ist so einfach

Es gibt Menschen, die Weihnachten aufgrund ihrer eigenen schlechten Erfahrungen nicht mögen. Manche ärgern sich über die Vermarktung und Verflachung. Andere erwarten, dass Weihnachten ganz und gar ihren eigenen Vorstellungen entsprechen soll, sonst ist es nicht richtig. Dann gibt es jene, die die Weihnachtsbotschaft mit der Realität konfrontieren. Sie verweisen auf Missstände wie Armut und Krieg und versuchen, die Satten und Zufriedenen mit provokanten Sprüchen und Aktionen aufzurütteln. Künstler stellen weihnachtliche Symbole in einen neuen Zusammenhang, um die Betrachter zum Nachdenken zu bringen. Und es gibt die Weihnachtsnörgler. Die haben eigentlich keine besondere Meinung zu dem Fest, sie brühen nur die gängigen Klischees immer wieder auf. Dazu bedienen sie sich auch der Argumente der anderen, ohne dass sie deren Motive teilen. Meistens handelt es sich um Vielschreiber, die sich zu jedem beliebigen Thema äußern.

Einen Zweck verfolgen die Weihnachtsnörgler schon, aber der liegt einzig und allein darin, sich selbst als kritische Intellektuelle zu positionieren. Wer Weihnachten ironisch hinterfragt, ist erwachsen, scharfsinnig und weltläufig. Den Nörglern kommt zugute, dass die Nachfrage nach „kritischen" Betrachtungen über die Weihnachtszeit hoch ist. Kein Medium will sich nachsagen lassen, es verbreite ausschließlich naive Weihnachtsseligkeit. Mindestens eine Abrechnung mit dem Fest muss sein. Die Bausteine dafür sind mit einer fünfminütigen Google-Suche leicht zu finden: Kommerz und Konsumterror, Socken und Krawatten auf dem Gabentisch, Stress und geheuchelte Harmonie, *Last Christmas* verursacht Ohrenkrebs, Coca-Cola hat den Weihnachtsmann erfunden und anderswo sterben Kinder, während ihr euch vollfresst. Als Krönung erfährt man schließlich, dass Weihnachten eigentlich ein heidnisches Fest sei. Das alles muss man nur geschickt zusammenstecken und fertig ist eine vor Sarkasmus triefende Diatribe.

Auch das Weihnachtsnörgeln ist längst zu einer weihnachtlichen Tradition geworden. Da war es richtig erfrischend, als das Jugendmagazin der Süddeutschen Zeitung die gängigen Streitfragen rund um Weihnachten vor einigen Jahren mal als Pro-und-Contra-Debatte aufzog und nicht einfach die abgedroschenen, einseitig-öden Tiraden der Weihnachtsnörgler veröffentlichte.

Der Bedarf an Weihnachtskritik und Weihnachtssatire wäre nicht so groß, wenn Weihnachten nicht auch Schattenseiten hätte. Wäre das Fest nicht alle Jahre wieder anstrengend, ja bisweilen enttäuschend, dann wäre das Geschäftsmodell der Weihnachtsnörgler weniger attraktiv. Für Ostergemecker und Pfingstkritik gibt es schon deshalb keinen Markt, weil diese Feiertage die Emotionen der Menschen nicht in dem Maße berühren wie Weihnachten – im Guten wie im Schlechten. Nach wie vor äußert sich eine, wenn auch knapper werdende, Mehrheit der Befragten in Umfragen positiv über das Fest. Edgar S. Hasse betrachtete in seiner Untersuchung der Weihnachtsberichterstattung deutscher Printmedien auch die Kritik am Fest. Wenig überraschend stieß er bei der linken *taz* auf den höchsten Anteil solcher Beiträge. Allerdings nahm die Anzahl kritischer Inhalte im Untersuchungszeitraum von 1981 bis 2005 ab, und das bei einer insgesamt steigenden Anzahl von Texten über das Fest. Weihnachtsnörgelei läuft sich irgendwann tot.

Wer sich von dem Geschwafel der Weihnachtsnörgler verunsichert fühlt, der sei auf die zahlreichen Geistesgrößen verwiesen, die die vielfältigen Dimensionen von Weihnachten erkannten; die darüber schrieben und predigten, die komponierten und malten. Darunter waren Persönlichkeiten wie Franz von Assisi, Birgitta von Schweden, Martin Luther, Albrecht Dürer, Johann Sebastian Bach, Johann Wolfgang von Goethe, die Gebrüder Grimm, E.T.A. Hoffmann, Harriet Beecher Stowe, Charles Dickens, Theodor Storm, Henrik Ibsen, O. Henry, Thomas Mann, Erich Kästner, Astrid Lindgren, Claude Lévi-Strauss, Heinrich Böll und Truman Capote. Diese Liste ist eindrucksvoll, aber bei Weitem nicht erschöpfend. Die Gedanken dieser Männer und Frauen über das Fest gingen nicht selten gegen den Strich, waren aber niemals banale Aneinanderreihungen abgedroschener Klischees, niemals bloße Weihnachtsnörgelei.

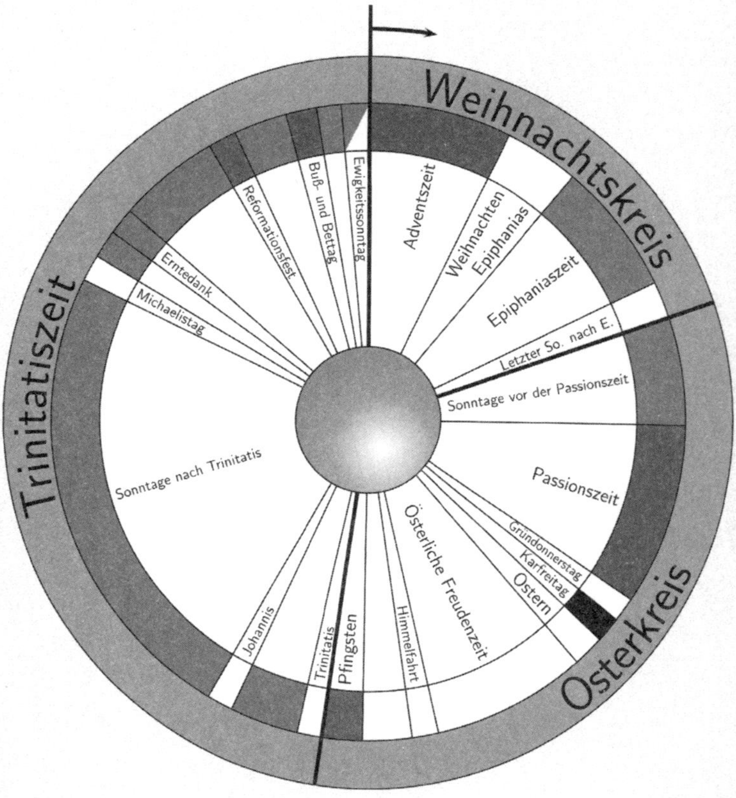

Der christliche Festkreis – hier die protestantische Version – verteilt die Stationen des Lebens Jesu über das Jahr.

– 15 –

Gnadenbringende Weihnachtszeit

Was Weihnachten anderen Feiertagen voraus hat

Das Lied *O du fröhliche* ist eines der beliebtesten Weihnachtslieder in Deutschland. Drei kurze Strophen, leicht zu merken, einfach zu singen. Oft erklingt es zur Bescherung. Dabei war *O du fröhliche* ursprünglich kein Lied für Weihnachten, sondern ein „Allerdreifesttagslied", ein Lied für die drei wichtigsten christlichen Feiertage im Jahr: Weihnachten, Ostern und Pfingsten. Der Originaltext lautet:

O du fröhliche, o du selige,
gnadenbringende Weihnachtszeit!
Welt ging verloren, Christ ist geboren:
Freue, freue dich, Christenheit!

O du fröhliche, o du selige,
gnadenbringende Osterzeit!
Welt liegt in Banden, Christ ist erstanden:
Freue, freue dich, Christenheit!

O du fröhliche, o du selige,
gnadenbringende Pfingstenzeit!
Christ, unser Meister, heiligt die Geister:
Freue, freue dich, Christenheit!

Es stellt sich die Frage, bei welcher Gelegenheit man wohl ein Allerdreifesttagslied singt. An allen drei Festtagen etwa? Oder zwischendurch? Oder gar nicht? Diese Frage stellte man sich offenbar schon bald nach seiner Entstehung. Der Aufklärer Johannes Daniel Falk hatte *O du fröhliche* um das Jahr 1816 für die Zöglinge des von ihm gegründeten Waisenhauses geschrieben. 1826 wurde es in der heute bekannten Form gedruckt, die beiden zusätzlichen Weihnachtsstrophen hatte Falks Mitarbeiter Heinrich Holzschuher verfasst. Es ist kein Zufall, dass das Lied als Weihnachtslied überlebt hat und nicht als Oster- oder Pfingstlied. An einer geringeren theologischen Bedeutung der Feiertage liegt das allerdings nicht. Ostern, das Fest der Auferstehung, ist aus christlicher Sicht nicht weniger bedeutsam als Weihnachten, das Fest der Menschwerdung Gottes. Die meisten christlichen Konfessionen sehen Ostern sogar als das wichtigste Fest im Jahreskreis an. Pfingsten, das Fest der Aussendung des Geistes an die Jünger, wird heute gerne als Geburtstag der Kirche bezeichnet. Gemeinsam erzählen die Feiertage über das Jahr verteilt die christliche Heilsgeschichte.

In der religiös geprägten Hochkultur vergangener Jahrhunderte sind Weihnachten und Ostern noch gleichwertig vertreten. Johann Sebastian Bach schrieb ein Weihnachtsoratorium und drei Passionen, von denen eine verschollen ist. Maler und Bildhauer widmeten sich der Geburt des Herren genauso aufmerksam wie den anderen Stationen seines Lebens, natürlich auch seinem Leidensweg. Große Werke der Weltliteratur, von Goethe bis Bulgakow, beziehen sich auf das Osterfest. Schließlich bietet Ostern eine Menge Stoff für eine künstlerische Auseinandersetzung: eine packende Story, spannender (wenn man als Weihnachtsfreund ehrlich ist) als die Weihnachtsgeschichte. Der Protagonist geht unaufhaltsam einem tragischen Ende entgegen. Er ist umgeben von Verrätern und wankelmütigen Freunden. Die Jahreszeit liefert einen dramatischen Spannungsbogen von höchster Güte: Karneval, Aschermittwoch, Fastenzeit, Palmsonntag, Gründonnerstag, Karfreitag, Ostern. Die Erzählung endet mit einem unerwarteten Plot-Twist, der Auferstehung. Zwei aufsehenerregende Filme unserer Zeit befassen sich mit der Passion, Martin Scorseses *Letze Versuchung Christi* und Mel Gibsons *Die Passion Christi*. Beide sind zwar hoch umstritten, aber haben Kinogeschichte geschrieben. Verfilmungen der Weihnachtsgeschichte hingegen bewegen sich in einem recht konventionellen Rahmen.

Auch die volkstümliche Ostersymbolik – Eier, Nester, Hasen, Küken, Narzissen – liefert Motive für eine heitere Dekoration der eigenen vier Wände. Ostern fällt in den Frühling, die Zeit, in der die Natur wieder erwacht. Allein das ist schon ein Grund zur Freude. Ostern ist hell, fröhlich und bunt. In der katholischen Kirche kommt es bis heute vor, dass Geistliche in ihre Osterpredigt launige, manchmal nicht ganz zu dem heiligen Rahmen passende Geschichten einbauen, die die Gemeinde zum Lachen bringen sollen. Mit dem seit dem Mittelalter belegten Brauch des *Risus Paschalis,* des Osterlachens, soll die Freude über die Auferstehung spür- und hörbar gemacht werden. Nach langem Fasten und den dramatischen Ereignissen der Karwoche brachte das Lachen die endgültige Befreiung. Unter den zum Besten gegeneben Geschichten waren bisweilen auch derbe Zoten, weshalb Reformation und katholische Aufklärung den Brauch verwarfen. Dennoch hält sich die Sitte bis heute. Ein Video, in dem der Passauer Bischof Stefan Oster einen Osterwitz erzählt, ging 2024 viral. Die Geschichte drehte sich um

Missverständnisse rund um das Kürzel „WC". Das Osterlachen des Hirten und seiner Gemeinde ist dabei unüberhörbar.

Die Osterzeit ist nicht ärmer an Traditionen als Advent und Weihnachten. Manche davon sind für den Hausgebrauch geeignet, andere eher für den etwas ausgefalleneren Geschmack. Palmzweige schmücken, Eier bemalen und verstecken, das Osterfrühstück, der Osterspaziergang – das sind weitverbreitete Traditionen, die sich überall leicht umsetzen lassen. In Lateinamerika und anderen katholischen Regionen gibt es Menschen, die sich in der Karwoche kreuzigen lassen. Werden die Gläubigen normalerweise nur für einige Zeit festgebunden, gehen Katholiken auf den Philippinen noch weiter: Sie lassen sich wirklich ans Kreuz nageln. Bei den Umzügen zur *Semana Santa,* der Karwoche in der spanischsprachigen Welt, tragen Menschen nicht nur teils tonnenschwere Heiligenbilder. Einige besonders eifrige Büßer geißeln sich sogar bis aufs Blut. Diese Lust an der Qual mag nicht jedermanns Sache sein, sie zeugt aber von der großen Bedeutung, die das Fest für die Betroffenen hat. Sage niemand, es gebe keine markanten Osterbräuche.

Zu den vielen Menschen, die lieber durch Verzicht leiden, gehören nicht nur gottesfürchtige Büßer. Das Fasten vor Ostern kann jenseits religiöser Überzeugungen eine sinnstiftende Vorbereitung auf das Fest sein, die das freudige Ereignis intensiver erleben lässt. Der Advent war ursprünglich ebenfalls eine Fastenzeit, diese wurde von der katholischen Kirche schon 1917 für nicht mehr verbindlich erklärt.

Trotz der vielen Vorzüge des Osterfestes ist es im Jahreskreis nur der weit abgeschlagene Zweite unter den Feiertagen. Woran liegt es, dass Weihnachten in positiver wie in negativer Hinsicht viel präsenter ist? Es gibt Weihnachtsmärkte, Weihnachtslieder, Weihnachtsfilme, Weihnachtsfeiern in Betrieben und in Vereinen. Um Ostern wird ein wesentlich geringerer Aufwand betrieben. Ostern kommt für die meisten relativ plötzlich und ist auch schon wieder vorbei, ehe man sich's versieht. Danach gibt es kaum etwas aufzuräumen. Es klagt auch nur selten jemand über Osterstress und die Kommerzialisierung des Osterfestes. Ostern findet statt, wenn es draußen wieder schön wird und wir nicht mehr so sehr auf Trost angewiesen sind. Im Dezember ist es kalt und dunkel und die Menschen sind auch heute noch froh, wenn sie um den Adventskranz sitzen, heißen Tee trinken und Plätzchen knabbern können. Und dann sind da natürlich noch die Geschenke. Die spielen ja nun angeblich gar keine Rolle, denn es geht ja um etwas ganz anderes. Aber Weihnachtsgeschenke sind eben doch etwas anderes als Ostereier.

Weihnachten, das Familienfest, wird zwar immer weltlicher, aber es vermittelt weiterhin eine deutlich erkennbare spirituelle Botschaft. Ostern wird ebenfalls von sehr vielen Familien weltlich gefeiert. Für die wachsende Gruppe derer, die gar nicht oder nicht mehr so richtig an die Auferstehung glauben, bleibt aber nur ein Fest mit Eiern, Hasen und einem ausgedehnten Frühstück übrig. An eine Geburt zu glauben, fällt leichter, auch wenn die Rolle des an Weihnachten Geborenen unscharf geworden ist.

Auch die Gabenbringer unterscheiden sich. Der Weihnachtsmann hat eine Mission, die sich dem Zeitgeist anpassen kann. Früher lag die Betonung mehr auf „brav sein", heute auf „Liebe und Freude". Der Osterhase hingegen ist ein recht eindimensionaler Geselle. Er versteckt Eier, wackelt mit dem Schwänzchen, aber er steht für keine tiefere Idee. Er ruft niemanden dazu auf, ein besserer Mensch zu werden, er spendet keinen Trost und ist keine höhere Instanz. Eine frühe Erwähnung als Eierbringer ist aus dem 17. Jahrhundert überliefert, erst im 19. Jahrhundert wurde er aber zu einer verbreiteten Figur. Zwar wurden auch Geschichten und Gedichte über den Osterhasen verfasst, aber nichts davon erreichte die Bekanntheit von Weihnachtsklassikern wie Theodor Storms *Knecht Ruprecht* („Von drauß' vom Walde komm ich her") in Deutschland oder Clement Clarke Moores *A Visit from St. Nicholas* in Nordamerika. Daran ändert auch die *Häschenschule* mit ihren verschiedenen Spin-offs nichts.

Auch die Popkultur hat sich nur wenig mit Ostern beschäftigt und aus dem Wenigen wurde kein Kanon, der einer größeren Zahl von Menschen die Osterzeit ausschmückt. Nehmen wir den Countrysänger Gene Autry. Mit seinen Songs verewigte er Rudolph das Rentier und Frosty den Schneemann in der internationalen Weihnachtsfolklore. Wenn jemand in der Lage gewesen wäre, einen Oster-Hit zu landen, dann er. Doch sein Lied über den Osterhasen Peter Cottontail war nur ein saisonaler Achtungserfolg.

Der Geist kam über sie

Noch schwieriger hat es Pfingsten. Wer weiß noch, was es mit dem Feiertag und den damit verbundenen Schulferien auf sich hat? Die Kirchen werden nicht müde, die große Bedeutung dieses Festes zu unterstreichen. Hätte Gott nicht seinen Geist zu den beim jüdischen Schawuot-Fest versammelten Jüngern gesandt, dann gäbe es das Christentum vielleicht gar nicht. Die Gläubigen wären niemals in die Welt hinausgezogen und hätten nicht die Botschaft Christi verbreitet. Die Apostelgeschichte beschreibt das Ereignis mit dramatischen Worten:

> Als der Pfingsttag gekommen war, befanden sich alle am gleichen Ort. Da kam plötzlich vom Himmel her ein Brausen, wie wenn ein heftiger Sturm daherfährt, und erfüllte das ganze Haus, in dem sie waren. Und es erschienen ihnen Zungen wie von Feuer, die sich verteilten; auf jeden von ihnen ließ sich eine nieder. Alle wurden mit dem Heiligen Geist erfüllt und begannen, in fremden Sprachen zu

> reden, wie es der Geist ihnen eingab. In Jerusalem aber wohnten Juden, fromme Männer aus allen Völkern unter dem Himmel. Als sich das Getöse erhob, strömte die Menge zusammen und war ganz bestürzt; denn jeder hörte sie in seiner Sprache reden.

Doch schon damals waren nicht alle Zuschauer beeindruckt. „Sie sind trunken von süßem Wein“, meinen einige. Petrus weist das mit Verweis auf die frühe Tageszeit zurück und erklärt:

> In den letzten Tagen wird es geschehen, so spricht Gott: Ich werde von meinem Geist ausgießen über alles Fleisch. Eure Söhne und eure Töchter werden Propheten sein, eure jungen Männer werden Visionen haben, und eure Alten werden Träume haben. Auch über meine Knechte und Mägde werde ich von meinem Geist ausgießen in jenen Tagen und sie werden Propheten sein. Ich werde Wunder erscheinen lassen droben am Himmel und Zeichen unten auf der Erde: Blut und Feuer und qualmenden Rauch. Die Sonne wird sich in Finsternis verwandeln und der Mond in Blut, ehe der Tag des Herrn kommt, der große und herrliche Tag.

Seine Predigt überzeugt viele Zuhörer und sie fragen, was sie denn tun sollen.

> Petrus antwortete ihnen: Kehrt um und jeder von euch lasse sich auf den Namen Jesu Christi taufen zur Vergebung seiner Sünden; dann werdet ihr die Gabe des Heiligen Geistes empfangen.

Die Aufforderung hat Erfolg:

> Die nun, die sein Wort annahmen, ließen sich taufen. An diesem Tag wurden etwa dreitausend Menschen hinzugefügt. Sie hielten

an der Lehre der Apostel fest und an der Gemeinschaft, am Brechen des Brotes und an den Gebeten.

Nach einer Phase von Niedergeschlagenheit und Verwirrung haben die Anhänger Jesu nun wieder ganz zu ihrem Glauben zurückgefunden und tragen ihn in die Welt. Auch wenn effektheischend von Blut, Feuer und qualmendem Rauch die Rede ist, bleibt das Ganze doch eine sehr abstrakte Angelegenheit. Hervorragend geeignet für geistvolle Auslegungen, aber kaum die Grundlage für ein populäres Fest. Der Heilige Geist gehört zu den schwierigsten Themen, die das Christentum zu bieten hat. Das „Pfingstwunder" ist weniger eine erzählbare Geschichte, sondern ein Ereignis, zwar mit hoher Symbolkraft, aber handlungsarm. Charismatische Freikirchen stellen diese Bibelstelle ins Zentrum ihrer Spiritualität, auch für die großen Konfessionen ist Pfingsten eines der wichtigsten Hochfeste. In katholischen Gotteshäusern hat man früher durch eine Luke eine hölzerne Taube an einer Schnur in den Kirchenraum heruntergelassen und in Schwingungen versetzt oder man ließ lebende Tauben fliegen. Im Mittelalter mag das die Menschen schwer beeindruckt haben, aber eine bleibende Tradition ist daraus nicht geworden.

Volkstümliches Pfingstbrauchtum gab es zwar, doch in geringerem Maße als zu Weihnachten und Ostern. Oft nahm es ähnliche Formen an wie die Riten zu anderen Feiertagen, sodass sich kein typisches Pfingstgefühl, keine säkulare Pfingststimmung daraus entwickelte. Heute sind die Traditionen weitgehend in Vergessenheit geraten. Heischebräuche, wie man sie in der Advents- und Weihnachtszeit kennt, waren früher Bestandteil vieler Feierlichkeiten. Schon deshalb, weil sich für junge and arme Menschen die Möglichkeit bot, etwas Zusätzliches zum Beißen zu bekommen. Das weihnachtliche Heischen ist heute zum Sternsingen geworden, an Pfingsten findet es allenfalls regional statt, als bewusste Traditionspflege. Der Begriff „geschmückt wie ein Pfingstochse“ gerät allmählich aus der Mode, weil auch das Vorbild aus unserem Alltag verschwunden ist. Früher wurde das Vieh zu diesem Termin das erste Mal auf die Weide getrieben. Der kräftigste Ochse wurde dabei als Leittier besonders aufgeputzt. Auch diejenigen, die zu Pfingsten am längsten schliefen, wurden als Pfingstochsen verspottet.

An Weihnachten gibt es viele und große Geschenke, denn Gott hat den Menschen seinen Sohn geschenkt. Zu Ostern gibt es Eier als Zeichen für das Leben und heute meistens auch kleine Geschenke dazu. An Pfingsten gibt es gar nichts. Hier ist der Geist das Geschenk und der ist bekanntlich immateriell. Wer also den Kommerz an Weihnachten abscheulich findet, sollte sich mit diesem Feiertag identifizieren können. Dass die Aussicht, etwas Schönes zu erhalten, die Attraktivität eines Feiertags steigert, dürfte für alle anderen außer Frage stehen.

III.

Der Geist der künftigen Weihnacht

Verjagen wir das Unbehagen!

Wir sind am Ende unserer Betrachtung angelangt. Wir haben gesehen, dass Weihnachten schon immer von Ritualen begleitet wurde, die weder der religiösen Idee der Menschwerdung Gottes noch dem Charakter einer besinnlichen Familienfeier entsprachen. Schon immer regte sich irgendjemand über solche Erscheinungen auf. Auch heute entstehen immer wieder neue Rituale, die nicht jedem gefallen. Das bedeutet jedoch nicht, das Weihnachten in Gefahr schwebt.

Durch die Medien bekommen wir jede Modeerscheinung, jede Provokation, jeden abseitigen Debattenbeitrag, jeden Ruf nach Verboten in Echtzeit nach Hause geliefert. Das erweckt den Eindruck, dass Weihnachten „früher" in Ordnung und „heute" verdorben oder akut gefährdet sei. Wenn manche Menschen grelle Weihnachtspullover tragen und andere schon im August Spekulatius genießen, müsste uns das eigentlich nicht weiter stören. Wir können das ja anders machen. Wenn irgendjemand in vorauseilendem Gehorsam vorschlägt, Weihnachtmärkte umzubenennen, ohne dass dies letztlich auch passiert, dann geht Weihnachten nicht vor die Hunde.

Früher, so könnte man meinen, waren die Menschen in Europa tief gläubig und gingen regelmäßig zur Kirche. Auch Weihnachten begingen sie mit der nötigen Andacht. Wir haben gesehen, dass im Mittelalter in der Weihnachtszeit Priester in Frauenkleidern Unfug trieben und an Königshöfen Kunstfurzer die Feier mitgestalteten. Vor über hundert Jahren erschienen in galanten Pariser Journalen Bilder mit weihnachtlich-erotischer Thematik. Das alles bekam damals nicht gleich jeder mit. Die kollektiven Weihnachtsbesäufnisse früherer Jahrhunderte hingegen blieben niemandem verborgen, aber sie gerieten in Vergessenheit. Im 20. Jahrhundert wurden sie wiederbelebt, und zwar in Form der betrieblichen Weihnachtsfeier. Ist das das Resultat eines überzeitlichen Volksgedächtnisses oder einfach ein typisch menschliches Verhalten, das in bestimmten Situationen nun mal auftritt? Insbesondere in Deutschland hat sich im 19. Jahrhundert das Verständnis von Weihnachten als einem gesitteten und besinnlichen Fest durchgesetzt. Die älteren, eher ungehobelten Erscheinungsformen wurden überdeckt. Die heile Weihnachtswelt, die wir in der Vergangenheit vermuten, hat es nie gegeben. Moderne Ausformungen des Festes wie Weihnachtspop oder X-Mas-Partys sind darum keine Bedrohung. Im Gegenteil, sie sind nur aktuelle Varianten uralter Facetten der Weihnacht und gleichzeitig Belege für ihre Vitalität.

Woher dann das Unbehagen? Woher die Befürchtung, Weihnachten ginge vor die Hunde? Für die meisten Menschen fühlt sich Weihnachten nur dann richtig an, wenn es so ist, wie in der Kindheit, das haben wir bereits gesehen. Über die Frage, was an Heiligabend auf den Tisch kommt und wann die Bescherung erfolgt, können sich junge Eltern ernsthaft in die Haare kriegen. Wenn es nicht so ist, wie ich es gewohnt bin, dann ist es nicht Weihnachten. Wie wirken sich dann erst unflätige Scherze mit weihnachtlichen Symbolen, triviale Trends und Reizüberflutung durch Reklame auf unsere Weihnachtsseele aus? Sie wirken störend, selbst wenn wir sie nur aus der Ferne wahrnehmen. Es ist, als hätte jemand einem Kind ein abgeschmacktes Geschenk unter den Baum gelegt – auch wenn es nur das Kind in uns selbst ist.

Es hilft nichts – von dem Gedanken, dass Weihnachten immer und überall so sein muss wie früher bei uns zu Hause oder in einer erträumten Vergangenheit, müssen wir uns verabschieden. Egal was andere machen, wir können Weihnachten so feiern, wie wir wollen. Wir dürfen nur nicht glauben, dass das die einzig richtige Art ist. Wir können mit dem Kauf von Lebkuchen beginnen, wann wir wollen, aber wir können niemandem verbieten, schon früher zuzulangen.

Die jahrhundertealten Streitereien um das Fest zeigen vor allem eines: Was daran getadelt wird, hängt von den jeweils aktuellen Moden und Ideologien ab. In der Zeit der Aufklärung galten die alten weihnachtlichen Volksbräuche, die Spiele und Umzüge, als roher Aberglaube. Im 19. Jahrhundert sahen nationalromantische Brauchtumsforscher in ihnen wertvolles deutsches Volksgut, das wiederbelebt werden müsse. Im Zuge der Achtundsechziger-Bewegung glorifizierten manche sie zu aufmüpfiger Gegenkultur der Unterschicht. Die angeblichen heidnischen Wurzeln des Festes waren für die Puritaner ein Grund, Weihnachten zu verbieten. Die Nazis behaupteten, dies sei der wahre Kern, der durch das Christentum verdorben sei. Heute wird die Heidenthese trotz ihrer braunen Vergangenheit auch gerne von progressiven Intellektuellen vertreten. Weihnachten ist, was wir daraus machen. Was der wahre Kern für uns ist und was entbehrlich, das bestimmen einzig wir allein. Niemand kann uns da hineinreden. Forscher haben festgestellt, dass zwar manche alten, gemeinschaftlich ausgeübten Weihnachtsbräuche verschwinden, dafür aber neue Familienrituale entstehen: Mit welchem Film eröffnen wir die Saison, was essen wir wann, wie wird die Bescherung in Szene gesetzt?

Wir können uns das so vorstellen: Weihnachten hat eine öffentliche, eine äußere Sphäre, das mediale Weihnachten. Dieses Weihnachtsfest ist es, das in Kaufhäusern vermarktet, in Filmen dramatisiert, in der Werbung benutzt, in dem Kommentarspalten der Presse kritisiert, in Karikaturen ironisiert und von Demagogen missbraucht wird. Machen wir uns bewusst: dieses Weihnachten ist hohl, das heißt, es hat keinen Kern, keinen tiefen Sinn. Wenn dieses Weihnachten Formen annimmt, die uns nicht behagen, dann betrifft uns das nicht. Es ist nur Widerschein. Der Kern, das ist das Weihnachtsfest, das in uns ist, das wir in unseren vier Wänden feiern. Dieses ist keineswegs makellos, aber hier haben wir es in der Hand, es zu gestalten und ihm einen Sinn zu geben, der für uns bedeutsam ist.

Es wäre zu einfach, zu behaupten, die mediale Weihnacht hätte mit der inneren gar nichts zu tun. Natürlich beziehen sich die beiden aufeinander. Schon lange sind Medien daran beteiligt, unsere Vorstellungen von Weihnachten zu prägen. Die Bilder der Medien geben vor, die reale Weihnacht zu zeigen, und unsere private Weihnacht setzt sich aus Elementen zusammen, die aus dieser äußeren Sphäre kommen. Aber wir können auswählen. Wir suchen uns aus den Hunderten von Liedern, aus den Erzählungen, den Dekoartikeln, aus den zahllosen Veranstaltungen, vom Christkindlmarkt bis zum Weihnachtsoratorium, das aus, was uns Freude bringt. Wir können für uns selbst und die Menschen, mit denen wir feiern, die Regeln ändern, Störendes in den Kamin werfen und wie einen Julklotz verbrennen.

Fröhliche Weihnacht überall

Es kann nicht schaden, weniger über die unschönen, die nervtötenden Erscheinungen zu jammern. Warum nicht mehr über die guten Dinge reden und sich daran beteiligen? Zu alten Traditionen wie dem Nikolaus- und dem Barbara-Brauchtum, dem Adventskranz sind neue gekommen, die ebenfalls Freude bringen. Die Wichteltür ist eine Art Mitmach-Adventskalender aus Skandinavien, sie kann vor allem kleinere Kinder bezaubern. In Dörfern gestalten Menschen Adventsfenster, an denen man sich abends bei Glühwein und Plätzchen trifft und Weihnachtslieder anstimmt. Fußballfans versammeln sich im Stadion, um gemeinsam zu singen. Pfarrgemeinden lassen alte Bräuche wie das Kindelwiegen oder das Frauentragen wieder aufleben. Letzteres spielt in der Adventszeit die Herbergssuche nach: Eine Marienfigur wird von Haus zu Haus getragen, wobei die Bewohner die Gottesmutter nicht abweisen, sondern willkommen heißen.

Alle diese modernen oder wiederentdeckten Rituale haben gemeinsam, dass man sich nicht nur berieseln lässt, sondern etwas tun muss. Das kostet Zeit, aber es kann Erfüllung bringen. Aber Vorsicht: Nicht alle guten Ideen lassen sich einfach umsetzten und wer in gerade mal vier Wochen singen, basteln, backen, dekorieren, frauentragen und auch noch ein paar Konzerte besuchen, wer dann auch noch viele schöne Geschenke kaufen und verpacken will, hat am Ende anstatt Freude nur Frust. Es ist ratsam, die eigenen Fähigkeiten – beim Basteln zum Beispiel – und die verfügbare Zeit realistisch einzuschätzen. Wer aber resigniert und nur konsumiert, hat zwar weniger Stress aber auch weniger Weihnachtsfreude.

Auch die Tradition, in der Weihnachtszeit den Benachteiligten zu helfen, ist nicht nur eine hohle Phrase. Immer mehr öffentliche Einrichtungen und Geschäfte stellen Wunschbäume auf, an denen Zettel mit den Wünschen Bedürftiger hängen. Passanten können diese Zettel mitnehmen, das Erbetene besorgen und abgeben. Das ist eine direkte Form der Hilfe, die ohne einen großen Verwaltungsapparat auskommt. Der Sänger Frank Zander organisiert seit 1995 in Berlin ein Weihnachtsessen für Obdachlose. Inzwischen bewirtet er mithilfe von Sponsoren jedes Jahr rund 3000 Menschen. Hilfsorganisationen wie Humedica konnten 2023 nicht nur Tausende von Paketen mit Geschenken an bedürftige Kinder verteilen, die private Spender befüllt hatten. Außerdem mobilisiert Humedica jedes Jahr Hunderte freiwillige Helfer, die die Päckchen kontrollieren, damit nichts Unpassendes ausgeliefert wird.

In der Pfalz sind seit 2015 am 6. Dezember die Riding Santas unterwegs. Auf ihren Harleys fahren Biker im Weihnachtsmannkostüm Senioren- und Kinderheime, Schulen, Kindergärten und soziale Einrichtungen an. Sie bringen Geschenke und sammeln Spenden für ein Kinderhospiz. Puristen bemängeln, dass die Männer und Frauen am Nikolaustag starten, aber die rot-weißen Santa-

Kutten tragen. Ein kleinlicher Einwand, denn die Riding Santas werben pro Saison inzwischen über hunderttausend Euro für das Hospiz ein, das sich um schwerkranke Kinder kümmert. Spendenaktionen großer Medienhäuser wie die *Sternstunden* des Bayerischen Rundfunks, der *Adventskalender für gute Werke* der Süddeutschen Zeitung oder *Der Westen hilft* des WDR nutzen alljährlich ihre Reichweite und ihre Ressourcen, um an die Hilfsbereitschaft der Menschen zu appellieren. Sie werben Gelder in zweistelliger Millionenhöhe ein, die Menschen in Not zugutekommen. In vielen Städten und im Internet gibt es Initiativen, die einsamen Menschen helfen, an Weihnachten Anschluss zu finden. Weihnachtsnörgler können zwar abfällige Grimassen schneiden und etwas grummeln wie, „die wollen bloß ihr Gewissen beruhigen" oder „ist doch nur widerliche Sentimentalität". Aber wen kümmert das?

Alles kann, nichts muss

Wir haben es in der Hand. Ob wir am 24. Dezember unterm Baum aus dem Lukasevangelium vorlesen, *Allein zu Haus XVII* ansehen oder eine Weihnachtspulloverparty feiern, ist unsere Entscheidung. Wenn wir das tun, was für uns bedeutsam ist, dann ist es richtig. Der Slogan „alles kann, nichts muss" kommt zwar aus einer anderen Ecke, passt aber auch gut zu Weihnachten.

Weihnachten, das bedeutet Hoffnung. Hoffnung auf Erlösung, auf die Wiederkehr des Lichtes und das baldige Wiedererwachen der Natur – und Hoffnung auf schöne Geschenke. Diese mögen auch Symbole sein für die anderen, immateriellen Gaben, die wir an Weihnachten erwarten. Ob wir diese christlich deuten oder nicht, ist unsere Sache.

Theologen haben Weihnachten als den Moment definiert, in dem das Ewige (Gott) das Zeitliche (den Menschen) berührt. Das lässt sich buchstäblich oder im übertragenen Sinne verstehen, aber es ist ein starkes Bild. Wir begegnen an Weihnachten etwas, das größer ist als wir. Etwas, das uns Kraft gibt. Weihnachten löst keine Probleme. Weihnachten abzuschaffen noch viel weniger. Das Fest kann uns helfen, unsere Probleme leichter zu ertragen. Nicht, weil an Weihnachten notwendigerweise Wunder geschehen, sondern weil wir uns vom Alltag erholen mit den Ritualen, die uns teuer sind und uns einen Sinn bieten. Die weihnachtliche Botschaft von „Friede auf Erden" ist eine Verheißung, aber ohne Garantie. Wir müssen schon selbst etwas dafür tun, um zumindest Frieden für uns selbst zu finden.

Von Beginn an war Weihnachten mehr als nur ein religiöser Feiertag – das ist bis heute das Erfolgsrezept. Aus christlicher Sicht ist das Fest einem zentralen Glaubenssatz der Kirche gewidmet: der Menschwerdung Gottes um unserer Erlösung willen. Wäre Weihnachten nicht mehr als das, dann bestünde tatsächlich die Gefahr, dass es zusammen mit diesem Glaubenssatz der Vergessenheit anheimfällt. So, wie es anderen christlichen Festen ergeht, deren Namen nur noch als Bezeichnungen für Urlaubstage gebräuchlich sind. Weihnachten aber hat sich immer wieder angepasst und erneuert – Darwin wäre begeistert. Das Fest vereinigt verschiedene Traditionsstränge in sich: Wir feiern ein astronomisches, ein meteorologisches, ein kalendarisches, ein öffentliches, ein familiäres und, wenn wir möchten, auch ein spirituelles, ein religiöses Ereignis. Diese Mischung ermöglicht es uns, aus dem Alltagstrott auszusteigen und Transzendenz, Gefühl, Tradition, Geheimnis, Erwartung und Freude zu zelebrieren. Wie kein anderes Fest stimuliert Weihnachten die Sinne mit Musik, Düften, Geschichten und Symbolen. Sie bringen uns in eine festliche Stimmung, weil wir mit ihnen seit frühester Kindheit angenehme Erinnerungen verbinden. In der dunklen und kalten Jahreszeit, in der wir uns besonders verletzlich fühlen, ein Fest der Hoffnung und des Lichtes zu feiern, ist sinnstiftend – auch dann, wenn man es nicht im Sinne des christlichen Dogmas versteht. Als hybrides, spirituell-säkulares Fest bietet Weihnachten die Chance, viele Menschen zu vereinen und dennoch die Ausgestaltung der Feier im Privaten zu belassen.

Christen müssen trotzdem nicht alle Hoffnung fahren lassen. Weihnachten bietet eine der wenigen Gelegenheiten, bei der auch Atheisten und Agnostiker mit biblischem Gedankengut in Kontakt kommen. Statt über die weltlichen Bräuche die Nase zu rümpfen und ein nicht existierendes Monopol auf das Fest zu verteidigen, wäre es klüger, darüber nachzudenken, wie sich die Weihnachtsstimmung nutzen ließe, um in zeitgemäßer Weise für den Glauben zu werben.

Wie das Weihnachtsfest in hundert oder zweihundert Jahren aussehen wird, das weiß auch der Geist der künftigen Weihnacht nicht. Aber er kann mit ziemlicher Sicherheit sagen, dass es das Fest noch geben wird. Die Bundeswehrstudie zeigt, wie fest Weihnachten in der Gesellschaft verankert ist. Mehr als ein Drittel der Befragten gab im Jahr 2023 an, dass sich die Art, Weihnachten zu feiern, trotz Pandemie, Inflation und Krieg nicht nachhaltig verändert habe. Die Befragung ergab, dass die Menschen trotzdem geringere Erwartungen an das Fest haben. „Das mag auf den ersten Blick negativ klingen", so Philipp Rauschnabel, dessen Lehrstuhl die Studie durchführte. „Auf den zweiten Blick sieht es aber richtig gut aus – denn: Vieles entwickelt sich zum Positiven, gerade wenn die Erwartungen niedrig sind!" So zeigt die Studie beispielsweise, dass sich rund die Hälfte der Menschen mehr Zeit für sich und ihre Familie nehmen wollen. Sie haben weniger Verpflichtungen und gehen die Feiertage gelassener und entspannter an: „Diese Personengruppe hat Weihnachten ein Stück weit entmaterialisiert und entschleunigt", so der Ökonom Rauschnabel. Was kluge Ratgeber nicht schaffen, das hätten also die Krisen unserer Zeit bewirkt.

Das zeigt einmal mehr die große Kraft des Weihnachtsfestes, die es trotz allem noch besitzt und die umso stärker wirkt, je schwieriger die Zeiten sind. Der Geist der künftigen Weihnacht könnte anmerken, dass uns Krisen wohl noch eine Weile begleiten werden.

Weihnachten geht also nicht vor die Hunde. Der bereits des Öfteren zitierte Manfred Becker-Huberti soll das vorletzte Wort haben. Er schrieb: „Brauchtum kann man nicht zementieren. Es ist umso lebendiger, je mehr es sich wandelt." Kein Fest hat sich über die Jahrhunderte stärker gewandelt als Weihnachten, kein Fest ist lebendiger. Das letzte Wort aber geht an jemandem, dem wir schon zu Beginn begegnet sind. „Ich will Weihnachten in meinem Herzen ehren und versuchen, es das ganze Jahr hindurch zu bewahren", schwor er. Wer war das nochmal? Ach ja, Ebenezer Scrooge …

Zum Nachhören

In meinem Buch ist viel von Musik die Rede. Fast alle Überschriften sind Zitate aus Weihnachtsliedern. Manche davon sind allgemein bekannt, andere weniger. Auch in den einzelnen Kapiteln zitiere ich immer wieder Verse aus Weihnachtsliedern. Wer Interesse hat, kann einige davon auf meiner Spotify-Playlist „Ein Fest mit vielen Klängen" hören. Leider war nicht alles bei Spotify zu finden, eine Suche bei YouTube lohnt sich ebenfalls. Der Platz jedes Liedes in der Liste entspricht der Reihenfolge der Erwähnung im Buch.

Gregor v. Kursell

1.1 Coventry Carol
Im *Coventry Carol* klagen die Mütter der von Herodes ermordeten Knaben ihr Leid. Die Weise stammt aus dem 16. Jahrhundert und wurde in einem Mysterienspiel gesungen.

1.2 Es kommt ein Schiff, geladen
Das alte Adventslied verschlüsselt die Ankunft des Erlösers in Bildern: Die schwangere Maria ist das Schiff, die „teure Last", die es trägt, ist Jesus.

1.3 Hodie Christus natus est
Hodie Christus natus est (heute wurde Christus geboren) basiert auf einer gregorianischen Antiphon, einem kurzen Wechselgesang für den Gottesdienst.

1.4 Veni redemptor gentium

Der Text des Adventslieds geht auf das 4. Jahrhundert zurück, die ursprüngliche Melodie ist nicht überliefert. Martin Luther übersetzte es ins Deutsche (*Nun komm, der Heiden Heiland*).

1.5 Josef, lieber Josef mein

Das beliebte Weihnachtslied wurde ursprünglich wohl beim Kindelwiegen gesungen. Eine Christkind-Puppe wurde dabei in der Kirche von Mitgliedern der Gemeinde geschaukelt.

1.6 Vom Himmel hoch, da komm ich her

Martin Luther schrieb dieses Weihnachtslied um das Jahr 1533, der Überlieferung nach für die häusliche Weihnachtsfeier.

1.7 Kommet ihr Hirten

Dieses aus Böhmen stammende Lied beschreibt die Weihnachtsgeschichte aus der Perspektive der Engel und der Hirten.

1.8 Am Weihnachtsbaum die Lichter brennen

Im 19. Jahrhundert steht nicht mehr die Geburt Christi im Mittelpunkt, sondern die Weihnachtsfeier zu Hause – hier noch mit starken religiösen Bezügen.

1.9 Es ist für uns eine Zeit angekommen (2 Versionen)

Aus diesem Schweizer Sterndreher-Lied tilgte ein NS-Dichter 1939 die religiösen Bezüge und ersetzte sie durch Naturbetrachtung. Diese Version ist heute weitverbreitet.

1.10 Weihnachten in Familie

1985 spielte der populäre DDR-Schlagersänger Frank Schöbel das Lied mit seiner Lebensgefährtin und den gemeinsamen Töchtern ein.

2. Christmas is going to the dogs

Der Song der Eels aus dem Film *Der Grinch* hat eine pessimistische Botschaft: Weihnachten geht vor die Hunde. Noch ist es aber nicht soweit.

2.1 Der Weihnachtsmann hat einen Sack

Der Tenor Daniel Behle präsentiert auf seiner Weihnachts-CD von 2018 auch ein konsumkritisches Lied.

2.2. I Farted on Santa's lap

Was Santa Claus bei seinen Einsätzen in amerikanischen Kaufhäusern alles über sich ergehen lassen muss, das besangen Mary Beltrami und die Little Stinkers im Jahr 1999.

2.3 Here comes Santa Claus

Ein amerikanischer Weihnachtsklassiker, 1947 vom „singenden Cowboy" Gene Autry zum ersten Mal eingespielt. Er verhalf auch Rudolph dem Rentier zum Durchbruch.

2.4 Deck the halls

Viele traditionelle englische Weihnachtslieder sind schwungvoll und fröhlich, dieses feiert die Freude am fröhlichen Feiern.

2.5 The night Jesus met Santa Claus

Ein Versuch aus der Countryszene, die weltliche Santa-Claus-Folklore mit der biblischen Weihnachtsgeschichte zu versöhnen.

2.6 Heidschi Bumbeidschi

Heidschi Bumbeidschi findet sich in vielen Weihnachtsliedersammlungen, obwohl es dort eigentlich nicht hingehört. Die Version von Peter Alexander trieft geradezu vor Schmalz.

2.7 Ihr Kinderlein, kommet (Version der Roten Rosen)
Alles hat seine Zeit und in einem bestimmten Alter machen die Parodien der Weihnachtslieder einfach viel mehr Spaß als die Originale.

2.8 Text Me Merry Christmas
Schon lange werden neue Technologien mit Weihnachten in Verbindung gesetzt. Weihnachtsgrüße per Messengerdienst haben inzwischen kaum noch Neuigkeitswert.

2.9 Shchedryk
Dieses ukrainische Weihnachtslied könnte heidnische Wurzeln haben, es wurde bei Heischegängen gesungen. International ist es als *Carol of the Bells* bekannt.

2.10 Daar wordt aan de deur geklopt
Die Melodie kennt man in Deutschland als *lieber Augustin*, in den Niederlanden klopfen Sinterklaas und der Zwarte Piet an die Tür.

2.11 Herr, wenn die stolzen Feinde schnauben
Die Kantate des Weihnachtsoratoriums handelt von den vergeblichen Versuchen des eifersüchtigen Königs Herodes, Jesus zu vernichten.

2.12 Po' folks Christmas
Der Countrysänger Bill Anderson beschreibt das Weihnachtsfest der armen Leute, die nicht vom Weihnachtsmann besucht werden und Stechpalmenzweige beim Nachbarn klauen müssen.

2.13 Auf dem Berge da wehet der Wind
Ein trauriges Weihnachtslied aus Schlesien, eines der wenigen dieser Gattung, in denen Moll-Tonarten zum Einsatz kommen.

2.14 Was hat wohl der Esel gedacht?
Das moderne Weihnachtslied stilisiert den Esel zum weihnachtlichen Spießer. Soll das etwa andeuten, dass Weihnachtsnörgler Spießer oder gar Esel sind?

2.15 Christ ist erstanden
Das Osterlied *Christ ist erstanden* aus dem 12. Jahrhundert gilt als der älteste erhaltene liturgische Gesang in deutscher Sprache.

3. O du fröhliche
Das bekannte Weihnachtlied des Waisenhausgründers Johannes Falk bezog sich ursprünglich auf alle drei höchsten kirchlichen Feste.

Literatur

Angermann, Daniela: Formen von Theatralität in mittelalterlichen Weihnachtsspielen. Baden-Baden 2022.

Baltrusch, Ernst: Herodes. König im Heiligen Land. Eine Biographie. München 2012.

Becker-Huberti, Manfred: Der heilige Nikolaus. Leben, Legenden und Bräuche. Köln 2005.

ders: Der Weihnachtsmann lebt. Wie er wurde, was er ist. Freiburg im Breisgau 2004.

ders: Gesegneter Advent. Tradition und Brauchtum. Leipzig 2015.

ders: Lexikon der Bräuche und Feste. Freiburg im Breisgau 2006.

Bowler, Gerry: Christmas in the Crosshairs. Two Thousand Years of Denouncing and Defending the World's Most Celebrated Holiday. New York 2016.

ders.: Santa Claus. A Biography. Toronto 2005.

ders.: The World Encyclopedia of Christmas. Toronto 200.

Breuer, Jutta / Breuer, Rita: Von wegen Heilige Nacht! Das Weihnachtsfest in der politischen Propaganda. Mühlheim an der Ruhr 2000.

Clauss, Manfred: Mithras. Kult und Mysterien. München 1990.

Elm, Hugo: Das Goldene Weihnachtsbuch. Beschreibung und Darstellung des Ursprungs, der Feier, der Sitten, der Gebräuche, Sagen und des Aberglaubens der Weihnachtszeit und gleichzeitig Anleitung zur sinnigen Schmückung des Christbaumes, der Pyramide, sowie zur Anlegung der Krippen und Weihnachtsgärten. Halle 1878.

Faber, Richard / Gajek, Esther (Hrsg.): Politische Weihnacht in Antike und Moderne. Zur ideologischen Durchdringung des Festes der Feste. Würzburg 1997.

Förster, Hans: Weihnachten – Eine Spurensuche. Berlin 2002.

Fuchs, Guido: Heiligabend. Ein Fest und seine Rituale. Kevelaer 2027.

ders.: Unsere Weihnachtslieder und ihre Geschichte. Freiburg im Breisgau 2017.

Eich, Peter: Gregor der Große. Bischof von Rom zwischen Antike und Mittelalter. Paderborn 2016.

Göttert, Karl-Heinz: Weihnachten. Biografie eines Festes. Ditzingen 2020.

Hasse, Edgar S.: Weihnachten in der Presse. Komparative Analysen der journalistischen Wahrnehmung des Christfestes anhand der „Weihnachtsausgaben" ausgewählter Tageszeitungen und Zeitschriften. Erlangen 2010.

Hauschild, Thomas: Weihnachtsmann. Die wahre Geschichte. Frankfurt am Main 2012.

Hobsbawm, Eric / Ranger, Terence: The Invention of Tradition. Cambridge 2010.

Hoffmann, Constantin: Weihnachten in der DDR. Frank Schöbel, Lauschaer Glasschmuck und Pulsnitzer Pfefferkuchen. Halle (Saale) 2018.

Huber, Gerald: 12000 Jahre Weihnachten. Ursprünge eines Fests. München 2019.

Irving, Washington: Old Christmas. London 2022.

Josua, Hanna Nouri / Josua, Heidi: Weihnachten und Muslime. Impulse zum interreligiösen Dialog. Leipzig 2022.

Jürgs, Michael: Der kleine Frieden im Großen Krieg. Westfront 1914: Als Deutsche, Franzosen und Briten gemeinsam Weihnachten feierten. München 2005.

Kleis, Constanze: Gebrauchsanweisung für Weihnachten. München 2017.

Koschorke, Martin: Jesus war nie in Bethlehem. Darmstadt 2014.

Kuschel, Karl-Josef: Weihnachten und der Koran. Düsseldorf 2008.

Larsen, Timothy (Hrsg): The Oxford Handbook of Christmas. Oxford 2020.

Lévi-Strauss, Claude: Der hingerichtete Weihnachtsmann. In: Der Komet. Almanach der Anderen Bibliothek auf das Jahr 1991. Frankfurt am Main 1991, S. 162 ff.

Litwicki, Ellen: Taking Aim at 'Exchange Gifts' and the 'Christmas Tax': Dangerous Gifts in the Progressive Era and the Society for the Prevention of Useless Giving. In: Urakova, Alexandra / Sowerby, Tracey A. / Sala, Tudor (Hrsg): The Dangers of Gifts from Antiquity to the Digital Age. New York 2023.

Mauss, Marcel: Die Gabe. Form und Funktion des Austauschs in archaischen Gesellschaften. Frankfurt am Main 1990.

Nissenbaum, Stephen: The Battle for Christmas. A Cultural History of America's Most Cherished Holiday. New York 1997.

Perry, Joe: Christmas in Germany. A Cultural History. Chapel Hill 2010.

Rademacher, Heinrich / Rademacher, Hildegard: Friede schafft der Mensch allein. Material für Veranstaltungen zur Weihnachtszeit in Schulen, Betrieben, Pionier- und FDJ-Gruppen. Berlin 1958.

Risse, Kerstin: Die Erfindung einer Tradition – das Lucia-Fest in Schweden. Tübingen 2000.

Schleiermacher, Friedrich: Die Weihnachtsfeier. Ein Gespräch. Berlin 1837.

Schmidt, Laura: Weihnachtliches Theater. Zur Entstehung und Geschichte einer bürgerlichen Fest- und Theaterkultur. Bielefeld 2017.

Siebenbach, Claudia: „Oh Tannenbaum". Historischer Christbaumschmuck. Andernach 2013.

Waldfogel, Joel: Scroogenomics: Why You Shouldn't Buy Presents for the Holidays. New Jersey 2009.

Wallnöfer, Elsbeth: Geraubte Tradition: Wie die Nazis unsere Kultur verfälschten. Augsburg 2011.

Wallraff, Martin: Christus verus Sol. Sonnenverehrung und Christentum in der Spätantike. Münster 2001.

ders.: Sonnenkönig der Spätantike. Die Religionspolitik Konstantins des Großen. Freiburg im Breisgau 2013.

Weber-Kellermann, Ingeborg: Das Buch der Weihnachtslieder: 151 deutsche Advents- und Weihnachtslieder. Mainz 2008.

dies: Das Weihnachtsfest. Eine Kultur- und Sozialgeschichte der Weihnachtszeit. Luzern und Frankfurt am Main 1978.

Wolf, Fabian: Die Weihnachtsvision der Birgitta von Schweden. Regensburg 2018.

Danksagung

Stellen Sie sich vor, Sie befinden sich in einer Bibliothek mit Dutzenden von weitläufigen Sälen. Alle Räume sind vollgestellt mit Hunderten von Regalen. In jedem dieser Regale stehen unzählige Bücher. In unserer Bibliothek ist es stockdunkel, und Sie haben nur eine Taschenlampe dabei. Sie lassen den Lichtkegel über die Buchrücken gleiten und entziffern mit wachsender Begeisterung die Titel. Ab und zu nehmen Sie ein Buch aus dem Regal und schauen hinein. Oh, das ist aber interessant! Aber da ist ja noch ein spannendes Thema, und hier ein Aspekt, über den wir noch nichts wissen. Und das sind nur ein paar der Bücher in einem von den unzähligen Regalen, aus einem von Dutzenden von Sälen. Was wartet da noch alles darauf, entdeckt zu werden?

So fühlt es sich an, wenn man sich ernsthaft mit Werden und Wandel des Weihnachtsfestes beschäftigt. Man ist fasziniert und zugleich überwältigt angesichts der Fülle des Stoffs. Weihnachtologie ist leider keine genau definierte und gegenüber anderen Sachgebieten abgegrenzte Wissenschaft, kein Studiengang mit festem Literaturkanon. Viele Disziplinen beschäftigen sich mit dem Fest der Feste, meist jedoch nur am Rande. Bei Theologie und Volkskunde/Ethnologie ist noch das meiste zu finden. Die Fakultäten, die sich mit Geschichte, Politik, Wirtschaft, Gesellschaft, Kunst, Literatur, Kommunikation, Technik und Pädagogik befassen, haben alle etwas beizutragen. Da ist es hilfreich, wenn man auf erfahrene Bibliothekare mit starken Taschenlampen trifft.

Da wären als erstes die ausgewiesenen Weihnachtsexperten zu nennen: Manfred Becker-Huberti, Gerry Bowler, Guido Fuchs, Felicitas Höptner, Joe Perry und Anna Wowk Vestergaard. Sie haben geduldig meine vielen Fragen beantwortet. Rita Breuer gehört ebenfalls in diese Reihe, leider kann ich ihr nur postum danken.

Dann sind da die Wissenschaftler und Experten, die sich neben anderem auch mit Weihnachten und verwandten Themen befasst und mir ihre Erkenntnisse und Gedanken zugänglich gemacht haben: Julia Angerer, Notker Baumann, Tobias Damberger, Yasemin El-Menouar, Frank Hakelberg, Sebastian Heinrich, Thomas Heitele, Paul Hicks, Gabriela Kaiser, Julia Kursell, Bernd v. Kostka, Markus Poehlmann, Norman Pohl, Philipp Rauschnabel, Kerstin Risse, Thomas Schiffer, Joel Waldfogel, Elsbeth Wallnöfer, Martin Wallraff und Daniel Werdung gehören dazu. Den freundlichen und professionellen Pressesprechern verschiedener Unternehmen und Institutionen, die mir geholfen haben, schicke ich kollegiale Grüße: Sebastian Heise, Benjamin Hillmann, Lars Kolan, Velyana Richter, Thomas Römer, Lukas Sutter und Andreas Krämer. Dem Team von Frankfurter Allgemeine Buch danke ich für die professionelle Betreuung dieses Buchprojektes, meiner Frau und meiner Tochter für die Geduld, mit der sie nun schon seit vielen Jahren meine Weihnachtsobsession ertragen.

Dieses Buch kann nicht den Anspruch erheben, eine wissenschaftliche Arbeit zu sein. Aber es stützt sich auf seriöse wissenschaftliche Erkenntnisse der oben genannten und anderer und ignoriert geflissentlich die Remota-Abteilung, den Giftschrank der Bibliothek, in der die Traktate der Scharlatane, Vielschreiber und Weihnachtsnörgler weggesperrt sind.

Walleshausen, im Sommer 2024
Gregor v. Kursell

Bildnachweise

S. 20: picture alliance 7940785, S. 40: picture alliance 30319994, S. 46: picture alliance 9126017, S. 54: Wikimedia Commons, S. 60: picture alliance 64793590, S. 64: picture alliance 30286143, S. 70: picture alliance 232388891, S. 76: picture alliance 30369395, S. 82: Tobias Damberger, S. 94: picture alliance 30321588, S. 106: picture alliance 392522222, S. 118: Wikimedia Commons, S. 128: picture alliance 30295327, S. 138: David Lichtneker / Alamy Stock Photo, S. 146: picture alliance 290423042, S. 156: picture alliance 35789479, S. 168: picture alliance 319953122, S. 174: picture alliance 402260809, S. 206: picture alliance 122856993, S. 214: picture alliance 53619137, S. 222: picture alliance 11348594, S. 228: picture alliance 35810928, S. 234: picture alliance 3478303, S. 266: picture alliance 463147135, S. 270: Wikimedia Commons

Der Autor

Gregor von Kursell, Jahrgang 1965, ist gelernter Journalist und schreibt vor allem zum Thema Weihnachten und alles was damit zusammenhängt. In seinen Texten überprüft er alte und moderne Legenden und präsentiert seine Erkenntnisse auf gut lesbare und amüsante Art und Weise. Seit 2019 publiziert er im Advent Kolumnen über Weihnachten in deutschen Tageszeitungen. Gregor von Kursell studierte Geschichte und Kommunikation und lebt in Bayern.